A STARTUP ENXUTA

ERIC RIES

A STARTUP ENXUTA

Como usar a **inovação** contínua para criar negócios radicalmente **bem-sucedidos**

SEXTANTE

Título original: *The Lean Startup*
Copyright © 2011 by Eric Ries
Copyright do prefácio © 2014 por Jeff Immelt
Copyright da tradução © 2019 por GMT Editores Ltda.

Todos os direitos reservados. Nenhuma parte deste livro pode ser utilizada ou reproduzida sob quaisquer meios existentes sem autorização por escrito dos editores.

tradução: Alves Calado
preparo de originais: Sheila Louzada
revisão: Juliana Souza e Luis Américo Costa
gráficos: Fred Haynes
capa: Marcus Gosling
adaptação de capa, projeto gráfico e diagramação: Ana Paula Daudt Brandão
impressão e acabamento: Lis Gráfica e Editora Ltda.

CIP-BRASIL. CATALOGAÇÃO NA PUBLICAÇÃO
SINDICATO NACIONAL DOS EDITORES DE LIVROS, RJ

R422s   Ries, Eric
     A startup enxuta/ Eric Ries; tradução de Alves Calado.
  Rio de Janeiro: Sextante, 2019.
     288 p.; 16 x 23 cm.

     Tradução de: The lean startup
     ISBN 978-85-431-0862-9

     1. Empreendedorismo. 2. Incubadoras de empresas. 3. Inovações tecnológicas. I. Calado, Alves. II. Título.

19-59985   CDD: 658.421
                                   CDU: 005.71-021.131

Todos os direitos reservados, no Brasil, por
GMT Editores Ltda.
Rua Voluntários da Pátria, 45 – Gr. 1.404 – Botafogo
22270-000 – Rio de Janeiro – RJ
Tel.: (21) 2538-4100 – Fax: (21) 2286-9244
E-mail: atendimento@sextante.com.br
www.sextante.com.br

Para Tara

Sumário

Prefácio — 9
Introdução — 11

PARTE 1 VISÃO — 21
CAPÍTULO 1 Começar — 23
CAPÍTULO 2 Definir — 33
CAPÍTULO 3 Aprender — 43
CAPÍTULO 4 Experimentar — 61

PARTE 2 DIREÇÃO — 77
Como a visão leva à direção — 79
CAPÍTULO 5 Saltar — 83
CAPÍTULO 6 Testar — 95
CAPÍTULO 7 Medir — 115
CAPÍTULO 8 Pivotar (ou perseverar) — 145

PARTE 3 ACELERAÇÃO — 171
Liguem os motores — 173
CAPÍTULO 9 Desagrupar — 177

CAPÍTULO 10	**Crescer**	197
CAPÍTULO 11	**Adaptar-se**	213
CAPÍTULO 12	**Inovar**	239
EPÍLOGO	**Não desperdice**	257
ANEXO	**Junte-se ao movimento**	269
	Agradecimentos	275
	Notas	279

Prefácio

Os empreendedores são diferentes em muitos aspectos, quer estejam abrindo uma pequena empresa ou concebendo novos produtos e negócios dentro de uma multinacional como a GE. Mas eles também têm algumas características em comum. São rápidos; abraçam novas maneiras de pensar; são orientados para a ruptura e a inovação através da incerteza. Uma das coisas que admiro em *A startup enxuta*, de Eric Ries, é a capacidade de ensinar qualquer pessoa a fazer isso usando uma abordagem científica.

A GE adota a reinvenção permanente: revisamos, inovamos e melhoramos o tempo todo. Nossa cultura acolhe o pensamento externo e encoraja práticas avançadas. Fazemos isso com a colaboração de grandes pensadores, entre eles Eric Ries, que nos ajudam a aperfeiçoar cada vez mais nosso modo de trabalhar.

Estamos acrescentando os princípios da startup enxuta à longa tradição de melhoria constante na GE, e em toda a nossa empresa existem projetos em que aprendemos, iteramos e entregamos resultados de um jeito novo. Chamamos esse processo de FastWorks. Eric era um dos nossos consultores quando lançamos essa ferramenta para nos ajudar a produzir – com rapidez – melhores resultados para nossos clientes.

Esses conceitos aceleram o impacto, o aprendizado, a melhoria e a validação da nossa empresa. Thomas Edison, fundador da GE, afirmou estar "sempre pronto para absorver ideias de todas as fontes", e mantemos essa tradição. Eric Ries é uma das pessoas com grandes ideias que estão nos ajudando a pensar como uma organização como a nossa, que atua numa escala gigantesca, pode ser mais rápida em tudo que faz e levar mais progresso para os clientes e para o mundo. Espero que os leitores encontrem tanta inspiração e orientação no livro de Eric quanto nós encontramos.

– Jeff Immelt
Presidente do conselho e CEO da GE

Introdução

Você já deve ter ouvido esta história: universitários brilhantes, num mero alojamento estudantil, estão inventando o futuro. Sem se preocupar com limites, munidos de tecnologias novas e cheios de entusiasmo juvenil, criam uma empresa a partir do zero, e o sucesso inicial lhes permite captar dinheiro e colocar no mercado um produto incrível. Eles contratam amigos, montam uma equipe de grandes estrelas e desafiam o mundo a detê-los.

Dez anos e várias startups atrás, esse era eu, abrindo minha primeira empresa. Um momento em especial me vem à lembrança: quando percebi que a empreitada não daria certo. Meu sócio e eu estávamos à beira de um colapso, pois a bolha das empresas pontocom havia estourado e não tínhamos mais dinheiro algum. Tentamos desesperadamente levantar mais capital, mas não conseguimos. Como em uma cena de término de relacionamento num filme de Hollywood, lá estávamos nós no meio da rua, discutindo calorosamente debaixo de chuva. Não conseguíamos chegar a um consenso nem sobre aonde ir em seguida, então foi cada um para um lado, com raiva. Como metáfora do fracasso da empresa, essa imagem de nós dois na chuva, desorientados e nos afastando um do outro, é perfeita.

Essa lembrança ainda é dolorosa para mim. Depois disso, nossa empresa ainda se arrastou por alguns meses, mas a situação era irremediável. À época, parecia que estávamos fazendo tudo certo: tínhamos um produto ótimo, uma equipe talentosa, tecnologia incrível e a ideia certa na hora certa. E realmente tínhamos algo excelente nas mãos. Estávamos desenvolvendo uma plataforma em que estudantes criariam perfis on-line com o objetivo de serem vistos por... empregadores. Ops. Só que, apesar da ideia promissora, estávamos fadados ao fracasso desde o início, pois não conhecíamos o processo necessário para transformar nossas ideias em uma empresa sólida.

É difícil descrever a sensação para quem nunca passou por algo assim. É como se o chão sumisse sob seus pés. Você fica com a impressão de que foi enganado. As histórias de sucesso nas revistas são uma mentira: trabalhar muito e perseverar não levam a nada. Pior ainda, as muitas, muitas, muitas promessas que você fez a funcionários, amigos e familiares não serão cumpridas. Todos aqueles que o julgaram um idiota verão que estavam certos.

Não era para ter sido assim. Em jornais e revistas, em filmes e em incontáveis blogs ouvimos o mantra dos empreendedores bem-sucedidos: com determinação, inteligência, um bom timing e – acima de tudo – um ótimo produto, você também pode alcançar fama e fortuna.

Existe uma indústria de criação de mitos empenhada em nos vender essa história, mas entendi que ela é falsa, produto do viés de seleção e de racionalização *a posteriori*. Na verdade, tendo trabalhado com centenas de empreendedores, testemunhei como é frequente que um início promissor seja seguido pelo fracasso. A triste realidade é que a maioria das startups não dá certo. A maioria dos novos produtos não vinga. A maioria dos novos empreendimentos não desenvolve seu potencial.

No entanto, o mito da perseverança, do gênio criativo e do trabalho duro persiste. Por que essa crença é tão popular? Acho que há um ponto muito atraente nessa versão moderna da narrativa do sucesso transformador: o sucesso é pintado como inevitável desde que você tenha o produto certo. Ou seja, os detalhes práticos, as partes chatas, as pequenas escolhas individuais não importam. Basta o pontapé inicial certeiro, e o resto é consequência. Quando fracassamos, como acontece em tantos casos, existe uma desculpa pronta: não tínhamos o produto certo. Não fomos visionários ou não estávamos no lugar certo na hora certa.

Depois de mais de 10 anos como empreendedor, passei a rejeitar essa linha de pensamento. Aprendi, com meus sucessos e fracassos e com os de muitas outras pessoas, que o mais importante são justamente as partes chatas. O sucesso de uma startup não é consequência de bons genes ou de estar no lugar certo na hora certa. O sucesso de uma startup pode ser alcançado seguindo-se o processo correto, que pode ser aprendido e, portanto, ensinado.

O empreendedorismo é um tipo de administração. Não, você não leu errado. Nos últimos tempos, essas duas palavras têm carregado associações tremendamente divergentes: *empreendedorismo* evoca algo descolado, inovador e empolgante, enquanto *administração* evoca algo chato, sério e sem graça. Está na hora de superar essas ideias preconcebidas.

Vou contar uma segunda história. O ano é 2004, e um grupo de pessoas acabou de fundar uma empresa. A anterior faliu a olhos vistos, de modo que a credibilidade desse grupo está baixíssima. Seus membros têm uma visão gigantesca: mudar o modo como as pessoas se comunicam usando uma nova tecnologia chamada de avatar (lembre-se de que isso foi antes do filme de James Cameron). Eles estão seguindo um visionário chamado Will Harvey, que pinta um quadro sedutor: pessoas se conectando com amigos, encontrando-se on-line, os avatares propiciando uma combinação de conexão íntima e anonimato seguro. Melhor ainda é que os próprios usuários serão instigados a desenvolver e vender uns aos outros todos os móveis, roupas e acessórios de que esses avatares vão precisar em sua vida digital.

O grupo tem diante de si um desafio de engenharia imenso: criar mundos virtuais, conteúdo gerado pelo usuário, um ambiente de comércio eletrônico, micropagamentos e – por fim, mas não menos importante – uma tecnologia de avatares em 3D que rode em qualquer PC.

Também estou nessa segunda história. Sou cofundador e diretor de tecnologia dessa empresa, que se chama IMVU. Nesse ponto da nossa carreira, meus sócios e eu estávamos decididos a cometer erros novos. Fazíamos tudo errado: em vez de passar anos aperfeiçoando a tecnologia, criamos um produto mínimo viável, isto é, um produto inicial péssimo, cheio de bugs e instabilidades que chegavam a travar o computador. Disponibilizamos esse produto muito antes de ele estar pronto. E cobramos por isso. Depois de conseguir os primeiros clientes, nós o alteramos constantemente – rápido demais, segundo os padrões tradicionais –, lançando uma nova versão dezenas de vezes por dia.

Naqueles primeiros tempos, tivemos clientes – verdadeiros adotantes iniciais visionários (*early adopters*) – com quem conversávamos frequentemente, obtendo seu feedback. Mas fazíamos questão de *não* seguir o que eles diziam. Considerávamos seu input apenas mais uma fonte de informação sobre nosso produto e nossa visão geral. Na verdade, era muito mais provável fazermos experimentos com os clientes do que atendermos aos seus caprichos.

De acordo com o pensamento empresarial tradicional, isso nunca funcionaria, mas funciona, sim, e você não precisa acreditar em mim. Como verá neste livro, a abordagem em que fomos pioneiros na IMVU se tornou a base de um novo movimento de empreendedores em todo o mundo. Ela parte de muitas ideias prévias de gestão e desenvolvimento de produtos, entre elas a manufatura enxuta, o *design thinking*, o desenvolvimento de clientes e o desenvolvimento ágil. Representa uma nova abordagem para criar inovação contínua. Chama-se startup enxuta.

Apesar do grande número de obras escritas sobre estratégias de negócios, atributos fundamentais dos líderes e maneiras de identificar o próximo grande sucesso, continua sendo muito difícil para os inovadores colocar suas ideias em prática. Foi essa frustração que nos levou a tentar na IMVU algo radicalmente novo, marcado por um tempo de ciclo extremamente curto, foco no desejo dos clientes (sem perguntar a eles) e uso do método científico para a tomada de decisões.

AS ORIGENS DA STARTUP ENXUTA

Sou uma daquelas pessoas que cresceram programando computadores, por isso minha jornada até começar a pensar em empreendedorismo e gestão foi por um caminho tortuoso. Sempre trabalhei com desenvolvimento de produtos na minha área de atuação; meus sócios e chefes eram das áreas de gestão ou marketing, e meus colegas, de engenharia e operações. Ao longo de toda a minha carreira, em várias ocasiões trabalhei intensamente em produtos que acabaram dando muito errado.

No início, em grande parte devido à minha formação, eu enxergava esses insucessos como problemas técnicos, que exigiam soluções técnicas: arquitetura melhor, processo de engenharia melhor, mais disciplina, mais foco ou uma melhor visão do produto. Essas pretensas melhorias só levavam a mais fracassos. Por isso, passei a ler tudo em que pude colocar as mãos e felizmente contei com alguns dos cérebros mais brilhantes do Vale do Silício como mentores. Assim, quando fundamos a IMVU, eu estava faminto por novas ideias sobre como montar uma empresa.

Tive a felicidade de encontrar sócios dispostos a experimentar métodos novos. Assim como eu, eles estavam fartos da falência do pensamento tradicional. Além disso, tivemos a sorte de contar com Steve Blank como investidor e consultor. Em 2004, Steve estava começando a pregar uma ideia inovadora: de que as funções de negócio e marketing de uma startup deveriam ser consideradas tão importantes quanto engenharia e desenvolvimento de produto e, portanto, mereciam ser guiadas por uma metodologia igualmente rigorosa. Ele a chamou de "desenvolvimento de clientes", e foi essa metodologia que me forneceu insight e orientação em meu cotidiano como empreendedor.

Enquanto isso, eu estava montando a equipe de desenvolvimento da IMVU, usando alguns dos métodos não ortodoxos já mencionados aqui. Comparados às teorias tradicionais de desenvolvimento de produto que eu havia estudado, esses métodos não faziam sentido, mas eu via em primeira mão que estavam funcionando. Era um tanto difícil explicar as práticas a funcionários novos, investidores e outros empresários; não tínhamos uma linguagem em comum para descrevê-las nem princípios definidos para explicá-las.

Comecei, então, a explorar áreas distintas do empreendedorismo, em busca de ideias que me ajudassem a dar sentido ao que eu vivia na prática. Pesquisei sobre outros ramos de atividade, especialmente a indústria, da qual deriva a maioria das teorias modernas da administração. Foi quando entrei em contato com a manufatura enxuta, um processo que nasceu no Japão, com o Sistema Toyota de Produção, e é um modo completamente novo de pensar fabricação de produtos físicos. E, ao aplicar ideias da manufatura enxuta – com alguns ajustes e adaptações – aos desafios que eu enfrentava, descobri ali um princípio de estrutura que lhes dava sentido.

Essa linha de pensamento evoluiu até se tornar a startup enxuta: a aplicação do *lean* ao processo de inovação.

O IMVU se tornou um sucesso tremendo. A empresa, hoje, é lucrativa, tendo tido receita anual superior a 50 milhões de dólares em 2011 e empregando mais de 100 pessoas. O catálogo de produtos virtuais – que parecia tão arriscado alguns anos antes – conta com milhões de itens, e a cada dia são acrescentados mais de 7 mil novos, quase todos criados por usuários.

Em consequência desse sucesso, outros investidores de capital de risco e startups começaram a me pedir conselhos. Quando eu descrevia minhas experiências na IMVU, era muitas vezes recebido com indiferença ou ceticismo extremo. A reação mais comum era "Isso nunca poderia dar certo!". Minha experiência era tão diferente do pensamento convencional que a maioria das pessoas, mesmo no hub de inovação que é o Vale do Silício, não a compreendia.

Então comecei a escrever, primeiro num blog chamado Startup Lessons Learned (Lições de startup aprendidas), e a falar – em congressos e também para empresas, startups e investidores de risco – para quem quisesse ouvir. Nesse processo de ser convidado a defender e explicar minhas ideias, e contando com a colaboração de outros escritores, pensadores e empreendedores, tive a chance de aprimorar e desenvolver a teoria da startup enxuta. Minha esperança era encontrar maneiras de eliminar o tremendo desperdício que eu via ao redor: startups criando produtos que ninguém desejava, produtos novos sendo retirados das prateleiras, incontáveis sonhos não realizados.

Com o tempo, a startup enxuta se tornou um movimento global. Empreendedores começaram a formar grupos para discutir e aplicar as ideias. Atualmente, existem comunidades de prática em mais de 100 cidades em todo o mundo.[1] Percorri países e continentes, e em toda parte vejo os sinais de um novo renascimento do empreendedorismo. O movimento startup enxuta está tornando o empreendedorismo acessível a toda uma nova geração ávida por novas ideias sobre como criar empresas de sucesso.

Ainda que minha formação seja em empreendedorismo de software de alta tecnologia, o movimento extrapolou em muito essas raízes. Milhares de empreendedores estão colocando em prática os princípios da startup enxuta, em todos os ramos de atividade concebíveis. Tive a chance de trabalhar com empreendedores em companhias de todos os tamanhos, em diferentes setores de atividade e até em governos. Essa jornada me levou a lugares em que eu jamais me imaginaria: salas dos investidores de risco mais importantes, a diretoria de empresas na lista Fortune 500, o Pentágono. Meu maior nervosismo foi ao tentar explicar os princípios da startup enxuta ao diretor de TI do Exército americano, um general de três estrelas (fique registrado que ele se mostrou extremamente aberto a novas ideias, mesmo vindas de um civil como eu).

Em pouco tempo percebi que era hora de me concentrar integralmente no movimento startup enxuta. Minha missão: aumentar a taxa de sucesso de produtos inovadores em todo o mundo. O resultado é este livro que você tem nas mãos.[2]

O MÉTODO STARTUP ENXUTA

Este é um livro para empreendedores e para as pessoas a quem eles prestam contas. Os cinco princípios da startup enxuta, que perpassam todas as três partes deste livro, são os seguintes:

1. **Os empreendedores estão por toda parte.** Não é preciso trabalhar numa garagem para fazer parte de uma startup. O conceito de empreendedorismo inclui qualquer um que trabalhe no âmbito da minha definição de startup: uma instituição humana projetada para criar novos produtos e serviços sob condições de extrema incerteza. Isso significa que os empreendedores estão em todo lugar e que o modelo startup enxuta é aplicável a empresas de qualquer tamanho, até nas muito grandes, e em qualquer ramo.

2. **Empreender é gerenciar.** Uma startup é uma instituição, não apenas um produto, por isso exige um novo tipo de gestão, equipado especificamente para o contexto de incerteza extrema. Na verdade, como vou argumentar mais adiante, acredito que "empreendedor" deveria ser considerado um cargo em todas as empresas modernas que dependem de inovação para crescer.

3. **Aprendizagem validada.** As startups existem não somente para produzir bens, gerar dinheiro ou mesmo atender aos clientes, mas também para *aprender* a construir um negócio sustentável. Essa aprendizagem pode ser validada cientificamente por meio de experimentos frequentes que permitam aos empreendedores testar cada elemento de sua visão.

4. **Construir-medir-aprender.** A atividade fundamental de uma startup é transformar ideias em produtos, avaliar a reação dos clientes e, a partir daí, concluir se deve pivotar ou perseverar. Todos os processos bem-sucedidos devem ser empregados para acelerar esse ciclo de feedback.

5. **Contabilidade para inovação.** Para melhorar os resultados do empreendedorismo e manter os inovadores prestando contas, precisamos nos concentrar nas tarefas tediosas: medir o progresso, estabelecer marcos e priorizar o trabalho. Isso exige um novo tipo de contabilidade, específico para startups – e para as pessoas a quem elas devem prestar contas.

Por que as startups fracassam

Por que vemos tantas startups fracassando por toda parte?

O primeiro problema é o fascínio exercido por um bom plano, uma estratégia sólida e uma pesquisa de mercado meticulosa. Em outros tempos, tudo isso era indicativo de um sucesso provável, e daí vem a tentação de aplicá-las também às startups. Só que isso não funciona, porque as startups atuam sob grande incerteza. Ainda não sabem quem é seu cliente nem qual deve ser seu produto. Quanto maior a incerteza no mundo, mais difícil é prever o futuro. Os antigos métodos de gestão não servem a essa tarefa. Planejamento e previsão são precisos apenas quando se baseiam num histórico operacional longo e estável e num ambiente relativamente estático. As startups não têm nem um nem outro.

O segundo problema é que, ao ver que a gestão tradicional não resolvia esse problema, alguns empreendedores e investidores desistiram e adotaram a escola de pensamento do tipo "simplesmente faça". Essa escola acredita que, se o problema é a gestão, a resposta é o caos. Infelizmente, como posso atestar por experiência própria, isso também não funciona.

Talvez pareça contraintuitiva a ideia de que uma coisa tão disruptiva, inovadora e caótica como uma startup pode ser administrada, ou, para ser exato, *deve* ser administrada. A maioria das pessoas acha que processo e gestão são coisas enfadonhas e sem graça, em contraste com startups, que são dinâmicas e empolgantes. No entanto, empolgante mesmo é ver startups dando certo e mudando o mundo. A paixão, a energia e a visão que as pessoas trazem para esses empreendimentos são recursos preciosos demais para serem desperdiçados. Podemos – e devemos – fazer melhor. Este livro mostra como conseguir isso.

COMO ESTE LIVRO É ORGANIZADO

Este livro é dividido em três partes: "Visão", "Direção" e "Aceleração".

Em "Visão", defendo uma nova disciplina de gestão para empreendedores. Identifico quem é o empreendedor, defino o que é uma startup e articulo uma nova maneira de avaliar se ela está fazendo progresso, chamada de aprendizagem validada. Para alcançar essa aprendizagem, veremos que as startups – seja numa garagem ou dentro de uma empresa – podem se valer da experimentação científica para descobrir como desenvolver um negócio sustentável.

Em "Direção", mergulho nos detalhes do método startup enxuta, mostrando como é um giro completo no ciclo de feedback construir-medir-aprender. Começando com suposições do tipo salto de fé, que clamam por um teste rigoroso, você vai aprender a desenvolver um produto mínimo viável para testar essas suposições, um novo sistema de contabilidade para avaliar se está fazendo progresso e um método para decidir se deve pivotar (mudar de rumo com um pé ancorado no chão) ou perseverar.

Em "Aceleração", exploraremos técnicas que permitem às startups enxutas passar o mais rápido possível pelo ciclo de feedback construir-medir-aprender ao mesmo tempo que se expandem. Vamos explorar conceitos da manufatura enxuta que também se aplicam às startups, como o poder dos pequenos lotes. Também vamos discutir o projeto organizacional, como os produtos crescem e como aplicar os princípios da startup enxuta para além da proverbial garagem, mesmo dentro das maiores empresas do mundo.

O SÉCULO II DA ADMINISTRAÇÃO

Como sociedade, temos um repertório de técnicas comprovadas para administrar grandes empresas e conhecemos as melhores práticas para desenvolver produtos físicos, mas, quando se trata de startups e inovação, ainda atiramos no escuro. Dependemos da visão, procuramos as "grandes mentes" capazes de fazer a magia acontecer ou analisamos nossos novos produtos até a exaustão. Esses são problemas novos, nascidos do sucesso da administração no século XX.

Este livro pretende fornecer uma base sólida para o empreendedorismo e a inovação. Estamos no alvorecer do século II da administração. Nosso desafio é fazer algo grande com a oportunidade que recebemos. O movimento startup enxuta procura garantir que aqueles que desejam desenvolver o próximo grande sucesso tenham as ferramentas necessárias para mudar o mundo.

PARTE 1
VISÃO

CAPÍTULO 1

Começar

GESTÃO EMPREENDEDORA

Criar uma startup é um exercício de formar uma instituição, portanto necessariamente envolve gestão. Aspirantes a empreendedores costumam se surpreender com tal afirmação, porque essas duas palavras são associadas a coisas diametralmente opostas. Existe uma justificada cautela em implementar as práticas de gestão tradicionais no início de uma startup, por medo de que elas atraiam burocracia ou engessem a criatividade.

Há décadas os empreendedores tentam encaixar o pino quadrado de seus problemas específicos no buraco redondo da administração geral. Por consequência, muitos empreendedores assumem uma postura do tipo "simplesmente faça", evitando todas as formas de gestão, processo e disciplina. Infelizmente, na maioria das vezes isso leva ao caos, e não ao sucesso. Sei disso porque todos os fracassos das minhas primeiras startups foram desse tipo.

O tremendo sucesso da administração geral no último século forneceu uma abundância de material sem precedentes, mas esses princípios não servem para lidar com o caos e a incerteza enfrentados pelas startups.

Acredito que o empreendedorismo exige disciplina administrativa para aproveitar a oportunidade que recebemos.

A quantidade de empreendedores atuando hoje em dia é maior do que em qualquer outra época da história, graças a grandes mudanças na economia global. Para citar apenas um exemplo, frequentemente ouvimos analistas lamentando a redução dos postos de trabalho na indústria americana nas duas últimas décadas, mas raramente ouvimos falar de uma redução correspondente na capacidade produtiva da indústria. Isso acontece porque a produtividade industrial total nos Estados Unidos está *aumentando* (15% na década de 2000) enquanto os empregos continuam em declínio (ver gráficos a seguir). De fato, a administração moderna e a tecnologia levaram a um aumento na capacidade produtiva que a indústria não foi capaz de absorver.[1]

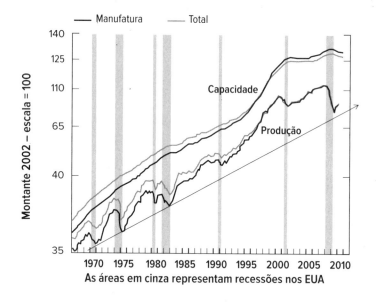

As áreas em cinza representam recessões nos EUA

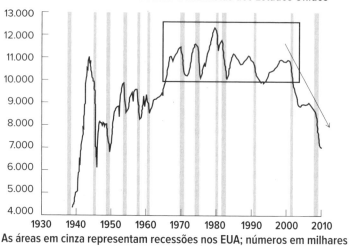

As áreas em cinza representam recessões nos EUA; números em milhares

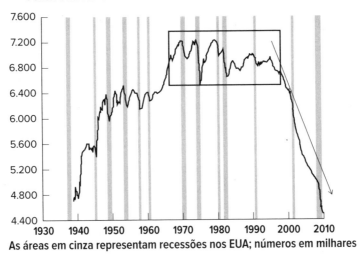

Emprego Total: produção de bens não duráveis (série NDMANEMP)
Fonte: Secretaria de Estatísticas Trabalhistas dos Estados Unidos
As áreas em cinza representam recessões nos EUA; números em milhares

Em todo o mundo, estamos vivendo um renascimento sem precedentes do empreendedorismo, mas essa oportunidade é acompanhada pelo perigo. Como não temos um paradigma de administração coerente para os novos empreendimentos inovadores, desperdiçamos o excedente de capacidade com desprendimento extravagante. Apesar dessa falta de rigor, porém, estamos descobrindo alguns modos de ganhar dinheiro, mas para cada sucesso existe um número enorme de fracassos: produtos retirados das prateleiras apenas algumas semanas depois do lançamento, startups de alto nível elogiadas na imprensa mas esquecidas poucos meses depois e novos produtos que acabam não sendo usados por ninguém. Além do dano econômico causado a funcionários, empresas e investidores, o que torna esses fracassos ainda mais dolorosos é que eles representam um desperdício colossal dos recursos mais preciosos da nossa civilização: o tempo, a paixão e as habilidades das pessoas envolvidas. O movimento startup enxuta se dedica a prevenir esses fracassos.

AS ORIGENS DA STARTUP ENXUTA

O nome "startup enxuta" vem da revolução promovida pela manufatura enxuta, sistema desenvolvido na Toyota por Taiichi Ohno e Shigeo Shingo. O pensamento enxuto (*lean*) tem alterado radicalmente as cadeias de suprimentos e os sistemas de produção. Entre seus princípios estão aproveitamento do conhecimento e da criatividade dos trabalhadores, redução do tamanho dos lotes, produção e controle de estoque *just-in-time* e aceleração dos tempos de ciclo. O *lean* ensinou ao mundo a diferença entre atividades criadoras de valor e desperdício, e mostrou como agregar qualidade nos produtos de dentro para fora.

A startup enxuta adapta essas ideias para o contexto do empreendedorismo, propondo que o progresso seja avaliado de modo diferente de como acontece em outros tipos de empresa. Na indústria, o progresso é medido pela produção de bens físicos de alta qualidade. Como veremos no Capítulo 3, a startup enxuta usa uma unidade de progresso diferente, chamada de aprendizagem validada. Tendo como parâmetro o método científico, podemos descobrir e eliminar as fontes de desperdício que afligem o empreendedorismo.

Uma teoria abrangente do empreendedorismo deve abordar todas as funções de um empreendimento em fase inicial: visão e conceito, desenvolvimento de produto, marketing e vendas, crescimento, parcerias e distribuição, e estrutura e design organizacionais. Precisa fornecer um método de medição do progresso no contexto de incerteza extrema. Pode dar uma orientação clara sobre como tomar as muitas decisões difíceis que se impõem: se e quando investir em processos; formular, planejar e criar infraestruturas; quando seguir sozinho e quando se associar; quando atender a feedbacks e quando persistir na visão; e como e quando investir na ampliação do negócio. Acima de tudo, essa teoria deve permitir que se façam previsões testáveis.

Por exemplo, considere a recomendação de formar equipes multifuncionais responsáveis pelo que chamamos de *marcos de aprendizagem* em vez de organizar sua empresa em departamentos funcionais rígidos (marketing, vendas, tecnologia da informação, recursos humanos, etc.), em que é cobrado das pessoas um bom desempenho em suas áreas (ver Capítulo 7). Quer você concorde com essa recomendação, quer esteja cético, minha previsão é de que, se decidir implementá-la, rapidamente receberá feedback das suas equipes dizendo que o novo processo está reduzindo a produtividade. Elas pedirão para voltar ao antigo método de trabalho, em que tinham a oportunidade de "serem eficientes" trabalhando em lotes maiores e passando trabalho de um departamento para outro.

Essa é uma previsão segura, e não somente porque eu vi esse resultado muitas vezes nas empresas com as quais trabalho. Essa é uma previsão simples da própria teoria da startup enxuta. Quando estamos acostumados a avaliar nossa produtividade localmente, achamos que um dia bom é aquele em que fizemos bem nosso trabalho durante o expediente inteiro. Na época em que eu era programador, isso significava oito horas seguidas de trabalho sem interrupções. Esse era um bom dia. Já se eu fosse interrompido com perguntas, processos ou (Deus me livre) reuniões, eu me sentia péssimo. O que tinha realizado de concreto naquele dia? Códigos e funcionalidades de produtos eram coisas tangíveis para mim; eu conseguia enxergá-los, entendê-los e demonstrá-los. A aprendizagem, por outro lado, é frustrante, por ser intangível.

O modelo startup enxuta orienta as pessoas a começarem a avaliar sua produtividade de outro modo. Como muitas vezes as startups desenvolvem por acidente algo que ninguém deseja, não importa muito se isso é feito no prazo certo e dentro do orçamento. O objetivo de uma startup é descobrir, o mais rápido possível, o produto certo a ser desenvolvido – aquilo que os clientes vão desejar e pelo qual vão pagar. Em outras palavras, a startup enxuta é um novo modo de olhar o desenvolvimento de produtos inovadores, enfatizando a iteração rápida e a percepção dos clientes, uma visão gigantesca e uma grande ambição, tudo ao mesmo tempo.

...

Henry Ford é um dos empreendedores mais bem-sucedidos e celebrados de todos os tempos. Como desde os seus primórdios a administração esteve ligada à história do automóvel, acredito que cabe usá-lo como metáfora para a startup.

O veículo de motor de combustão interna é movido por dois ciclos de feedback importantes e muito diferentes. O primeiro fica dentro do motor. Antes de se tornar um executivo famoso, Henry Ford era engenheiro. Passava dias e noites na garagem de casa testando a mecânica exata para movimentar os cilindros do motor. Cada minúscula explosão dentro do cilindro gera a potência motriz para girar as rodas, mas também efetua a ignição da explosão seguinte. Se a duração desse ciclo de feedback não for administrada com precisão, o motor engasga e para de funcionar.

As startups têm um motor parecido, que eu chamo de *motor de crescimento*. Os mercados e os clientes das startups são diversificados: pode parecer que uma fabricante de brinquedos, uma empresa de consultoria e uma indústria tradicional não têm muita coisa em comum, mas, como veremos, contam com o mesmo motor de crescimento.

Cada versão nova de um produto, cada atributo novo e cada plano de marketing novo é uma tentativa de melhorar esse motor de crescimento. Como Henry Ford experimentando em sua garagem, nem todas essas mudanças se traduzem em melhorias. O desenvolvimento de um produto novo acontece em sprints. Boa parte do tempo da vida de uma startup é passada calibrando o motor, o que se faz através de melhorias de produto, marketing ou operações.

No automóvel, o segundo ciclo de feedback importante acontece entre o motorista e o volante. Esse feedback é tão imediato e automático que praticamente o esquecemos, mas é a direção que diferencia as viagens de carro da maioria das outras formas de transporte. Se você vai de carro para o trabalho todos os dias, provavelmente conhece o caminho tão bem que suas mãos parecem levá-lo por conta própria. Quase poderia fazer o caminho dormindo. E, mesmo assim, se eu pedisse para você anotar exatamente como chegar ao trabalho – não as ruas, mas cada ação necessária, cada movimento das mãos no volante ou dos pés nos pedais –, você acharia impossível. A coreografia do ato de dirigir é incrivelmente complexa quando paramos para analisá-la.

Um foguete espacial, por outro lado, exige exatamente esse tipo de calibragem prévia. O lançamento precisa das instruções mais exatas possíveis: cada impulso, cada disparo do propulsor e cada mudança de direção. O menor erro no lançamento pode ter resultados catastróficos milhares de quilômetros depois.

Infelizmente, o plano de negócios de muitas startups parece elaborado mais para o lançamento de um foguete do que para a direção de um carro, contendo em detalhes excruciantes todos os passos a serem dados e resultados a serem alcançados. E, tal como no planejamento para lançamento de um foguete, é estabelecido de tal modo que mesmo erros minúsculos nas suposições podem levar a resultados catastróficos.

Uma empresa com a qual trabalhei teve a infelicidade de prever que um dos seus novos produtos teria uma adoção significativa por parte dos clientes – na casa dos milhões. Estimulada por um lançamento espalhafatoso, executou seu plano com sucesso. Mas não houve uma procura alucinada pelo produto. Só que tinham investido pesado em infraestrutura, contratações e suporte para atender o fluxo esperado, e, quando os clientes não se materializaram, a empresa havia se comprometido tão inteiramente que não conseguiu se adaptar a tempo. Tinha "alcançado o fracasso": executaram com êxito, fidelidade e rigor um plano que se revelou totalmente falho.

Em contraste, o método startup enxuta é projetado para ensinar você a dirigir uma startup. Em vez de bolar planos complexos baseados em um monte de suposições, você pode fazer ajustes constantes com um volante chamado de ciclo de feedback *construir-medir-aprender*. Através desse processo de direção você pode concluir quando – e se – é hora de dar uma virada brusca, chamada *pivô*, ou se deve *perseverar* naquele caminho. Assim que tiver um motor funcionando, o modelo startup enxuta oferece métodos para ampliar o negócio e fazê-lo crescer com aceleração máxima.

Enquanto dirigimos, sempre vemos claramente para onde estamos indo. No caminho para o trabalho, você não desiste caso se depare com um desvio no tráfego ou pegue uma rua errada. Você permanece focado em chegar ao seu destino.

As startups também têm um norte verdadeiro, um destino em mente: criar um negócio próspero e capaz de mudar o mundo. Eu chamo isso de *visão* startup. Para alcançar essa visão, emprega-se uma *estratégia*, que inclui um modelo de negócio, um roteiro de produto, uma panorâmica dos parceiros e concorrentes e ideias sobre quem serão os clientes. O *produto* é o resultado final dessa estratégia (ver o gráfico a seguir).

Os produtos mudam constantemente, através do processo de otimização – o que eu chamo de *calibrar o motor*. A estratégia também pode ter que mudar (o chamado pivô), embora aconteça com menos frequência. Mas é raro a visão mudar. Os empreendedores se comprometem a levar a startup até esse destino. Cada revés é uma oportunidade para descobrir como chegar aonde querem (ver o gráfico a seguir).

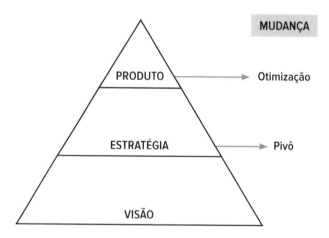

Na vida real, uma startup é um portfólio de atividades. Muita coisa acontece ao mesmo tempo: o motor está funcionando, conquistando novos clientes e atendendo os que já existem; estamos ajustando, tentando melhorar o produto, o marketing e as operações; e estamos dirigindo, decidindo se e quando pivotar. O desafio é equilibrar todas essas atividades. Mesmo a menor startup enfrenta o desafio de manter os clientes existentes ao mesmo tempo que tenta inovar. Mesmo a empresa mais estabelecida enfrenta o imperativo de investir em inovação, para não ficar obsoleta. À medida que as empresas crescem, o que muda é o mix dessas atividades em seu portfólio de trabalho.

Empreender é administrar. No entanto, imagine uma gerente moderna que receba a tarefa de desenvolver um produto novo em uma empresa estabelecida. Imagine que um ano depois ela se reúne com o diretor financeiro e diz o seguinte: "Não conseguimos alcançar as metas de crescimento previstas. Na verdade, não temos praticamente nenhum cliente novo e nenhuma receita nova. Mas aprendemos um volume de coisas incrível e estamos quase criando uma nova linha de negócios revolucionária. Só precisamos de mais um ano." Muito provavelmente, esse seria o último informe que essa intraempreendedora daria ao seu empregador. O motivo é que, na administração geral, a incapacidade de apresentar resultados é atribuída a erros de planejamento ou de execução. Ambos são lapsos significativos, mas o desenvolvimento de produtos novos na economia moderna exige, o tempo todo, exatamente esse tipo de fracasso no caminho rumo à grandeza. No modelo startup enxuta, percebemos que esses inovadores internos são na verdade empreendedores e que a gestão empreendedora pode ajudá-los. Esse é o assunto do próximo capítulo.

CAPÍTULO 2
Definir

QUEM É EMPREENDEDOR?

Em minhas viagens pelo mundo para falar sobre a startup enxuta, sempre fico surpreso ao ver na plateia pessoas que parecem deslocadas. Além dos empreendedores mais tradicionais que encontro, essas pessoas são gerentes gerais – a maioria, de empresas muito grandes – que recebem a tarefa de criar novos empreendimentos ou inovações em produtos. São adeptas da política organizacional: sabem formar divisões autônomas com objetivos de lucros e perdas independentes e conseguem impedir que as equipes funcionem sem que os conflitos interfiram. A maior surpresa é que elas são visionárias. Tal como os fundadores de startups com quem trabalhei por anos, essas pessoas conseguem enxergar o futuro de suas áreas de atividade e estão dispostas a assumir riscos ousados na busca por soluções novas e inovadoras para os problemas enfrentados por suas empresas.

Mark, por exemplo, era gestor em uma empresa enorme. Era chefe de uma divisão convocada havia pouco para levar a empresa ao século XXI desenvolvendo uma nova linha de produtos destinados a tirar proveito da internet. Quando foi falar comigo depois da palestra, comecei a lhe dar o conselho padrão sobre como criar equipes de inovação dentro de grandes empresas, e ele me fez parar no meio da fala: "Sim, eu li *O dilema da inovação*.[1] Já fiz tudo isso." Funcionário antigo e gerente tremendamente bem-sucedido, Mark sabia administrar a política interna. Eu deveria ter adivinhado: seu sucesso era prova de sua capacidade de navegar através das políticas corporativas, das pessoas e dos processos para conseguir que as coisas fossem feitas.

Então tentei lhe dar alguns conselhos sobre o futuro, sobre tecnologias novas, descoladas, de ponta, para o desenvolvimento de produtos. Ele me interrompeu de novo: "Eu sei tudo sobre a internet e tenho uma visão de que nossa empresa precisa se adaptar ou morrer."

Mark tem todos os *pré-requisitos* de um empreendedor – estrutura de equipe adequada, bom pessoal, uma visão forte para o futuro e apetite por correr riscos –, por isso finalmente me ocorreu perguntar por que queria meu conselho. Ele disse: "É como se tivéssemos todas as matérias-primas: gravetos, lenha, papel, isqueiro e até algumas fagulhas. Mas cadê o fogo?" As teorias de administração que Mark havia estudado tratavam a inovação como uma "caixa-preta" ao se concentrar nas estruturas que as empresas precisam montar para formar equipes startup internas. Mark se viu trabalhando *dentro da caixa-preta* – e precisando de orientação.

O que lhe faltava era um processo para converter a matéria-prima da inovação em sucessos concretos. Após montada uma equipe, o que ela deve fazer? Quais processos deve usar? Como estimular a equipe a buscar atingir os marcos de desempenho? Essas são perguntas que a metodologia startup enxuta se propõe a responder.

E o que quero dizer com isso? Que Mark é um empreendedor tanto quanto o criador de uma startup de alta tecnologia de garagem do Vale do Silício. Ele precisa dos princípios da startup enxuta tanto quanto as pessoas que eu considerava empreendedores clássicos.

Às vezes os empreendedores que atuam dentro de uma organização estabelecida são chamados de "intraempreendedores", por causa das circunstâncias especiais relacionadas à criação de uma startup dentro de uma empresa maior. À medida que eu aplicava as ideias do modelo startup enxuta a uma variedade cada vez maior de empresas e setores de atividade, passei a acreditar que os intraempreendedores têm muito mais em comum com o restante da comunidade de empreendedores do que se acredita. Assim, quando uso o termo *empreendedor* estou me referindo a todo o ecossistema de startups, não importando tamanho, setor ou estágio de desenvolvimento da empresa.

Este livro é para empreendedores de todos os tipos: desde jovens visionários com pouco financiamento mas grandes ideias até visionários experientes dentro de grandes empresas, como Mark – passando pelas pessoas a quem eles prestam contas.

SE EU SOU UM EMPREENDEDOR, O QUE É UMA STARTUP?

A startup enxuta é um conjunto de práticas destinadas a ajudar empreendedores a aumentar suas chances de construir uma startup bem-sucedida. Para esclarecer qualquer dúvida, é importante definir o que é uma startup:

> Uma startup é uma instituição humana projetada para criar um novo produto ou serviço sob condições de incerteza extrema.

Com o tempo, percebi que a parte mais importante dessa definição é o que ela omite. Nada é dito sobre o tamanho da empresa, o ramo de atividade ou o setor da economia. Qualquer um que esteja criando um produto ou um negócio sob condições de incerteza extrema é um empreendedor, quer saiba disso ou não, quer esteja trabalhando numa agência governamental, numa empresa financiada por capital de risco, numa organização sem fins lucrativos ou numa empresa decididamente com fins lucrativos e investidores financeiros.

Vamos observar cada parte dessa definição. A palavra *instituição* sugere burocracia, processo e até mesmo letargia. Como isso pode fazer parte de uma startup? Ora, as startups bem-sucedidas estão cheias de atividades associadas ao desenvolvimento de uma instituição: contratar funcionários criativos, coordenar suas atividades e criar uma cultura organizacional capaz de gerar resultados.

Muitas vezes perdemos de vista o fato de que uma startup não se resume a um produto, uma novidade tecnológica ou mesmo uma ideia brilhante. Uma startup é algo maior que a soma de suas partes: é um empreendimento intensamente humano.

O fato de o produto ou serviço da startup ser uma inovação também é parte essencial da definição, e é uma parte complicada. Eu prefiro usar a definição mais ampla possível de *produto*, uma definição que abrange qualquer fonte de valor para as pessoas que se tornam clientes. Qualquer coisa que esses clientes experimentem a partir da interação com uma empresa deve ser considerada parte do produto dessa empresa. Isso vale para uma mercearia, um site de comércio eletrônico, um serviço de consultoria, uma instituição social sem fins lucrativos. Em todos os casos, a organização se dedica a descobrir uma nova fonte de valor para os clientes e se importa com o impacto de seu produto sobre esses clientes.

Também é importante que a palavra *inovação* seja entendida em sentido amplo. As startups usam muitos tipos de inovação: descobertas científicas, remodelagem de tecnologia para um uso novo, criação de novos modelos de negócios que revelem um valor antes oculto ou simplesmente construção de acesso a um produto ou serviço em um novo local ou para um grupo anteriormente mal atendido. Em todos esses casos, a inovação está no cerne do sucesso.

Existe mais uma parte importante nessa definição: o contexto em que a inovação acontece. A maioria das empresas – tanto grandes quanto pequenas – está excluída desse contexto. As startups são projetadas para enfrentar situações de *incerteza extrema*. Abrir uma nova empresa que seja um clone exato de uma existente, até mesmo ao nível de modelo de negócio, precificação, cliente-alvo e produto, pode ser um investimento econômico atraente, mas não é uma startup, porque seu sucesso só depende da execução – a tal ponto que esse sucesso pode ser modelado de modo bastante exato (é por isso que tantos pequenos negócios podem ser financiados com empréstimos bancários simples; o nível de risco e incerteza é bem compreendido e um gerente pode avaliar suas perspectivas).

A maioria das ferramentas da administração geral não é projetada para criar germinação no solo duro da incerteza extrema em que nascem as startups. O futuro é imprevisível, os clientes estão diante de uma variedade de alternativas e as mudanças acontecem a um ritmo cada vez mais acelerado. No entanto, a maioria das startups – tanto as de garagem quanto aquelas dentro de grandes empresas – ainda é administrada usando-se prognósticos padronizados, marcos de produtos e planos de negócios detalhados.

A HISTÓRIA DO SNAPTAX

Em 2009, uma startup decidiu fazer um experimento bem audacioso. A ideia era livrar os contribuintes dos caros escritórios de contabilidade automatizando o processo de coletar as informações geralmente encontradas nos formulários W-2 (os informes de ganhos tributáveis que a maioria dos trabalhadores nos Estados Unidos recebe do empregador no fim do ano). As dificuldades não demoraram a aparecer. Ainda que muitas pessoas tivessem acesso a uma impressora/scanner em casa ou no trabalho, poucas sabiam usar esses aparelhos. Depois de numerosas conversas com clientes potenciais, a equipe teve a ideia de pedir que os consumidores tirassem fotos dos formulários com o celular. Nesse processo de testar o conceito, os clientes fizeram um pedido inesperado: seria possível *fazer toda a declaração* direto no telefone?

Não seria uma tarefa simples. O processo tradicional de preparação para a declaração de renda exige que os consumidores respondam a centenas de perguntas, preencham muitos formulários e lidem com uma farta papelada. Essa startup tentou algo novo ao decidir disponibilizar uma versão inicial de seu produto que estava muito longe de realizar um serviço fiscal completo. A versão inicial só funcionava para declarações muito simples e na Califórnia.

Em vez de pedir que os clientes preenchessem um formulário complexo, o programa permitia que eles usassem a câmera do celular para tirar uma foto do W-2, e a partir dessa foto a empresa desenvolveu a tecnologia capaz de compilar e preencher a maior parte da declaração de renda. Comparado com o trabalho maçante do preenchimento tradicional, o novo produto – chamado de SnapTax – proporcionava uma experiência mágica. Esse foi o início modesto do SnapTax, que cresceu até se tornar uma história de sucesso significativo para uma startup. Seu lançamento nos Estados Unidos, em 2011, teve mais de 350 mil downloads nas três primeiras semanas, mostrando que os clientes adoraram o produto.

Esse é o tipo de inovação incrível que se espera de uma startup.

O nome dessa empresa pode surpreender você. A SnapTax foi desenvolvida pela Intuit, a maior produtora norte-americana de ferramentas de finanças, tributos e contabilidade para indivíduos e pequenas empresas.

Com mais de 7.700 funcionários e receita anual de bilhões de dólares, a Intuit não é uma startup típica.[2]

E os criadores do SnapTax não têm muito da imagem arquetípica do empreendedor. Não trabalham numa garagem nem se alimentam de miojo. Não faltam recursos à sua empresa. Recebem salário e benefícios. Trabalham todos os dias, num escritório comum. E mesmo assim são empreendedores.

Histórias como essa não são comuns dentro de grandes corporações – mas deveriam. Afinal de contas, o SnapTax compete diretamente com um dos principais produtos da Intuit: o software TurboTax, para computadores. Em geral, empresas como a Intuit caem na armadilha descrita em *O dilema da inovação*, de Clayton Christensen: são muito boas em criar melhorias incrementais em produtos existentes e em atender os clientes existentes – o que Christensen chama de *inovação sustentável* –, mas têm dificuldade para criar produtos novos e revolucionários – *inovação disruptiva* –, capazes de criar novas fontes sustentáveis de crescimento.

Um ponto interessante da história do SnapTax foi o que os líderes da equipe disseram quando pedi que explicassem seu sucesso improvável. Eles contrataram astros do empreendedorismo de fora da empresa? Não, montaram uma equipe dentro da Intuit. Enfrentaram intromissões constantes por parte da alta administração, que é o tormento das equipes de inovação em muitas empresas? Não, seus patrocinadores executivos criaram uma "ilha de liberdade", onde podiam experimentar à vontade. Tinham uma equipe enorme, um orçamento generoso e muito dinheiro para o marketing? Não, começaram com cinco pessoas.

O que permitiu à equipe do SnapTax inovar não foi o destino, os genes ou o signo daqueles profissionais, e sim um processo deliberadamente facilitado pela alta administração da Intuit. A inovação é algo que acontece de baixo para cima, descentralizada e imprevisível, mas isso não significa que não possa ser administrada. Pode, mas, para tanto, exige uma nova disciplina administrativa, que precisa ser dominada não somente por empreendedores ativos que queiram desenvolver o próximo grande sucesso, mas também por aqueles que os apoiam, estimulam e cobram prestações de contas. Em outras palavras, cultivar o empreendedorismo é responsabilidade da alta administração. Hoje em dia, se uma empresa de ponta como a Intuit pode produzir histórias de sucesso como o SnapTax, é porque reconheceu a necessidade de um novo paradigma de gestão. Essa percepção levou anos para acontecer.[3]

UMA STARTUP ENXUTA COM 7 MIL FUNCIONÁRIOS

Em 1983, o fundador da Intuit, o lendário empreendedor Scott Cook, teve a ideia radical (com seu cofundador, Tom Proulx) de que a contabilidade pessoal deveria ser feita no computador. O sucesso dos dois não foi nem um pouco fácil; eles enfrentaram numerosos competidores, um futuro incerto e um mercado inicialmente minúsculo. Uma década depois, a empresa abriu o capital, e em seguida precisou se defender de ataques por parte de organizações maiores, inclusive da gigante Microsoft. Em parte com a ajuda do famoso investidor de risco John Doerr, a Intuit se tornou uma empresa totalmente diversificada, integrante da Fortune 1000, e fornece dezenas de produtos líderes de mercado.

Esse é o tipo de história de sucesso que estamos acostumados a ouvir: uma equipe de azarões que acaba alcançando fama, aclamação e riqueza significativas.

Avancemos até 2002. Cook estava frustrado. Tinha acabado de tabular 10 anos de dados sobre todos os lançamentos de produtos da Intuit e concluíra que vinha obtendo um retorno fraco de investimentos vultosos. Dito de modo simples: um número grande demais dos seus produtos estava fracassando. Segundo os padrões tradicionais, a Intuit é uma empresa extremamente bem administrada, mas, examinando as raízes desses fracassos, Scott chegou a uma conclusão dura: o paradigma de administração que ele e sua empresa vinham praticando não atendia ao problema da inovação contínua na economia moderna.

No final de 2009, quando já fazia vários anos que Cook tentava mudar a cultura gerencial da Intuit, ele ficou conhecendo meus primeiros trabalhos sobre a startup enxuta e me convidou para dar uma palestra na empresa. No Vale do Silício, esse não é o tipo de convite que a gente recusa. Admito que fiquei curioso. Ainda estava no início da minha jornada com o modelo startup enxuta e não me interessava muito pelos desafios enfrentados por uma empresa da Fortune 1000, como era o caso da dele.

As conversas com Cook e seu CEO, Brad Smith, foram minha iniciação ao pensamento dos grandes gestores modernos, que lutam com o empreendedorismo tanto quanto os investidores de risco e os empreendedores de garagem. Para enfrentar esses desafios, Scott e Brad estão voltando às raízes da Intuit, buscando levar o empreendedorismo e a disposição a riscos a todas as suas divisões.

Por exemplo, consideremos um dos principais produtos da Intuit. Como a maioria das vendas do TurboTax acontece na época de declaração de renda nos Estados Unidos, sua cultura era extremamente conservadora. No decorrer do ano, as equipes de produtos e marketing concebiam uma única grande iniciativa que seria realizada pouco antes da temporada de declaração. Agora, eles testam mais de 500 mudanças numa temporada de declaração, que dura dois meses e meio. Fazem até 70 testes por semana. A equipe pode fazer uma mudança ao vivo em seu site na quinta-feira, testar no fim de semana, avaliar os resultados na segunda e chegar a conclusões a partir de terça; depois, novos testes são feitos na quinta e o conjunto seguinte é lançado nessa mesma noite.

Como disse Scott: "Cara, agora a quantidade de conhecimento que eles obtêm é gigantesca. E o que isso faz é desenvolver empreendedores, porque, quando você só tem um teste, não tem empreendedores; tem políticos, já que precisa vender. Dentre 100 ideias boas, você só precisa vender a sua. E assim se constrói uma sociedade de políticos e vendedores. Quando você está fazendo 500 testes, é possível experimentar as ideias de todo mundo. Então você cria empreendedores que experimentam, aprendem e podem testar de novo e aprender de novo, ao contrário de uma sociedade de políticos. Por isso, estamos tentando colocar isso em toda a nossa organização, usando exemplos que não têm nada a ver com alta tecnologia, como o exemplo do site. Hoje em dia, qualquer empresa tem um site. Não é preciso ser de alta tecnologia para usar os testes de ciclo rápido."

Esse tipo de mudança é difícil. Afinal de contas, a empresa tem um número significativo de clientes que continuam a exigir um serviço excepcional e de investidores que esperam retorno constante e crescente.

Segundo Scott:

Isso vai contra o que se aprende no meio corporativo e o que é ensinado aos líderes. O problema não está nas equipes ou nos empreendedores. Eles adoram ter a chance de colocar logo seu bebê no mercado; adoram a chance de ter os clientes, não os executivos, votando. A verdadeira questão é com os líderes e os gerentes. Existem muitos líderes empresariais que devem seu sucesso à análise. Eles acham que são analistas e que seu trabalho é fazer ótimos planejamentos e análises e ter um plano.

O tempo que as empresas têm para manter a liderança do mercado explorando suas primeiras inovações está encolhendo, e isso cria um imperativo até mesmo para as empresas mais estabelecidas investirem em inovação. Na verdade, acredito que o único caminho sustentável para o crescimento econômico de longo prazo é criar uma "fábrica de inovação" que use as técnicas da startup enxuta com o objetivo de criar inovações revolucionárias continuamente. Em outras palavras, as empresas estabelecidas precisam descobrir como fazer o que Scott fez em 1983, só que numa escala industrial e com um grupo de gerentes impregnado da cultura administrativa tradicional.

Sendo um eterno pensador independente, Cook pediu que eu testasse essas ideias, por isso fiz uma palestra que foi transmitida simultaneamente a todos os mais de 7 mil funcionários da Intuit, na qual expliquei a teoria da startup enxuta, repetindo minha definição: uma organização projetada para criar novos produtos e serviços sob condições de incerteza extrema.

O que aconteceu em seguida está gravado na minha memória. O CEO, Brad Smith, estava sentado ao meu lado. Quando terminei de falar, ele se levantou e disse a todos: "Escuta, pessoal. Vocês ouviram a definição de startup dada por Eric. Ela tem três partes, e aqui na Intuit nós combinamos *todas as três partes* dessa definição."

Scott e Brad são líderes que percebem a necessidade de algo novo no pensamento administrativo. A Intuit é prova de que esse tipo de pensamento pode funcionar em empresas estabelecidas. Brad me explicou que eles avaliam seus novos esforços em inovação segundo dois parâmetros: o número de clientes usando produtos que não existiam três anos antes e a porcentagem da receita vinda de produtos que não existiam três anos antes.

Segundo o modelo antigo, um produto novo de sucesso demorava em média cinco anos e meio para começar a gerar uma receita de 50 milhões de dólares. Brad me explicou: "No ano passado, geramos 50 milhões com produtos que não existiam 12 meses antes. Agora não é um produto específico, é uma combinação de todo um conjunto de inovações que estão acontecendo, mas esse é o tipo de coisa que tem nos dado energia: acharmos que podemos realmente cortar caminho anulando rápido coisas que não fazem sentido e redobrando nossas forças nas que fazem." Para uma empresa grande como a Intuit, esses são resultados modestos e é apenas o início. Eles precisam superar décadas de sistemas e pensamentos do passado. Mas seu pioneirismo em adotar a gestão empreendedora está começando a dar frutos.

A liderança precisa criar condições para que os funcionários façam os tipos de experimentação necessários ao empreendedorismo. Por exemplo, as mudanças no TurboTax permitiram que a equipe da Intuit desenvolvesse 500 experimentos a cada temporada de declaração de renda. Antes disso, os profissionais de marketing que tinham ideias ótimas não poderiam ter feito esses testes nem se quisessem, porque não possuíam um sistema para fazer mudanças rápidas no site. A Intuit investiu em sistemas que permitiram uma velocidade maior na criação, realização e análise desses testes.

Como disse Cook: "Desenvolver esses sistemas de experimentação é responsabilidade da alta administração; eles precisam ser introduzidos pela liderança. É fazer com que os líderes deixem de ser taxativos, apenas aceitando ou rejeitando cada ideia, e, em vez disso, estabeleçam a cultura e os sistemas de modo que as equipes possam agir e inovar na velocidade do sistema de experimentação."

CAPÍTULO 3

Aprender

Como empreendedor, nada me atormentava mais do que a necessidade de saber se estávamos avançando e no caminho certo. Como engenheiro, e mais tarde como gestor, eu estava acostumado a avaliar o progresso me certificando de que o trabalho estava sendo realizado de acordo com o planejado, se era feito com qualidade e se estava dentro do orçamento previsto.

Depois de muitos anos como empreendedor, esse modo de avaliação do progresso começou a me preocupar. E se acabássemos criando algo que ninguém desejasse? Nesse caso, de que adiantaria cumprirmos tudo no prazo e dentro do orçamento? Quando ia para casa ao fim do expediente, minhas únicas certezas eram que eu tinha mantido as pessoas ocupadas e gastado dinheiro naquele dia. Torcia para que os esforços da minha equipe nos levassem para mais perto do objetivo. Se acabássemos pegando um caminho errado, eu precisava me consolar com o fato de que pelo menos tínhamos aprendido algo importante.

Infelizmente, "aprender" é a desculpa mais antiga que existe para um erro de execução. É o que os gestores argumentam quando não conseguem alcançar os resultados prometidos. Pressionados para ter sucesso, nós, empreendedores, somos tremendamente criativos quando se trata de demonstrar o que aprendemos. Todos somos capazes de contar uma boa história quando nosso emprego, nossa carreira ou nossa reputação depende disso.

Mas aprender é um consolo vazio para os trabalhadores que estão seguindo um empreendedor rumo ao desconhecido. É um consolo vazio para os investidores que alocam dinheiro, tempo e energia preciosos nas equipes. É um consolo vazio para as organizações – sejam grandes ou pequenas – que contam com a inovação empreendedora para sobreviver. Não dá para depositar aprendizagem no banco; não dá para gastá-la nem investi-la. Não dá para oferecê-la aos clientes nem devolvê-la a sócios comanditários. Então será mesmo tão surpreendente que a aprendizagem tenha toda essa má fama nos círculos de empreendedores e gestores?

No entanto, se o objetivo fundamental do empreendedorismo é desenvolver organizações sob condições de incerteza extrema, sua função mais vital é aprender. Precisamos descobrir quais elementos da nossa estratégia estão funcionando para concretizar nossa visão e quais são simplesmente loucura. Precisamos descobrir o que os clientes realmente desejam, não o que eles dizem que desejam ou o que achamos que deveriam desejar. Precisamos descobrir se estamos num caminho que levará a construir um negócio sustentável.

No modelo startup enxuta, estamos reabilitando a aprendizagem com um conceito que chamo de *aprendizagem validada*. A aprendizagem validada não é uma racionalização *a posteriori* e não é uma boa história contada para disfarçar algo que deu errado; é um método rigoroso para demonstrar o progresso quando estamos entranhados no solo de incerteza extrema onde as startups brotam. É o processo de demonstrar empiricamente que uma equipe descobriu verdades valiosas sobre as perspectivas de negócio presentes e futuras de uma startup. É mais concreto, mais exato e mais rápido que os prognósticos de mercado ou o planejamento empresarial clássico. É o principal antídoto para o problema mortal de alcançar o fracasso: executar com sucesso um plano que não leva a lugar algum.

A APRENDIZAGEM VALIDADA NA IMVU

Quero ilustrar isso com um exemplo da minha carreira. Muitas plateias me ouviram narrar a história da fundação da IMVU e os muitos erros que cometemos ao desenvolver nosso primeiro produto. Vou detalhar aqui um desses erros para ilustrar com clareza a aprendizagem validada.

Os envolvidos na fundação da IMVU aspiravam a ser ótimos pensadores estratégicos. Todos tínhamos participado de empreendimentos anteriores que haviam fracassado e abominávamos a ideia de repetir a experiência. Nossas principais preocupações no início eram as seguintes: o que deveríamos criar e para quem? Em que mercado poderíamos entrar – e qual poderíamos dominar? Como poderíamos criar um valor durável que não fosse sujeito a erosão por parte da concorrência?[1]

Estratégia brilhante

Decidimos entrar no mercado de mensagens instantâneas (MI). Em 2004, esse mercado tinha centenas de milhões de consumidores participando ativamente em todo o mundo, mas a maioria dos usuários de produtos de MI não pagava por esse privilégio. O que acontecia era que grandes empresas de mídia e portais como AOL, Microsoft e Yahoo! operavam suas redes de MI como um "líder de perda" (ou boi de piranha): dava prejuízo, mas atraía clientes para outros serviços e gerava uma renda modesta com publicidade.

O serviço de MI é um exemplo de mercado que envolve fortes *efeitos de rede*. Como a maioria das redes de comunicação, ele é pensado para seguir a lei de Metcalfe: o valor de uma rede como um todo é proporcional ao quadrado do número de participantes. Em outras palavras, quanto mais pessoas na rede, mais valiosa ela é. Isso faz sentido intuitivamente: o valor de cada participante deriva primariamente da quantidade de pessoas com quem ele possa se comunicar. Imagine um mundo em que só você possua um telefone; ele não teria nenhum valor. Só quando outras pessoas também têm telefone é que ele adquire valor.

Em 2004, o mercado de MI era dominado por poucas empresas. As três redes principais controlavam mais de 80% do uso geral e estavam no processo de consolidar seus ganhos em participação de mercado derrotando vários participantes menores.[2] Segundo a opinião geral, era praticamente impossível colocar no mercado uma nova rede de MI sem investir fortunas em marketing.

O motivo para essa opinião é simples. Devido ao poder dos efeitos de rede, o custo de mudança para os produtos de MI são grandes. Para migrar de rede, os clientes precisam convencer amigos e colegas a migrar junto. Esse trabalho extra cria uma barreira para a entrada no ramo de MI: com todos os usuários atados a determinado produto, não restam consumidores com os quais estabelecer uma ponta de lança.

Na IMVU, escolhemos a estratégia de criar um produto que combinasse o grande apelo de massa de um serviço de MI com a grande receita por cliente gerada pelos videogames tridimensionais (3D) e pelos mundos virtuais. Devido à quase impossibilidade de colocar no mercado uma nova rede de MI, decidimos criar um plugin que atuasse dentro das redes existentes. Assim os clientes poderiam adotar as mercadorias virtuais e a tecnologia de avatares da IMVU sem ter que mudar de provedor de MI, aprender uma nova interface de usuário e – mais importante – trazer os amigos.

Achamos que esse último ponto era essencial. Para que o plugin fosse útil, os clientes *tinham que* usá-lo com seus amigos existentes. Toda comunicação viria acompanhada de um convite para se inscrever no IMVU. Nosso produto seria inerentemente viral, espalhando-se pelas redes de MI existentes como uma epidemia. Para alcançar esse crescimento, era importante que nosso plugin desse suporte ao maior número possível de redes de MI e que funcionasse em todos os tipos de computador.

Seis meses para o lançamento

Com a estratégia estabelecida, começamos um período de trabalho intenso. Como diretor de tecnologia, uma das minhas responsabilidades era escrever o programa que suportaria a interoperabilidade do serviço de MI nas várias redes. Trabalhamos durante meses, fazendo uma quantidade absurda de horas extras para lançar o primeiro produto. Estabelecemos para nós mesmos um prazo difícil, de seis meses (180 dias), para o lançamento e os primeiros clientes pagantes. Era uma programação exaustiva, mas estávamos decididos a fazer o lançamento no prazo.

O plugin era tão grande e complexo e tinha tantas partes móveis que precisamos fazer um monte de gambiarras para concluí-lo a tempo. Não vou dourar a pílula: a primeira versão era terrível. Passamos horas sem fim discutindo quais bugs consertar e quais podíamos deixar, quais funcionalidades cortar e quais tentaríamos manter. Foi uma época maravilhosa e aterrorizante: estávamos cheios de esperança com relação às possibilidades de sucesso e cheios de medo das consequências de distribuir um produto ruim.

Pessoalmente, eu temia que a má qualidade do produto manchasse minha reputação de engenheiro. As pessoas pensariam que eu não sabia desenvolver um produto de qualidade. Todos temíamos manchar a marca da IMVU; afinal de contas, estávamos cobrando por um produto que não funcionava muito bem. Todos visualizávamos as manchetes ofensivas: "Empreendedores ineptos criam produto pavoroso".

À medida que a data do lançamento se aproximava, nossos temores cresciam. Na nossa situação, muitas equipes empreendedoras adiam o lançamento. Ainda que eu entenda esse impulso, fico feliz por termos perseverado, já que muitas vezes os atrasos impedem que se receba logo o feedback necessário. Nossos fracassos anteriores tinham nos deixado com medo de um resultado ainda pior que distribuir um produto ruim: criar algo que ninguém desejava. E assim, com os dentes trincados e as desculpas preparadas, lançamos o produto.

Lançamento

E... nada aconteceu! Acabou que nossos receios eram infundados, já que ninguém sequer experimentou o produto. A princípio fiquei aliviado, porque pelo menos ninguém estava descobrindo como era ruim, mas logo isso deu lugar a uma frustração séria. Depois de tantas horas discutindo quais atributos incluir e quais bugs consertar, nossa proposta de valor era tão disparatada que os clientes nem estavam se aprofundando na experiência o suficiente para descobrir como nossas escolhas de projeto eram ruins. Nem download faziam do produto.

As semanas e os meses seguintes foram despendidos em trabalho de melhoria. Conseguimos um fluxo constante de clientes através do nosso processo de registro on-line e download. Tratávamos os clientes de cada dia como um novo boletim, trazendo informações de como estávamos indo. Com o tempo, descobrimos como mudar o posicionamento do produto de modo que ao menos o baixassem. Estávamos fazendo melhorias contínuas, solucionando bugs e promovendo alterações diariamente, mas só conseguimos convencer um número ridiculamente pequeno de pessoas a comprar o produto.

Avaliando em retrospecto, uma decisão boa que tomamos foi estabelecer alvos claros de receita para aquele primeiro período. No primeiro mês, pretendíamos ganhar 300 dólares de receita total, e conseguimos – por pouco. Pedimos (certo, imploramos) a amigos e familiares. A cada mês nossos pequenos objetivos de receita aumentavam, primeiro para 350 dólares e depois para 400. À medida que eles cresciam, nossas dificuldades aumentavam. Logo acabaram os amigos e familiares; nossa frustração cresceu mais ainda. Estávamos melhorando o produto a cada dia, mas o comportamento dos clientes permanecia inalterado: eles continuavam sem utilizá-lo.

Diante disso, aceleramos os esforços de levar clientes ao escritório para entrevistas e testes de usabilidade. As metas quantitativas criaram a motivação para realizarmos uma pesquisa qualitativa e nos orientaram nas perguntas a serem feitas; esse é um padrão que veremos ao longo de todo este livro.

Gostaria de poder dizer que fui eu que percebi nosso erro e sugeri a solução, mas na verdade fui o último a admitir o problema. Resumindo: toda a nossa análise estratégica do mercado estava errada. Descobrimos isso empiricamente, através da experimentação, e não através de grupos focais ou pesquisas de mercado. Os clientes não conseguiam dizer o que desejavam; afinal de contas, a maioria deles nunca tinha ouvido falar de avatar em 3D. Em vez disso, revelavam a verdade através de sua ação ou inação, à medida que lutávamos para melhorar o produto.

Conversando com os clientes

Por desespero, decidimos levar alguns clientes em potencial ao escritório. Nós dizíamos: "Experimentem este novo produto; é o IMVU." Se fosse um adolescente, um usuário frequente de MI ou um adotante inicial de tecnologia, ele entrava na conversa. Se fosse uma pessoa convencional, no entanto, a reação era: "Certo. O que exatamente vocês querem que eu faça?" Não chegávamos a lugar nenhum com o grupo de pessoas convencionais; elas achavam o IMVU esquisito demais.

Imagine uma garota de 17 anos sentada conosco e olhando o produto. Ela escolhe seu avatar e diz:

– Ah, que divertido!

Ela customiza o avatar, decidindo qual vai ser sua aparência. Então dizemos:

– Agora faça download do plugin do serviço de mensagens instantâneas.

E ela pergunta:

– O que é isso?

– Bom, isso é o que interage com o serviço de mensagens instantâneas.

Ela olha para nós, certamente pensando: "Nunca ouvi falar nisso, meus amigos nunca ouviram falar nisso, por que você quer que eu faça isso?" Eram necessárias muitas explicações; um plugin para um serviço de mensagens instantâneas não é uma categoria de produto que exista na mente dela.

Mas, como ela está ali na sala conosco, conseguimos convencê-la. Ela baixa o produto, e dizemos:

– Agora convide um amigo para conversar.

– De jeito nenhum!

Nós perguntamos:

– Por que não?

– Ah, eu ainda não sei se esse negócio é legal. Você quer que eu me arrisque? O que meus amigos vão pensar de mim? Se isso for um saco, eles vão pensar que *eu* sou um saco.

– Não, não. Vai ser superdivertido quando você colocar a pessoa aí; é um produto *social*.

Ela olha para nós cheia de dúvida; dá para ver que não vai acontecer. Claro, na primeira vez que passei por essa experiência, falei: "Tudo bem, é só essa pessoa, mande-a embora e traga outra." Então veio o segundo cliente, que disse a mesma coisa. E o terceiro. Começamos a enxergar uma tendência. E, por mais teimosos que fôssemos, obviamente alguma coisa estava errada.

Os clientes repetiam:

– Antes de convidar um amigo, quero experimentar sozinho para ver se é mesmo legal.

Nossa equipe vinha do ramo dos videogames, por isso entendíamos o que isso significava: modo single player. Então montamos uma versão single player. Trouxemos novos clientes para o escritório. Eles customizavam o avatar e baixavam o produto, como antes. Depois, entravam no modo single player, e nós dizíamos:

– Jogue com esse avatar e coloque uma roupa nele, veja os movimentos legais que ele consegue fazer. – E depois: – Agora que você já jogou sozinho, é hora de convidar um amigo.

Você já sabe o que vinha.

– Nem pensar! Isso não é legal.

– Nós *dissemos* que não ia ser maneiro! Qual é o sentido de uma experiência single player num produto social?

Veja bem, nós achávamos que merecíamos uma estrelinha só por ouvir os clientes. Só que eles nos encaravam e diziam:

– Olha, cara, você não tá entendendo. Que ideia maluca é essa de convidar amigos sem eu nem saber se esse troço é maneiro?

Era o fim da linha.

Por puro desespero, introduzimos um recurso chamado ChatNow, que permite à pessoa apertar um botão e ser conectada aleatoriamente com outra pessoa em qualquer parte do mundo. A única coisa que as duas têm em comum é que ambas apertaram o botão ao mesmo tempo. De repente, nos nossos testes de atendimento ao consumidor, as pessoas passaram a comentar:

– Ah, isso é divertido!

Assim, nós as trazíamos, elas usavam o ChatNow e talvez conhecessem alguém que achassem legal. Então diziam:

– Ei, curti aquele cara, quero adicioná-lo à minha lista de amigos. Cadê a minha lista de amigos?

– Ah, não, você não vai ter uma nova lista de amigos; vai usar sua lista de amigos já existente no serviço da AOL.

Lembre-se: era assim que pretendíamos atrelar a interoperabilidade que levaria aos efeitos de rede e ao crescimento viral. Imagine o cliente olhando para nós e perguntando:

– Como assim?

– É só dar seu nome de usuário à pessoa para ela adicionar você à lista de amigos dela na AOL.

Eles arregalavam os olhos.
– Tá doido? Um estranho na minha lista de contatos do AIM?
– É, senão você teria que baixar um novo serviço de MI, com uma nova lista de contatos.
E eles retrucavam:
– Sabe quantos serviços de MI eu uso?
– Não. Um ou dois, talvez?
Era a quantidade que nós, no escritório, usávamos. Ao que o adolescente respondia:
– Dãã! Eu uso oito!

Não fazíamos ideia que existissem tantos serviços do tipo no mundo. Tínhamos a suposição errada de que é um desafio aprender a usar novos programas e de que é complicado levar os amigos para uma nova lista de contatos. Os clientes revelaram que isso era muito fácil. Queríamos desenhar diagramas mostrando como nossa estratégia era brilhante, mas os clientes não entendiam conceitos como efeitos de rede e custos de mudança. Se tentássemos explicar por que eles deveriam se comportar como tínhamos previsto, eles simplesmente balançavam a cabeça, perplexos.

Tínhamos um modelo mental de como as pessoas usavam programas que estava desatualizado havia anos. Depois de dezenas de reuniões como essas, começamos a perceber, dolorosamente, que o conceito de plugin para serviços de MI era fundamentalmente falho.[3]

Nossos clientes não queriam um plugin para um serviço de MI, queriam uma rede de MI independente. Não consideravam uma barreira a necessidade de aprender a usar um novo programa; pelo contrário, os primeiros usuários do nosso produto usavam muitos serviços de MI ao mesmo tempo. Nossos clientes não se intimidavam com a ideia de levar os amigos para uma nova rede de MI; eles até gostavam desse desafio. Mais surpreendente ainda é que nossa suposição de que os clientes desejariam usar um serviço de MI baseado em avatares primordialmente com os amigos preexistentes também estava errada. Eles queriam fazer novos amigos, e os avatares em 3D são ótimos para isso. Pouco a pouco, os clientes destroçaram nossa estratégia inicial aparentemente brilhante.

Jogando fora meu trabalho

Talvez você compreenda nossa situação e perdoe minha teimosia. Afinal de contas, era o meu trabalho nos meses anteriores que precisaria ser jogado fora. Eu tinha me esfalfado com o software necessário para fazer nosso programa de MI interoperar com outras redes, e isso estava no centro da nossa estratégia inicial. Quando se tratou de mudar de direção e abandonar essa estratégia original, quase todo o meu trabalho – milhares de linhas de código – foi jogado fora. Eu me senti traído. Era um grande entusiasta dos métodos mais recentes de desenvolvimento de software (conhecidos coletivamente como desenvolvimento ágil), que prometiam ajudar a evitar o desperdício no desenvolvimento de produtos, e mesmo assim tinha me comprometido com o maior desperdício de todos: desenvolver um produto que nossos clientes se recusavam a usar. Isso era *bem* deprimente.

Pensei: já que meu trabalho acabou se revelando um desperdício de tempo e energia, será que a empresa não estaria na mesma situação se eu tivesse passado os últimos seis meses tomando drinques na praia? Será que eu era mesmo necessário? Será que teria sido melhor se eu não tivesse feito trabalho algum?

Como mencionei no início deste capítulo, sempre há um último refúgio para as pessoas que desejam justificar o próprio fracasso. Eu me consolei pensando que, se não tivéssemos criado aquele primeiro produto – com erros e tudo –, jamais teríamos descoberto essas ideias importantes sobre nossos clientes. Jamais teríamos percebido que nossa estratégia era falha. Existe uma parcela de verdade nessa desculpa: o que aprendemos durante aqueles primeiros meses críticos colocou a IMVU no caminho que levaria ao nosso sucesso revolucionário.

Durante um tempo, foi um consolo essa ideia da "aprendizagem", mas o alívio teve vida curta. A pergunta que me incomodava acima de tudo era a seguinte: se o objetivo daqueles meses fora extrair esses insights importantes sobre os clientes, por que tinha demorado tanto? Até que ponto nosso esforço havia colaborado para as lições essenciais que precisávamos aprender? Será que poderíamos ter aprendido essas coisas antes se eu não estivesse tão concentrado em tornar o produto "melhor" acrescentando funcionalidades e consertando bugs?

VALOR *VERSUS* DESPERDÍCIO

Em outras palavras, quais dos nossos esforços criam valor e quais são desperdícios? Essa questão está no cerne da revolução promovida pela manufatura enxuta; é a primeira pergunta que qualquer partidário do modelo é treinado a fazer. Aprender a ver o desperdício e depois eliminá-lo sistematicamente permitiu que empresas enxutas como a Toyota dominassem setores inteiros. No mundo do software, as metodologias de desenvolvimento ágil que eu havia utilizado até então tinham suas origens no pensamento enxuto. Além disso, eram projetadas para eliminar o desperdício.

Mas esses métodos tinham me levado por um caminho de desperdício da maior parte dos esforços da minha equipe. Por quê?

A resposta me veio aos poucos, ao longo dos anos seguintes. O pensamento enxuto define valor como algo que proporciona benefício para o cliente; qualquer outra coisa é desperdício. Numa indústria, os clientes não se importam em saber como o produto é montado, só querem que funcione bem. Já numa startup, quem é o cliente e o que ele pode considerar valioso são coisas desconhecidas, fazem parte da própria incerteza que é um quesito essencial na definição de startup. Percebi que, como startup, precisávamos de uma nova definição de valor. O verdadeiro progresso que tínhamos feito na IMVU era o que havíamos aprendido naqueles primeiros meses sobre o que cria valor para os clientes.

Qualquer coisa que tivéssemos feito naqueles meses e não contribuísse para nossa aprendizagem era uma forma de desperdício. Teria sido possível chegar às mesmas conclusões com menos esforço? Sem dúvida, a resposta é sim.

Para começo de conversa, pense em todos os debates e priorizações de esforços dedicados a recursos que os clientes jamais conheceriam. Se tivéssemos distribuído o produto antes, poderíamos ter evitado esse desperdício. Além disso, considere todo o desperdício provocado por nossas suposições estratégicas incorretas. Eu havia desenvolvido a interoperabilidade para mais de uma dúzia de serviços e redes de MI. Será que isso era realmente necessário para testar nossas suposições? Será que poderíamos ter recebido o mesmo feedback com metade dessas redes? Com apenas três? Uma? Como os usuários de todas as redes de MI achavam nosso produto sem atrativos, o nível de aprendizagem teria sido o mesmo, mas nosso esforço teria sido bem menor.

A questão que me incomodava era a seguinte: será que precisávamos dar suporte a *alguma* rede? Seria possível descobrirmos se nossas suposições eram falhas sem precisar desenvolver nada? Por exemplo, e se simplesmente tivéssemos oferecido aos usuários a oportunidade de fazer download do produto tendo por base somente suas funcionalidades propostas, antes de desenvolver qualquer coisa? Lembre-se: praticamente nenhum cliente estava disposto a usar nosso produto original, de modo que não precisaríamos pedir muitas desculpas quando não entregássemos o prometido (observe que isso é diferente de perguntar aos clientes o que eles desejam; na maioria das vezes, os clientes não sabem antever o que desejam). Poderíamos ter realizado um experimento, oferecendo aos clientes a chance de testar um produto e depois avaliando o comportamento deles.

Esses experimentos mentais me deixavam abalado, porque acabavam com as atribuições do meu cargo. Como chefe de desenvolvimento de produto, eu achava que meu trabalho era garantir a entrega de produtos e funcionalidades de alta qualidade dentro do prazo. Mas, se muitas dessas funcionalidades fossem um desperdício de tempo, o que eu deveria fazer? Como poderíamos evitar esse desperdício?

Passei a acreditar que a aprendizagem é a unidade essencial do progresso das startups. Qualquer esforço que não seja absolutamente necessário para descobrir o que os clientes desejam pode ser eliminado. Chamo isso de *aprendizagem validada*, porque é sempre demonstrada por melhorias positivas nas métricas essenciais da startup. Como vimos, é fácil nos enganarmos em relação aos desejos dos clientes. Assim como é fácil descobrir coisas completamente irrelevantes. Assim, a aprendizagem validada é embasada em dados empíricos coletados de clientes reais.

ONDE SE ENCONTRA A VALIDAÇÃO?

Sou testemunha de que qualquer pessoa que fracasse numa startup pode dizer que aprendeu muito com a experiência. Pode contar uma história envolvente. Na própria história da IMVU, você deve ter notado a ausência de uma coisa. Apesar das minhas declarações de que aprendemos muito naqueles primeiros meses, de que foram lições que levaram ao nosso sucesso posterior, não ofereci nenhuma prova para sustentar isso. Em retrospecto, é fácil afirmar essas coisas e parecer digno de crédito (e você verá algumas provas disso adiante), mas nos imagine nos primeiros meses da IMVU tentando convencer investidores, funcionários, familiares e, acima de tudo, a nós mesmos de que não tínhamos desperdiçado tempo e recursos. Como provar isso?

Sem dúvida nossas histórias de fracasso eram divertidas e tínhamos teorias fascinantes sobre o que havíamos feito de errado e o que precisávamos fazer para acertar, mas a prova só chegou quando colocamos essas teorias em prática, desenvolvendo versões posteriores do produto, e tivemos resultados melhores com clientes reais.

Foi nos meses seguintes que começou a verdadeira história da IMVU, não com suposições e estratégias brilhantes nem com malabarismos teóricos, e sim com o esforço de descobrir o que os clientes desejavam de fato e ajustando o produto e a estratégia para atender a esses desejos. Adotamos o ponto de vista de que nosso trabalho era encontrar uma síntese entre nossa visão e o que os clientes aceitariam; não era tomar como definitivo o que os clientes achavam que desejavam nem dizer a eles o que deveriam desejar.

À medida que entendíamos melhor nossos clientes, pudemos melhorar os produtos. E, ao fazermos isso, as métricas essenciais do negócio mudaram. No início, apesar dos esforços para melhorar o produto, nossas métricas teimavam em não subir. Tratávamos os clientes de cada dia como um novo boletim de avaliação; observávamos a porcentagem de novos consumidores que faziam download do produto ou que o compravam. O número de clientes que compravam o produto era mais ou menos o mesmo dia após dia, e esse número estava bastante perto de zero mesmo após muitas melhorias.

Porém, assim que pivotamos da estratégia original as coisas começaram a mudar. Alinhados com uma estratégia melhor, nossos esforços para o desenvolvimento do produto se tornaram mais produtivos como que por magia – não porque estivéssemos trabalhando mais, e sim porque estávamos trabalhando de um modo mais inteligente, alinhado com as verdadeiras necessidades dos clientes. As mudanças positivas nas métricas foram a validação quantitativa de que nossa aprendizagem era real. Isso era tremendamente importante porque podíamos mostrar aos nossos stakeholders – funcionários, investidores e nós mesmos – que estávamos fazendo progresso genuíno, e não nos iludindo. Além do mais, esse é o modo correto de pensar em produtividade numa startup: não em termos de quantas coisas desenvolvemos, e sim em termos de quanta aprendizagem validada obtemos.[4]

Por exemplo, um dos primeiros experimentos que fizemos foi mudar todo o site e o fluxo de cadastro substituindo "serviço de bate-papo com avatar" por "serviço de mensagem instantânea em 3D". Novos clientes foram divididos automaticamente entre essas duas versões do site: metade via uma e a outra metade via a segunda versão. Assim pudemos avaliar a diferença entre os comportamentos dos dois grupos. E descobrimos que as pessoas do grupo experimental tinham mais probabilidade não somente de se registrarem para uso como também de se tornarem clientes pagantes de longo prazo.

Também fizemos muitos experimentos que deram errado. Num período em que acreditávamos que os clientes não estavam usando o produto porque não entendiam seus muitos benefícios, chegamos ao ponto de pagar a atendentes do serviço ao cliente para atuar como guias de turismo virtual. Mas, infelizmente, esse tratamento VIP não aumentava as chances de os clientes se tornarem usuários ativos ou pagantes.

Mesmo depois de abandonarmos a estratégia do plugin de MI, ainda levamos meses para entender *por que* não havia funcionado. Após o pivô e muitos experimentos malsucedidos, finalmente chegamos ao cerne da questão: os clientes queriam usar o IMVU para fazer *novos* amigos pela internet. Nossos clientes perceberam intuitivamente algo que demoramos a entender. Todos os produtos sociais on-line existentes se baseavam na identidade verdadeira dos clientes. A tecnologia de avatares do IMVU era adequada especialmente para ajudar as pessoas a se conhecerem sem comprometer a segurança ou correr o risco de roubo de identidade. Assim que formulamos essa hipótese, o índice de resultados positivos em nossos experimentos cresceu. Sempre que mudávamos o produto para facilitar o processo de fazer e manter novos amigos, verificávamos que crescia a probabilidade de os clientes participarem. A verdadeira produtividade da startup é isso: deduzir sistematicamente o que deve ser desenvolvido.

Esses foram apenas alguns entre as centenas de experimentos que fizemos, todas as semanas, e assim começamos a descobrir quais clientes usariam o produto e por quê. Cada aprendizado novo sugeria outros experimentos a serem feitos, e graças a isso nossas métricas foram se aproximando cada vez mais da meta.

A AUDÁCIA DO ZERO

Apesar do sucesso inicial, nossos números brutos ainda eram bem pequenos. Infelizmente, devido ao modo tradicional de avaliação empregado pelas empresas, essa é uma situação perigosa. A ironia é que costuma ser mais fácil conseguir dinheiro ou adquirir outros recursos quando você não tem nenhuma receita, nenhum cliente e nenhuma capacidade de tração do que quando você tem uma quantidade pequena. O zero atrai a imaginação, ao passo que os números pequenos atraem perguntas sobre se algum dia os números maiores vão se materializar. Todo mundo conhece (ou acha que conhece) histórias de produtos que alcançaram um sucesso meteórico da noite para o dia. Enquanto nada foi lançado e nenhum dado foi coletado, ainda é possível imaginar o sucesso da noite para o dia no futuro. Os números pequenos jogam água fria nessa expectativa.

Esse fenômeno acaba funcionando como um incentivo brutal: o de adiar a obtenção de qualquer dado enquanto não houver certeza de sucesso. Claro, como veremos, esses atrasos têm o efeito lamentável de aumentar o desperdício de trabalho, reduzir o feedback essencial e aumentar vertiginosamente o risco de que se desenvolva algo que ninguém deseja.

No entanto, lançar um produto e torcer para que dê certo também não é um bom plano. Quando lançamos o IMVU, ignorávamos esse problema. Nossos primeiros investidores e consultores achavam estranho o fato de termos, a princípio, uma projeção de faturamento de 300 dólares mensais.

Depois de vários meses com a receita pairando em torno de 500 dólares mensais, alguns deles começaram a perder a fé, assim como alguns dos nossos consultores, funcionários e até mesmo cônjuges. Em determinado ponto, alguns investidores começaram a aconselhar seriamente que tirássemos o produto do mercado e voltássemos ao modo furtivo. Felizmente, quando pivotamos e começamos os experimentos, incorporando aprendizados aos nossos esforços de desenvolvimento do produto e de marketing, os números começaram a melhorar.

Mas não muito! Por um lado, tivemos a sorte de enxergar um padrão de crescimento que começou a se parecer com o famoso gráfico do taco de hóquei; por outro, o gráfico subiu apenas até alguns milhares de dólares por mês. Apesar de promissores, porém, esses primeiros gráficos não eram suficientes para combater a perda de fé gerada pelo fracasso inicial, e não tínhamos a linguagem da aprendizagem validada para fornecer um conceito alternativo que nos ajudasse. Tivemos sorte porque alguns dos primeiros investidores entendiam a importância disso e estavam dispostos a olhar para além dos nossos pequenos números brutos e enxergar o nosso progresso (no Capítulo 7 você vai ver exatamente os mesmos gráficos que eles viram).

Assim, com a aprendizagem validada podemos mitigar o desperdício que acontece por causa da audácia do zero. O que precisávamos demonstrar era que os esforços de desenvolvimento do produto estavam nos levando em direção a um grande sucesso sem ceder à tentação de recorrer a métricas de vaidade e ao "teatro do sucesso" – o esforço a fim de parecer que tudo vai bem. Poderíamos ter tentado artifícios de marketing, comprado um anúncio no Super Bowl ou buscado métodos espalhafatosos de relações públicas para incrementar os números brutos. Isso daria aos investidores a ilusão de tração, mas apenas por pouco tempo. Mais cedo ou mais tarde os fundamentos do negócio venceriam e o efeito da publicidade passaria. Tendo esbanjado recursos preciosos na teatralidade e não no progresso, estaríamos com graves problemas.

Sessenta milhões de avatares depois, o IMVU continua forte. Seu legado não é somente um produto ótimo, uma equipe incrível e resultados financeiros promissores, mas todo um novo modo de avaliação do progresso em startups.

LIÇÕES PARA ALÉM DA IMVU

Tive muitas oportunidades de usar a história da IMVU como estudo de caso desde que a Graduate School of Business da Universidade Stanford publicou um estudo oficial sobre os primeiros anos da empresa.[5] Atualmente, o estudo faz parte do currículo de empreendedorismo em várias escolas de administração, entre elas a Harvard Business School, onde atuei como empreendedor residente. Além disso, já contei tudo isso em incontáveis workshops, palestras e congressos.

Sempre que conto a história da IMVU, os estudantes se sentem tentados a se concentrar na tática que ela ilustra: lançar um protótipo inicial de baixa qualidade, cobrar desde o lançamento e estabelecer metas de faturamento baixas como forma de impulsionar a busca por resultados. São técnicas úteis, mas que não constituem a moral da história. Existem exceções demais. Nem todo tipo de cliente vai aceitar um protótipo de baixa qualidade, por exemplo. Os mais céticos podem argumentar que essas técnicas não se aplicam ao seu ramo ou à sua situação, que só funcionam porque a IMVU é uma empresa de software, voltada para o consumidor on-line, ou porque não é uma aplicação de missão crítica.

Nenhuma dessas lições é especialmente útil. A startup enxuta não é uma coleção de táticas individuais, é uma abordagem consistente para o desenvolvimento de novos produtos. O único modo de entender suas recomendações é compreender os princípios que as tornam válidas. Como veremos nos próximos capítulos, o modelo startup enxuta foi aplicado a uma grande variedade de negócios e setores: indústria, tecnologia limpa, restaurantes e até lavanderias; as táticas usadas na IMVU podem se aplicar ou não à sua empresa.

O caminho é aprender a ver toda startup, de qualquer setor, como um experimento grandioso. A questão não é "Esse produto pode ser desenvolvido?". Na economia moderna, praticamente qualquer produto que possa ser imaginado pode ser desenvolvido. As perguntas mais pertinentes são: "Esse produto deve ser desenvolvido?" e "Podemos construir um negócio sustentável com esses produtos e serviços?". Para responder a essas perguntas, precisamos de um método para desmembrar um plano de negócios de forma sistematizada e testar empiricamente cada parte que o compõe.

Em outras palavras, precisamos do método científico. No modelo startup enxuta, cada produto, cada funcionalidade, cada campanha de marketing – tudo que uma startup faz – é considerado um experimento para alcançar a aprendizagem validada. Essa abordagem experimental funciona seja qual for a atividade e o setor, como veremos no Capítulo 4.

CAPÍTULO 4

Experimentar

Costumo ver muitas startups que têm dificuldade para responder às seguintes perguntas: Quais opiniões do cliente devemos escutar, se é que devemos escutar alguma? Quais funcionalidades devemos priorizar, entre as muitas que podemos desenvolver? Quais são as características essenciais para o sucesso do produto e quais são apenas complementares? O que pode ser alterado com segurança e o que pode irritar os consumidores? O que pode agradar os consumidores de hoje e desagradar os de amanhã? Em que devemos trabalhar em seguida?

Na verdade, a dificuldade só existe caso as equipes tenham seguido um plano do tipo "Vamos simplesmente distribuir um produto e ver o que acontece". Chamo isso de escola de empreendedorismo "simplesmente faça", por causa do famoso slogan da Nike (*Just do it*).[1] Infelizmente, se o plano é ver o que acontece, a equipe terá sucesso garantido – o de ver o que acontece –, mas não necessariamente vai obter aprendizagem validada. Esta é uma das lições mais importantes do método científico: se você não fracassa, não aprende.

DA ALQUIMIA À CIÊNCIA

Para o método startup enxuta, os esforços das startups são experimentos que servem como teste de estratégia, permitindo verificar quais pontos são de fato brilhantes e quais são absurdos. Um verdadeiro experimento segue o método científico. Começa com uma hipótese clara, que faz previsões, e em seguida testa empiricamente essas previsões. Tal como os experimentos científicos são guiados pela teoria, os experimentos de uma startup são guiados pela visão do empreendimento. O objetivo de cada experimento é descobrir como desenvolver um negócio sustentável a partir dessa visão.

Pense grande, comece pequeno

A Zappos é a maior loja de sapatos on-line do mundo, com receita bruta anual de mais de 1 bilhão de dólares. Ela é hoje conhecida como uma das empresas de comércio eletrônico mais bem-sucedidas e amigáveis ao cliente no mundo, mas não começou assim.

Seu fundador, Nick Swinmurn, sentia-se frustrado porque não existia um site central com uma ótima seleção de calçados. Ele visualizou uma experiência de varejo nova e superior. Swinmurn poderia ter esperado muito, insistindo em testar sua visão completa, com armazéns, distribuidores parceiros e a promessa de vendas significativas. Muitos dos pioneiros do comércio eletrônico fizeram exatamente isso, inclusive portentosos fracassos pontocom como a Webvan e a Pets.com.

Em vez disso, ele começou com um experimento. Sua hipótese era de que os clientes estavam preparados e dispostos a comprar sapatos pela internet. Para testá-la, começou pedindo para tirar fotos do estoque de algumas sapatarias de sua região. Em troca, ele colocaria as fotos na internet e voltaria para comprar os sapatos, pelo preço integral, se algum cliente os comprasse on-line.

A Zappos começou com um produto minúsculo e simples, destinado a responder a uma pergunta fundamental: já existe demanda suficiente para uma experiência superior de compra de calçados pela internet? No entanto, um experimento de startup bem projetado como esse com que a Zappos iniciou faz mais do que testar um único aspecto de um plano de negócios. Enquanto essa primeira suposição era testada, muitas outras foram testadas também. Para vender os calçados, a Zappos precisava interagir com os consumidores: receber pagamentos, fazer devoluções e realizar o atendimento ao cliente. Isso é decididamente diferente de uma pesquisa de mercado. Se tivesse recorrido às pesquisas de mercado existentes ou feito uma sondagem, a Zappos talvez tivesse perguntado o que os clientes achavam que desejavam. Já ao desenvolver um produto (ainda que bem simples), a empresa aprendeu muito mais:

1. Obteve dados mais exatos sobre as demandas do consumidor, porque estava observando um comportamento real em vez de fazer perguntas hipotéticas.
2. Colocou-se numa posição em que interagia com consumidores reais e ficava sabendo de suas necessidades. Por exemplo, o plano de negócios poderia recomendar descontos nos preços, mas como as percepções do consumidor sobre o produto seriam afetadas pela estratégia de descontos?
3. Permitiu-se ser surpreendida quando os consumidores se comportaram de modo inesperado, revelando informações sobre questões que a Zappos talvez não soubesse que deveria levantar. Por exemplo: e se os calçados fossem devolvidos?

O experimento inicial da Zappos forneceu um resultado claro e quantificável: ou um número razoável de consumidores compraria os calçados, ou não. Além disso, colocou a empresa em posição de observar, interagir e aprender com consumidores e parceiros reais. Essa aprendizagem qualitativa deve sempre acompanhar os testes quantitativos. O fato de ter começado em escala significativamente pequena não impediu a concretização da visão gigantesca da Zappos. A propósito, em 2009 a empresa foi adquirida pela gigante Amazon, pelo valor declarado de 1,2 bilhão de dólares.[2]

Para uma mudança de longo prazo, experimente imediatamente

Caroline Barlerin era diretora da divisão de inovação social global da Hewlett-Packard (HP), uma multinacional com mais de 300 mil funcionários e mais de 100 bilhões de dólares em vendas anuais. Caroline, que liderava o envolvimento com a comunidade global, era uma empreendedora social. Ela procurava fazer com que mais funcionários fizessem uso da política de voluntariado da HP.

As diretrizes da empresa encorajavam cada funcionário a dedicar até quatro horas mensais de sua carga horária a prestar serviço voluntário em sua comunidade. Podia ser qualquer trabalho filantrópico: pintar cercas, construir casas ou mesmo o uso *pro bono* de suas habilidades profissionais. Esse último tipo era prioridade para Caroline. Devido ao seu talento e aos seus valores, a força de trabalho da HP tinha o potencial de provocar um impacto positivo monumental. Um designer poderia ajudar uma organização sem fins lucrativos no projeto de um site novo; engenheiros poderiam instalar cabos de acesso à internet numa escola.

O projeto de Caroline estava apenas começando. A maioria dos funcionários não sabia que existia essa política interna e apenas uma fração minúscula fazia uso dela. Os que o faziam, mesmo os especialistas com alta formação, realizavam ações de baixo impacto, geralmente envolvendo trabalho manual. A visão de Caroline era transformar as centenas de milhares de funcionários numa força voltada para o bem social.

Esse é o tipo de iniciativa corporativa realizada diariamente em empresas de todo o mundo. Não tem nada a ver com startups, segundo a definição convencional ou o que vemos nos filmes. Na superfície, parece mais apropriado ao planejamento e à administração tradicionais, mas espero que a discussão no Capítulo 2 tenha instigado você a suspeitar um pouco. Veja a seguir como poderíamos analisar esse projeto segundo o modelo startup enxuta.

O projeto de Caroline enfrentava incerteza extrema: nunca houvera uma campanha de voluntariado dessa magnitude na HP. Como ela poderia saber por que as pessoas não estavam se voluntariando? Mais importante, o que ela sabia realmente sobre como mudar o comportamento de centenas de milhares de pessoas em mais de 170 países? O objetivo de Caroline era inspirar seus colegas a tornar o mundo um lugar melhor. Vendo desse modo, seu plano parece cheio de suposições não testadas – e com uma visão e tanto.

Em acordo com as práticas de gestão tradicionais, Caroline estava investindo tempo em planejar, em buscar a adesão dos departamentos e gestores e preparando um roteiro de iniciativas para os primeiros 18 meses do projeto. Além disso, ela contava com um forte sistema de responsabilização pessoal com métricas para o impacto pretendido nos quatro anos seguintes. Como muitos empreendedores, Caroline tinha um plano de negócios que expunha muito bem suas intenções. Apesar de todo esse empenho, porém, tudo que ela conseguira até então foram ganhos esparsos, e não estava conseguindo saber se conseguiria ampliar sua visão.

Uma suposição poderia ser que os valores de longo prazo da empresa incluíam o compromisso de melhorar a comunidade, mas que, por causa dos problemas econômicos recentes, havia no momento um foco maior na lucratividade de curto prazo; talvez os funcionários antigos quisessem reafirmar o valor de retribuição à sociedade através do voluntariado. Uma segunda suposição seria que eles achassem mais satisfatório, e portanto mais sustentável, usar suas habilidades profissionais no serviço voluntário, o que resultaria num impacto maior para as organizações às quais doassem seu tempo. Dentro dos planos de Caroline também espreitavam muitas suposições práticas sobre a disposição dos funcionários a prestar serviço voluntário, sobre seu nível de comprometimento e vontade e sobre o melhor modo de alcançá-los.

O modelo startup enxuta oferece um modo de testar essas hipóteses imediatamente, de maneira rigorosa e completa. Um planejamento estratégico exige meses para ser feito, enquanto esses experimentos poderiam começar imediatamente. Começar em pequena escala evitaria um desperdício gigantesco mais adiante, sem comprometer a visão geral. Veja como Caroline poderia conduzir seu projeto como um experimento:

Desmembrando o projeto

O primeiro passo seria desmembrar a visão. As duas suposições mais importantes que os empreendedores fazem são o que eu chamo de hipótese de valor e hipótese de crescimento.

A *hipótese de valor* testa se a utilização de um produto ou serviço realmente entrega valor aos clientes. Qual seria um bom indicador de que os funcionários acham valioso doar seu tempo? Uma pesquisa de opinião não seria muito precisa, porque em geral é difícil avaliar os próprios sentimentos de modo objetivo.

Os experimentos são mais exatos. O que se poderia enxergar em tempo real que servisse como indicação do valor obtido com o trabalho voluntário? Uma ideia seria criar oportunidades para que um pequeno número de funcionários fizesse trabalho voluntário e depois observar a taxa de retenção. Quantos se oferecem como voluntários de novo? O fato de um funcionário voluntariamente investir tempo e atenção no programa é um forte indicativo de que ele o considera valioso.

Para a *hipótese de crescimento*, que testa como novos clientes descobrem um produto ou serviço, podemos fazer uma análise semelhante. Assim que o programa estiver em andamento, como ele vai se espalhar entre os funcionários, desde os adotantes iniciais até a adoção em massa por toda a empresa? Uma probabilidade seria a expansão por crescimento viral. Se isso realmente ocorrer, o mais importante a avaliar é o comportamento: os primeiros participantes espalhariam a notícia para outros funcionários?

Nesse caso, um experimento simples seria oferecer a um número muito pequeno (digamos, uma dúzia) de funcionários antigos uma oportunidade excepcional de voluntariado. Como a hipótese de Caroline era que a motivação se daria pelo desejo de concretizar o compromisso histórico da HP com a comunidade, o experimento buscaria funcionários que sentissem a maior desconexão entre a rotina de trabalho e os valores expressos pela empresa. O objetivo aqui não é encontrar o consumidor convencional, e sim os *adotantes iniciais*: aqueles que mais precisam do produto. Esses clientes costumam ser mais compreensivos com erros e mais dispostos a oferecer feedback.

Em seguida, usando a técnica que chamo de *MVP concierge* (explicada em detalhes no Capítulo 6), Caroline poderia garantir que os primeiros participantes tivessem a melhor experiência possível, totalmente alinhada com sua visão. Diferentemente do que acontece num grupo focal, seu objetivo seria avaliar o que os clientes realmente fizessem. Por exemplo, quantos dos primeiros voluntários completam suas tarefas? Quantos se oferecem pela segunda vez? Quantos estão dispostos a recrutar um colega para participar de uma nova atividade?

Experimentos adicionais podem expandir esse feedback e essa aprendizagem. Por exemplo, se o modelo de crescimento exigir que uma determinada porcentagem de participantes compartilhe as experiências com colegas e encoraje a participação deles, o grau em que isso acontece pode ser testado até com uma amostra muito pequena de pessoas. Se 10 realizam o primeiro experimento, quantas podemos esperar que voltem a se oferecer como voluntárias? Se pedirmos a elas que recrutem um colega, quantas esperamos que façam isso? Lembre que essas pessoas devem ser do tipo adotantes iniciais, que mais tenham a ganhar com o programa.

Dito de outro modo: e se nenhum dos 10 adotantes iniciais quiser atuar como voluntário de novo? O resultado seria tremendamente significativo – e muito negativo. Se os números desses experimentos iniciais não parecerem promissores, existe claramente um problema de estratégia. Isso não quer dizer que seja hora de desistir; pelo contrário, quer dizer que é hora de obter algum feedback qualitativo imediato sobre como melhorar o programa. É aqui que esse tipo de experimentação tem uma vantagem sobre a pesquisa de mercado tradicional. Não precisamos encomendar uma pesquisa nem encontrar pessoas novas para serem entrevistadas. Já temos um grupo de pessoas com quem falar, além de conhecimento sobre seu comportamento real: os participantes do experimento inicial.

O experimento inteiro pode ser realizado em semanas, menos de um décimo do tempo de planejamento estratégico tradicional. Além disso, ele pode acontecer em paralelo com o planejamento estratégico. Mesmo quando os experimentos produzem resultado negativo, esses fracassos são instrutivos e podem influenciar a estratégia. Por exemplo, e se não for possível encontrar nenhum voluntário que esteja sentindo o conflito de valores dentro da organização, uma suposição tão importante do plano de negócios? Se for assim, parabéns: é hora de pivotar (um conceito explorado mais detalhadamente no Capítulo 8).[3]

UM EXPERIMENTO É UM PRODUTO

No modelo startup enxuta, um experimento é mais do que uma investigação teórica, é também um primeiro produto. Se for bem-sucedido, permite que o gestor inicie sua campanha, recrutando adotantes iniciais, acrescentando funcionários para cada experimento ou iteração posterior e, por fim, começando a desenvolver um produto. Quando esse produto estiver pronto para ser distribuído amplamente, já terá clientes estabelecidos. Terá solucionado problemas reais e oferecerá especificações detalhadas do que precisa ser desenvolvido. Ao contrário de um planejamento estratégico ou de um processo de pesquisa de mercado tradicional, essa especificação se baseará no feedback sobre o que está acontecendo agora, não numa previsão do que pode funcionar amanhã.

Para ver isso em ação, considere um exemplo da Kodak. A história da Kodak evoluiu junto com a das máquinas e dos filmes fotográficos, mas por um tempo ela também operou um substancial negócio on-line chamado Kodak Gallery. Mark Cook, VP de produto da Kodak Gallery, vinha trabalhando para mudar a cultura de desenvolvimento da empresa, tentando fazê-la incorporar a experimentação.

Mark explicou: "Tradicionalmente, o gerente de produtos diz 'Eu quero isto' e o engenheiro responde 'Vou desenvolver'. O que eu tento fazer é instigar minha equipe a responder primeiro a quatro perguntas: 1) Os clientes reconhecem que têm o problema que você está tentando resolver? 2) Se houvesse uma solução, eles a comprariam? 3) Eles a comprariam conosco? 4) Podemos desenvolver uma solução para esse problema?"

A tendência comum do desenvolvimento de produtos é saltar direto para a quarta pergunta antes de confirmar se os clientes têm mesmo o problema. Por exemplo, a Kodak Gallery oferecia no site cartões de casamento com texto dourado e gráficos. Esses modelos eram populares entre clientes que iam se casar, e assim a equipe redesenhou os cartões para serem usados em outras ocasiões especiais, como as festas de fim de ano. A pesquisa de mercado e o processo de projeto indicou que os clientes iriam gostar dos novos cartões, o que justificava o esforço significativo despendido em sua criação.

Dias antes do lançamento, a equipe percebeu que era muito difícil entender os cartões a partir de sua descrição no site; não dava para ver como eram bonitos. Além de tudo, eram difíceis de produzir. Cook percebeu que a equipe tinha feito o trabalho de trás para a frente. Ele explicou: "Até que conseguíssemos descobrir como fazer e vender o produto, não valia a pena gastar tempo com a engenharia."

Tendo aprendido com essa experiência, Cook usou uma abordagem diferente quando a equipe desenvolveu funcionalidades novas para um produto que facilitava o compartilhamento de fotos tiradas num evento (um casamento, uma convenção, etc.). Eles acreditavam que um "álbum de eventos" on-line serviria a esse propósito. A diferença em relação a outros serviços de compartilhamento de fotos on-line era que o álbum de eventos da Kodak Gallery teria fortes controles de privacidade, garantindo que as imagens fossem compartilhadas apenas por convidados do mesmo evento.

Em um rompimento com o passado, Cook liderou a equipe num processo para identificar os riscos e suposições antes de desenvolverem qualquer coisa. Depois, as suposições foram testadas em experimentos.

Duas hipóteses principais embasavam o projeto:

1. Presumia-se que os clientes desejariam criar os álbuns.
2. Presumia-se que os convidados fariam upload das fotos para álbuns criados por amigos ou colegas.

A equipe da Kodak Gallery desenvolveu um protótipo simples, ao qual faltavam muitas funcionalidades – na verdade, faltavam tantas que a equipe relutou em mostrá-lo aos clientes –, mas o uso do protótipo mesmo nesse estágio inicial de desenvolvimento ajudou a equipe a refutar suas hipóteses. Primeiro, criar um álbum não era tão fácil quanto haviam previsto: os clientes não conseguiram criar *nenhum*. Segundo, os clientes reclamaram que faltavam funcionalidades essenciais no produto.

Esses resultados negativos desanimaram a equipe. Eles ficaram frustrados com os problemas de usabilidade e com as reclamações, já que muitas das funcionalidades que faltavam no protótipo já estavam previstas no projeto original. Cook explicou que, ainda assim, o projeto não era um fracasso. O produto inicial – com defeitos e tudo – confirmava que os usuários desejavam criar álbuns de eventos, uma informação extremamente valiosa. Quanto às reclamações, eram indícios de que estavam no caminho certo, pois agora eles tinham evidências de que as funcionalidades mencionadas eram de fato importantes. E quanto àquelas que estavam previstas no projeto mas não foram apontadas pelos clientes? Talvez não fossem tão importantes quanto pareciam.

Foi lançada uma versão beta, que permitiu à equipe continuar aprendendo e iterando. Ainda que os primeiros usuários estivessem entusiasmados e os números fossem promissores, a equipe fez uma descoberta importante. Usando uma ferramenta de pesquisa on-line chamada KISSinsights, eles ficaram sabendo que muitos clientes desejavam poder organizar a ordem das fotos antes de convidar outros a colaborar. Sabendo que não estavam preparados para fazer o lançamento, Cook conteve o gerente geral de sua divisão explicando que iterar e fazer experimentos antes do início da campanha de marketing renderia resultados muito melhores. Num mundo em que as datas de lançamento costumam ser marcadas com meses de antecedência, esperar até que o problema fosse solucionado seria um rompimento com o passado.

Esse processo representou uma grande mudança para a Kodak Gallery; os funcionários estavam acostumados a ter seu desempenho avaliado de acordo com a conclusão de tarefas. Como disse Cook: "Sucesso não é desenvolver um recurso, é descobrir como resolver o problema do cliente."[4]

A LAVANDERIA VLS

Na Índia, menos de 7% da população tem uma máquina de lavar, já que é um item muito caro. A maioria das pessoas lava as roupas à mão em casa ou paga pelos serviços de uma Dhobi. As Dhobis vão até o rio mais próximo, esfregam as roupas, batendo com elas nas pedras para ajudar na limpeza, e as penduram para secar, o que leva de dois a sete dias. O resultado? As roupas são devolvidas em cerca de 10 dias, provavelmente não muito limpas.

Fazia oito anos que Akshay Mehra trabalhava na Procter & Gamble de Singapura quando identificou uma oportunidade. Como gerente das marcas Tide e Pantene na Índia e nos países da ASEAN (Associação de Nações do Sudeste Asiático), ele pensou em criar um serviço de lavanderia acessível a todos. Voltando à Índia, Mehra se associou à Village Laundry Services (VLS), criada pela Innosight Ventures, e a VLS deu início a uma série de experimentos para testar suas suposições.

Para o primeiro experimento, a VLS montou uma máquina de lavar doméstica na carroceria de uma picape estacionada numa esquina de Bangalore. O experimento custou menos de 8 mil dólares e tinha o objetivo simples de provar que as pessoas pagariam para que sua roupa fosse lavada. A picape em si era mais para efeito de marketing, a roupa não era lavada ali; o serviço era feito em outro lugar e a roupa era devolvida aos clientes no fim do dia.

O experimento prosseguiu por uma semana. A picape foi parada em várias esquinas, para que a equipe descobrisse tudo que pudesse sobre os clientes em potencial. A questão principal era saber como encorajar as pessoas a irem até a picape. Será que a rapidez do serviço importava? O nível de limpeza era uma preocupação? O que as pessoas pediam quando entregavam a roupa para ser lavada? A equipe descobriu que os clientes estavam bastante dispostos a utilizar o serviço, mas que estranhavam a máquina montada num automóvel, pois temiam que fugissem levando suas roupas. Para sanar essa preocupação, a VLS trocou a picape por algo mais robusto, quase um quiosque móvel.

A VLS experimentou também estacionar os veículos diante de uma cadeia local de pequenos mercados. Outras iterações ajudaram a descobrir quais serviços atraíam mais as pessoas e quanto elas estavam dispostas a pagar. Foi constatado que muitos clientes queriam também que as roupas fossem passadas e estavam dispostos a pagar o dobro para recebê-las em quatro horas em vez de 24.

Depois de tudo isso, a VLS criou um produto final que era um quiosque móvel de 1 metro por 1,20, que incluía uma máquina de lavar doméstica com consumo eficiente de energia, uma secadora e um cabo de extensão bem longo. O quiosque usava detergentes ocidentais e recebia água limpa todos os dias, entregue pela VLS.

Desde então, a Village Laundry Service cresceu substancialmente, com 14 instalações distribuídas entre Bangalore, Mysore e Mumbai. Akshay Mehra, CEO da VLS, me disse: "Em 2010, processamos 116 mil quilos de roupas (em comparação com 30.600 quilos em 2009). E quase 60% das transações se devem a clientes que retornam. Atendemos a mais de 10 mil clientes somente no último ano, somando todos os postos de serviço."[5]

UMA STARTUP ENXUTA NO GOVERNO?

Em 21 de julho de 2010, o presidente Obama sancionou a Lei Dodd-Frank de Reforma de Wall Street e de Proteção a Consumidores. Uma das principais disposições da lei foi a criação de um novo órgão federal, a Agência de Proteção Financeira ao Consumidor (CFPB, na sigla em inglês), cujo papel é proteger os cidadãos americanos de empréstimos predatórios por parte de empresas que prestam serviços financeiros como cartões de crédito, financiamento estudantil e empréstimo consignado. O plano estabelece que seja montada uma central de atendimento com assistentes sociais treinados para atender diretamente o público.

Deixada por conta própria, uma nova agência pública provavelmente contrataria um grande número de funcionários usando um grande orçamento para desenvolver um plano caro e demorado, mas a CFPB pensou em fazer as coisas de um jeito diferente. Apesar do orçamento de 500 milhões de dólares e de sua origem de alto nível, a CFPB é na verdade uma startup.

O presidente Obama determinou que o diretor de tecnologia do governo, Aneesh Chopra, coletasse ideias para estabelecer a nova agência como uma startup, e foi assim que fui envolvido na história. Em uma das suas visitas ao Vale do Silício, Chopra convidou vários empreendedores para sugerir maneiras de cultivar uma mentalidade de startup na nova agência. Seu foco maior era agregar tecnologia e inovação para tornar a agência mais eficiente, rentável e completa.

Minha sugestão se baseou diretamente nos princípios apresentados neste capítulo: tratar a CFPB como um experimento, identificar os elementos do plano que sejam mais suposições do que fatos e descobrir maneiras de testá-los. Usando essas ideias, construímos um produto mínimo viável e colocamos a agência em funcionamento – numa microescala – muito antes de o plano oficial ser posto em ação.

A principal suposição do plano atual é que um número significativo de cidadãos americanos vai ligar para a CFPB pedindo ajuda contra fraudes e abusos financeiros quando souber dessa possibilidade. Parece razoável, já que isso se baseia em pesquisas de mercado sobre o número de fraudes que ocorrem todos os anos, mas, apesar de todas as pesquisas, ainda é uma suposição. Se o volume real de ligações for muito diferente daquele que consta no plano, será preciso fazer uma revisão significativa. E se os americanos sujeitos a abuso financeiro não se considerarem vítimas e por isso não procurarem ajuda? E se tiverem ideias diferentes de quais são os problemas importantes? E se ligarem pedindo ajuda para problemas que estiverem fora do alcance da agência?

Quando a CFPB já estiver funcionando, com um orçamento de 500 milhões de dólares e um quadro de funcionários proporcionalmente grande, alterar o plano será caro e consumirá tempo, mas por que esperar para obter feedback? Para começar o experimento imediatamente, um primeiro passo poderia ser a criação de um único canal de comunicação, usando uma plataforma de baixo custo e configuração rápida, como a Twilio. Com poucas horas de trabalho, eles poderiam acrescentar comandos de voz simples, apresentando um menu de problemas. Na primeira versão, as orientações seriam extraídas das pesquisas existentes. Em vez de um assistente social atendendo, cada item do menu ofereceria informações úteis sobre como resolver o problema.

Em vez de divulgar esse canal para todo o país, o experimento poderia ser bem limitado, começando com uma pequena área geográfica – pequena mesmo, como alguns quarteirões de uma cidade – e, em vez de comprar anúncios caros na televisão ou no rádio, anunciando o serviço por publicidade hiperdirecionada. Um bom início seria colocar panfletos em quadros de avisos, anúncios de jornal direcionados aos quarteirões específicos ou anúncios on-line direcionados. Como a área-alvo seria muito pequena, eles poderiam se dar ao luxo de pagar um pouco mais para criar um alto nível de percepção na zona-alvo. O custo total continuaria bastante pequeno.

Como solução para o problema do abuso financeiro, esse produto mínimo viável não é nada em comparação com o que uma agência de 500 milhões de dólares poderia realizar. Mas também não é muito caro. Esse produto poderia ser desenvolvido em dias ou semanas e todo o experimento provavelmente custaria apenas alguns milhares de dólares.

O que ficaríamos sabendo com esse experimento seria valiosíssimo. Com base nas escolhas das primeiras pessoas que ligassem, a agência poderia começar a perceber imediatamente que tipos de problema os americanos acreditam que têm, e não somente os que "deveriam" ter. A agência poderia começar testando mensagens de marketing: o que motiva as pessoas a telefonar? Poderia começar a extrapolar tendências do mundo real: que porcentagem de pessoas na área-alvo realmente liga? A extrapolação não seria exata, mas estabeleceria um comportamento de referência muito mais preciso do que uma pesquisa de mercado.

Mais importante ainda é que esse produto serviria como uma semente, capaz de germinar e se tornar um serviço muito mais elaborado. Com esse início, a agência poderia se engajar num processo contínuo de melhoria, acrescentando aos poucos, mas com segurança, mais e melhores soluções. Com o tempo, introduziria os assistentes sociais, que a princípio talvez tratassem de apenas uma categoria de problema, para aumentar as chances de sucesso. Quando o plano oficial estivesse pronto para ser implementado, esse serviço inicial serviria como um modelo do mundo real.

Em 2011, a CFPB estava apenas começando, mas já dava sinais de que segue uma abordagem experimental. Por exemplo, em vez de fazer um lançamento geograficamente limitado, estava segmentando seus primeiros produtos segundo o uso. Estabeleceu uma hierarquia preliminar de produtos financeiros sobre os quais oferecia serviços ao consumidor, e em primeiro lugar estavam os cartões de crédito.

Como me disse David Forrest, diretor de tecnologia da CFPB: "Nosso objetivo é dar aos cidadãos americanos um modo fácil de nos informar sobre os problemas que eles encontram no mercado financeiro voltado para o consumidor. Temos a oportunidade de monitorar de perto o que o público está nos dizendo e reagir às informações novas. Os mercados mudam o tempo todo. Nosso trabalho é mudar junto."[6]

...

Os empreendedores e os administradores apresentados neste livro são inteligentes, capazes e extremamente orientados a resultados. Em muitos casos, estão criando uma organização de modo coerente com as melhores práticas do pensamento administrativo atual. Enfrentam os mesmos desafios tanto no setor público quanto no privado, independentemente do ramo de atividade. Como vimos, mesmo os gestores e executivos experientes nas empresas mais bem administradas encontram dificuldades para desenvolver e lançar produtos inovadores de modo consistente.

    O desafio que se impõe a eles é superar o modelo administrativo predominante, que depende de planejamentos minuciosos. Lembre que o planejamento é uma ferramenta que só funciona se houver um histórico operacional longo e estável. E por acaso alguém acha que o mundo fica mais estável a cada dia? Mudar essa mentalidade é, ainda que difícil, fundamental para o sucesso de uma startup. Espero que este livro ajude gestores e empreendedores a realizar essa mudança.

PARTE 2
DIREÇÃO

Como a visão leva à direção

Em essência, uma startup é um catalisador que transforma ideias em produtos. À medida que os consumidores interagem com esses produtos, geram feedback e dados. O feedback é qualitativo (do que gostam e do que não gostam, por exemplo) e quantitativo (quantas pessoas usam o produto ou serviço e o consideram valioso, etc.). Como já vimos, os produtos que uma startup desenvolve são na verdade experimentos; a aprendizagem de como construir um negócio sustentável é o resultado de tais experimentos – o que, para as startups, é muito mais importante do que dinheiro, prêmios ou menções na imprensa, porque essa informação pode influenciar e remodelar a próxima leva de ideias.

Podemos visualizar essas três etapas com este diagrama simples:

CICLO DE FEEDBACK CONSTRUIR-MEDIR-APRENDER

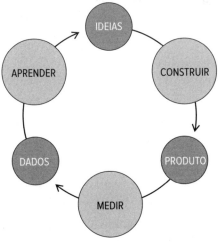

Reduzir o tempo *TOTAL* do ciclo

Esse ciclo de feedback construir-medir-aprender está no cerne do modelo startup enxuta. Nesta Parte 2 vamos examiná-lo em detalhes.

É muito comum que as pessoas tenham uma formação profissional com foco maior em um único elemento desse ciclo. Engenheiros se concentram em construir coisas do modo mais eficiente possível; alguns administradores são especialistas em estratégia e teoria; muitos empreendedores concentram suas energias nos substantivos do ciclo – ter a melhor *ideia* para um produto ou o *produto* inicial mais bem projetado – ou ficam obcecados com *dados* e instrumentos de avaliação.

A verdade é que nenhuma dessas atividades tem importância fundamental se for considerada isoladamente. Precisamos concentrar nossas energias em reduzir o tempo *total* desse ciclo de feedback. Essa é a essência da direção em uma startup. Nesta Parte 2, vamos dar uma volta completa no ciclo de feedback construir-medir-aprender, discutindo em detalhes cada componente.

O objetivo da Parte 1 foi explorar a importância da aprendizagem como avaliação de progresso em uma startup. Como espero que seja evidente a essa altura, concentrar energias na aprendizagem validada pode evitar boa parte dos desperdícios que assolam as startups hoje em dia. Tal como na manufatura enxuta, descobrir onde e quando investir energia resulta em economia de tempo e dinheiro.

Para aplicar o método científico a uma startup, precisamos identificar quais hipóteses devemos testar. Eu chamo de suposições do tipo *salto de fé* os elementos mais arriscados de um plano de startup, aqueles dos quais depende todo o restante. As duas suposições mais importantes são a hipótese de valor e a hipótese de crescimento. Elas dão origem a variáveis de ajuste que controlam o motor de crescimento da startup. Cada iteração de uma startup é uma tentativa de dar partida nesse motor para ver se ele funciona. Assim que o motor estiver girando, o processo se repete, trocando-se as marchas para acelerar cada vez mais.

Assim que houver clareza quanto a essas suposições do tipo salto de fé, o primeiro passo é entrar o mais rápido possível na fase de *construir*, com um produto mínimo viável (sigla MVP, em inglês). O MVP é uma versão do produto que permite um giro inteiro no ciclo construir-medir-aprender com um mínimo de esforço e o menor tempo de desenvolvimento. Ele ainda não tem muitos atributos que possam vir a se mostrar essenciais, mas, em determinados sentidos, criar um MVP exige trabalho extra, pois é preciso ter meios para avaliar seu impacto. Por exemplo, não é adequado construir um protótipo que seja avaliado somente pela qualidade interna e somente por engenheiros e designers. Também precisamos colocá-lo diante de clientes potenciais, para avaliar como reagem. Talvez até precisemos tentar vender o protótipo a eles, como logo veremos.

Quando entrarmos na fase de *medir*, o maior desafio será determinar se os esforços para desenvolvimento do produto estão levando a um progresso real. Lembre-se: se estivermos desenvolvendo algo que ninguém deseja, não importa muito se fazemos isso no prazo e dentro do orçamento. O método que eu recomendo é chamado de *contabilidade para inovação*, uma abordagem quantitativa que nos permite ver se os esforços para dar partida no motor estão rendendo frutos. Isso também nos permite criar *marcos de aprendizagem*, que são uma alternativa aos tradicionais marcos de negócio e produto. Os marcos de aprendizagem são úteis para os empreendedores avaliarem seu progresso de modo preciso e objetivo, além de serem valiosíssimos para os gestores e investidores que devem cobrar a prestação de contas por parte dos empreendedores. Mas nem todas as métricas são iguais, e no Capítulo 7 vou esclarecer o perigo das *métricas de vaidade* em contraste com a utilidade prática das *métricas acionáveis*, que ajudam a analisar o comportamento do consumidor de maneiras que respaldam a contabilidade para inovação.

Por fim, e mais importante, existe o *pivô*. Uma vez completo o ciclo construir-medir-aprender, nos vemos diante da questão mais difícil para todo empreendedor: pivotar a estratégia original ou perseverar? Se descobrirmos que uma das nossas hipóteses é falsa, é hora de fazer uma grande mudança para uma nova hipótese estratégica.

O método startup enxuta cria empresas com eficiência de capital porque mostra mais cedo se é hora de pivotar, gerando assim menos desperdício de tempo e dinheiro. Escrevemos assim – construir--medir-aprender – porque as atividades acontecem nessa ordem, mas na verdade o planejamento acontece na ordem inversa: identificamos o que precisamos aprender, usamos a contabilidade para inovação para descobrir o que precisamos medir a fim de saber se estamos obtendo aprendizagem validada e só então definimos qual produto precisamos desenvolver para realizar o experimento e obter essa medida. Todas as técnicas da Parte 2 foram formuladas de modo que reduzissem o tempo total do ciclo construir-medir-aprender.

CAPÍTULO 5

Saltar

Em 2004, três estudantes chegaram ao Vale do Silício com uma incipiente rede social universitária. Funcionava em poucos campi. Não era a líder do mercado nem mesmo a primeira do tipo; outras empresas tinham lançado produtos similares antes e com mais recursos. Com 150 mil usuários registrados, a receita deles era muito pequena, mas naquele verão os três jovens levantaram seus primeiros 500 mil dólares em capital de risco. Menos de um ano depois, levantaram mais 12,7 milhões.

Claro que você já adivinhou que os três estudantes eram Mark Zuckerberg, Dustin Moskovitz e Chris Hughes, do Facebook. Hoje em dia, a história deles é famosa em todo o mundo. Muitas coisas sobre ela são notáveis, mas eu gostaria de me concentrar em apenas uma: como o Facebook conseguiu levantar tanto dinheiro quando tinha tão poucos usuários.[1]

Segundo se conta, dois fatos impressionaram os investidores naquela fase de crescimento inicial do Facebook. O primeiro foi a quantidade de tempo que os usuários ativos passavam no site; mais da metade deles o acessava todo santo dia.[2] Esse é um exemplo de como uma empresa pode validar sua hipótese de valor: os clientes acharem o produto valioso. O segundo fato impressionante na capacidade de tração inicial do Facebook foi a taxa espantosa com que havia dominado seus primeiros campi universitários: o lançamento foi em 4 de fevereiro de 2004, e no fim desse mesmo mês quase três quartos dos alunos de graduação de Harvard o estavam usando, sem um único dólar gasto em marketing ou publicidade. Em outras palavras, o Facebook também tinha validado sua hipótese de crescimento. Essas hipóteses representam duas das mais importantes questões do tipo *salto de fé* enfrentadas por qualquer startup nova.[3]

Na época, ouvi muitas pessoas criticarem os primeiros investidores do Facebook, dizendo que a empresa não tinha um "modelo de negócio" e que conseguia apenas uma receita modesta comparada com a avaliação feita por seus investidores. Elas viam no Facebook um retorno aos excessos da era das pontocom, quando empresas com pouca receita levantavam uma quantidade espantosa de dinheiro para realizar uma estratégia de "atrair olhares" e "crescer rápido". Muitas startups da era das pontocom planejavam ganhar dinheiro mais tarde vendendo a outros anunciantes os olhares que haviam comprado. Na verdade, essas pontocom fracassadas não passavam de intermediárias, efetivamente pagando para atrair a atenção dos consumidores e depois planejando revendê-la a outros. O Facebook era diferente porque usava um motor de crescimento diferente. Não pagava nada pela aquisição de consumidores e seu alto nível de engajamento resultava no acúmulo de uma enorme atenção dos consumidores a cada dia. Jamais houve qualquer dúvida de que toda essa atenção seria valiosa para os anunciantes; a única questão era quanto pagariam por ela.

Muitos empreendedores estão tentando criar o novo Facebook, mas, quando tentam aplicar as lições do Facebook e de outras famosas histórias de sucesso de startups, logo ficam confusos. A lição do Facebook é que as startups não devem cobrar dos consumidores no estágio inicial? Ou que nunca devem gastar com marketing? Essas perguntas não podem ser respondidas em termos abstratos; para qualquer técnica existe um número quase infinito de exemplos contrários. Por isso, é preciso conduzir experimentos que ajudem a determinar quais técnicas funcionarão nas circunstâncias específicas de cada empreendimento. Para as startups, o papel da estratégia é ajudar a descobrir quais são as perguntas certas a fazer.

A ESTRATÉGIA SE BASEIA EM SUPOSIÇÕES

Todo plano de negócios começa com um conjunto de suposições. Ele traça uma estratégia supondo que essas suposições são válidas e prossegue mostrando como alcançar a visão da empresa. Como não foi provado que as suposições são verdadeiras (afinal de contas, são suposições) e como muitas vezes elas não o são, a primeira meta de uma startup deve ser testá-las o mais rápido possível.

A estratégia de negócios tradicional é excelente em ajudar a identificar quais são as suposições daquele negócio. O primeiro desafio de um empreendedor é criar uma organização que consiga testar essas suposições sistematicamente. O segundo desafio, como acontece em todas as situações de empreendedorismo, é realizar esses testes rigorosos sem perder de vista a visão geral da empresa.

Muitas suposições que fazem parte de um plano de negócios típico são comuns, fatos evidentes extraídos de experiências anteriores no mesmo ramo de atividade ou deduções objetivas. No caso do Facebook, estava claro que os investidores pagariam pela atenção dos usuários. Escondidas no meio desses detalhes corriqueiros estão algumas suposições que exigem mais coragem para declarar – no tempo presente – com o rosto sério: presumimos que os clientes têm um desejo significativo de usar um produto como o nosso ou presumimos que os supermercados vão colocar nosso produto nas prateleiras. Agir como se essas suposições fossem verdadeiras é um clássico superpoder do empreendedor. Elas são chamadas de *saltos de fé* exatamente porque o sucesso de todo o empreendimento depende delas. Se forem verdadeiras, há uma oportunidade tremenda. Se forem falsas, há o risco de fracasso total.

A maioria dos saltos de fé assume a forma de uma argumentação por analogia. Por exemplo, eu me lembro de um plano de negócios que argumentava o seguinte: "Assim como o desenvolvimento do carregamento progressivo de imagens permitiu o uso disseminado da World Wide Web por conexão discada, nossa tecnologia de renderização progressiva permitirá que nosso produto rode em computadores pessoais mais básicos." Mesmo que você não tenha ideia do que seja carregamento progressivo de imagem ou renderização, você deve conhecer o seguinte argumento (talvez até o use):

> A tecnologia anterior X foi usada para dominar o mercado Y por causa do atributo Z. Nós temos uma nova tecnologia X2 que vai nos permitir dominar o mercado Y2 porque também temos o atributo Z.

O problema com analogias desse tipo é que elas obscurecem o verdadeiro salto de fé, com o objetivo justamente de fazer o negócio parecer menos arriscado. É um recurso usado para convencer investidores, funcionários ou sócios. A maioria dos empreendedores ficaria horrorizada em ver seu salto de fé escrito do seguinte modo:

Um grande número de pessoas já desejava ter acesso à World Wide Web. Elas sabiam o que era e podiam pagar por isso, mas não tinham acesso porque as imagens demoravam demais para serem carregadas. Quando foi lançado, o carregamento progressivo permitiu que as pessoas entrassem na Web e falassem aos amigos sobre ela. Desse modo, a empresa X dominou o mercado Y.

De modo semelhante, já existe um grande número de consumidores potenciais que desejam ter acesso ao nosso produto neste momento. Eles sabem que o desejam e podem pagar pelo produto, mas não têm acesso porque a renderização é muito lenta. Quando lançarmos nosso produto com tecnologia de renderização progressiva, eles correrão em bando para nosso programa e contarão aos amigos, e nós dominaremos o mercado Y2.

Existem vários pontos a observar nessa declaração revisada. Primeiro, é importante identificar os fatos com clareza. Será mesmo verdade que o carregamento progressivo de imagens é que levou à difusão da Web ou esse foi apenas um fator entre muitos? Mais importante: será que de fato existe no momento um grande número de consumidores potenciais desejando nossa solução? A analogia anterior foi pensada para convencer os stakeholders de que um primeiro passo razoável é desenvolver a tecnologia da nova startup e ver se os clientes vão usá-la. A abordagem revisada deveria deixar claro que primeiro é necessário fazer alguns testes empíricos: vamos descobrir se realmente existem clientes ansiosos pela nossa nova tecnologia.

Analogia e antilogia

Não há nada intrinsecamente errado em basear a estratégia em comparações com outras empresas e outros setores de atividade. Essa abordagem pode inclusive ajudar a descobrir suposições que não são realmente saltos de fé. Por exemplo, o investidor de capital de risco Randy Komisar, cujo livro *Getting to Plan B* (Recorrendo ao plano B) discute em detalhes o conceito de saltos de fé, usa uma estrutura de "analogia" e "antilogia" para traçar a estratégia.

Ele explica o significado de analogia-antilogia usando como exemplo o iPod. "Se você estivesse procurando analogia, pensaria no walkman", diz ele. "O walkman respondeu a uma pergunta crítica que Steve Jobs nunca precisou fazer: será que as pessoas vão escutar música em lugares públicos usando fones de ouvido? Hoje em dia, consideramos essa pergunta despropositada, mas ela é fundamental. Quando a Sony se fez essa pergunta, não havia uma resposta definida. Steve Jobs teve [a resposta] na [versão] análoga". O walkman da Sony era o análogo. Então Jobs precisou encarar o fato de que, ainda que as pessoas estivessem dispostas a fazer download de músicas, não estavam dispostas a comprá-las. "O Napster era uma antilogia. Essa antilogia direcionou o negócio dele. A partir dessas analogias e antilogias surge uma série de perguntas únicas. Esses são saltos de fé que eu, como empreendedor, devo dar se quiser ir em frente, pois vão determinar se o meu negócio vai dar certo ou não. Para o iPod, um desses saltos de fé foi de que as pessoas pagariam pela música." Claro que esse salto de fé se revelou correto.[4]

Para além do "no lugar certo na hora certa"

Uma porção de empreendedores famosos ganhou milhões porque supostamente estava no lugar certo na hora certa, mas para cada caso de sucesso existe um número muito maior de empreendedores que também estavam naquele lugar certo na hora certa e mesmo assim fracassaram. Henry Ford competia com quase 500 outros empreendedores no início do século XX. Imagine ser um empreendedor do ramo de automóveis, formado em engenharia de ponta, no marco zero de uma das maiores oportunidades de mercado da história. No entanto, a vasta maioria não ganhou nenhum dinheiro.[5] Vimos o mesmo fenômeno com o Facebook, que enfrentou concorrência de outras redes sociais universitárias cuja vantagem inicial de nada adiantou.

O que diferencia os sucessos dos fracassos é que os empreendedores de sucesso tiveram a percepção, a capacidade e as ferramentas para descobrir quais partes do plano estavam funcionando de modo brilhante e quais eram equivocadas, e para adaptar sua estratégia de acordo com essas descobertas.

Valor e crescimento

Como vimos na história do Facebook, dois saltos de fé estão acima de todos os outros: a hipótese de valor e a hipótese de crescimento. O primeiro passo para entender um novo produto ou serviço é descobrir se ele fundamentalmente cria ou destrói valor. Uso a linguagem da economia ao me referir ao valor e não ao lucro porque entre os empreendedores estão as pessoas que criam empreendimentos sociais sem fins lucrativos, as que estão nas startups do setor público e os agentes de mudança interna que não avaliam seu sucesso somente pelo lucro. Mais desconcertante ainda, existem organizações tremendamente lucrativas a curto prazo mas que acabam destruindo valor, como os organizadores de esquemas de pirâmide e empresas fraudulentas ou equivocadas (por exemplo, a Enron e o Lehman Brothers).

Algo semelhante é verdadeiro para o crescimento. Como acontece com o valor, é essencial que os empreendedores entendam os motivos por trás do crescimento de uma startup. Existem muitos tipos de crescimento que destroem valor e devem ser evitados. Um exemplo seria uma empresa que cresce através da captação contínua de investimentos e de muita publicidade paga, mas que não desenvolve um produto capaz de criar valor.

Essas empresas fazem o que eu chamo de teatro do sucesso, que é explorar a aparência de crescimento como aparência de sucesso. Um dos objetivos da contabilidade para inovação, discutida com profundidade no Capítulo 7, é ajudar a diferenciar essas startups artificiais dos verdadeiros inovadores. A contabilidade tradicional avalia os novos empreendimentos segundo os mesmos padrões usados para empresas estabelecidas, mas esses indicativos não servem para prever de modo confiável as perspectivas futuras de uma startup. Pense em empresas como a Amazon, que acumulou perdas gigantescas antes de alcançar o sucesso revolucionário.

Tal como sua contrapartida tradicional, a contabilidade para inovação exige que a startup mantenha um modelo financeiro quantitativo que pode ser usado para avaliar o progresso rigorosamente. Mas no início não existem dados suficientes para se ter uma opinião consistente sobre como deve ser esse modelo. Os primeiros planos estratégicos provavelmente serão guiados por palpite ou intuição, e isso é bom. Para traduzir esses instintos em dados, os empreendedores precisam – segundo a frase famosa de Steve Blank – "sair do prédio" e começar a aprender.

GENCHI GENBUTSU

A importância de basear as decisões estratégicas no entendimento direto dos clientes é um dos princípios essenciais do Sistema Toyota de Produção. Na Toyota, isso é conhecido pela expressão japonesa *genchi genbutsu*, uma das mais importantes no vocabulário da manufatura enxuta. Geralmente isso é traduzido como "Vá ver por si mesmo", de modo que as decisões empresariais possam se basear no conhecimento em primeira mão. Jeffrey Liker, que documentou amplamente o "modelo Toyota", explica assim esse conceito:

> Nas minhas entrevistas na Toyota, quando eu perguntava o que diferencia o modelo Toyota de outras abordagens de gestão, a resposta mais comum era *genchi genbutsu* – quer eu estivesse no setor de manufatura, de desenvolvimento de produtos, vendas, distribuição ou relações públicas. Não podemos ter certeza de que realmente entendemos alguma parte de algum problema de negócios se não formos ver por nós mesmos. É inadmissível aceitar qualquer coisa como fato consumado ou se valer de observações alheias.[6]

Por exemplo, veja o desenvolvimento da minivan Sienna modelo 2004. Na Toyota, o gerente responsável pelo projeto e desenvolvimento de um novo modelo é chamado de engenheiro-chefe, um líder multifuncional que supervisiona todo o processo, desde o conceito até a produção. O encarregado do Sienna 2004 era Yuji Yokoya, que tinha pouca experiência no mercado primário do Sienna, a América do Norte. Para descobrir como melhorar a minivan, ele propôs um empreendimento audacioso: uma *road trip* cruzando todos os 50 estados dos Estados Unidos, todos os 13 territórios e províncias do Canadá e todos os estados do México. No total, ele percorreria mais de 85 mil quilômetros. Em áreas urbanas, Yokoya alugaria um Sienna de modelo atual, além de observar consumidores desse tipo de automóvel e falar com eles. A partir dessas observações em primeira mão, Yokoya pôde começar a testar suas suposições sobre o que os consumidores norte-americanos desejavam numa minivan.

É comum pensar que vender a consumidores é mais fácil do que vender para empresas, porque os consumidores não têm a complexidade de múltiplos departamentos e pessoas diferentes representando diversos papéis no processo de compra. Yokoya descobriu que isso não procedia para seus clientes. "Os pais e avós podem ser os donos da minivan, mas são as crianças que mandam no veículo. São as crianças que ocupam os dois terços de trás. E são elas as mais críticas – e as mais empolgadas – com o ambiente. Se aprendi alguma coisa com minhas viagens foi que o novo Sienna precisaria ser atraente para as crianças."[7] A identificação dessas suposições ajudou a orientar o desenvolvimento do veículo. Por exemplo, Yokoya gastou uma quantidade incomum do orçamento de desenvolvimento do Sienna com itens de conforto interno, fundamentais para uma viagem em família por longas distâncias (muito mais comuns nos Estados Unidos do que no Japão).

Os resultados foram impressionantes, catapultando a fatia de mercado do Sienna. As vendas do modelo 2004 foram 60% maiores que as do modelo 2003. Claro, um produto como o Sienna é uma clássica *inovação de sustentação*, em que se sobressaem as empresas mais bem administradas do mundo, caso da Toyota. Os empreendedores enfrentam desafios diferentes porque atuam com incerteza muito maior. Enquanto uma empresa que trabalha com uma inovação de sustentação sabe o suficiente sobre quem são seus clientes – e onde estão – para usar o *genchi genbutsu* com o objetivo de descobrir o que eles desejam, o contato inicial das startups com os clientes em potencial revela apenas quais suposições exigem os testes mais urgentes.

SAIA DO PRÉDIO

Os números contam uma história instigante, mas sempre lembro aos empreendedores que as métricas também são pessoas. Não importa quantos intermediários estejam entre uma empresa e seus clientes, no fim das contas os clientes são indivíduos que respiram, pensam e compram. Seu comportamento é mensurável e mutável. Mesmo quando vendemos para grandes instituições, como no modelo B2B, é bom lembrar que as empresas são compostas por indivíduos. Todos os modelos de venda bem-sucedidos exigem que seja desmembrada a visão monolítica das organizações.

Como Steve Blank ensina aos empreendedores há anos, as informações que precisamos coletar a respeito de consumidores, mercados, fornecedores e canais só existem "fora do prédio". As startups precisam de um amplo contato com clientes potenciais para entendê-los, portanto levante-se da cadeira e vá conhecê-los.

O primeiro passo desse processo é confirmar que suas perguntas do tipo salto de fé se baseiam na realidade, que o cliente tem um problema significativo que vale a pena resolver.[8] Quando concebeu a Intuit, em 1982, Scott Cook tinha a visão – na época bastante radical – de que um dia os consumidores usariam computadores pessoais para pagar contas e manter um controle das despesas. Quando ele deixou seu trabalho de consultoria para se lançar no empreendedorismo, não começou com pilhas de pesquisas de mercado nem análises profundas. Em vez disso, pegou dois catálogos de telefones: um de Palo Alto, Califórnia, onde ele morava na época, e outro de Winnetka, Illinois.

Ligando para números aleatórios, ele indagava às pessoas se podia fazer algumas perguntas sobre como elas administravam suas finanças. Essas primeiras conversas se destinavam a responder à seguinte pergunta do tipo salto de fé: as pessoas acham frustrante pagar as contas manualmente? Por acaso elas achavam, e essa validação inicial deu a Cook a confirmação de que precisava para começar a criar uma solução.[9]

Essas primeiras conversas não abordaram as características de produto para uma solução proposta; seria bobagem tentar isso. Os consumidores comuns da época não tinham intimidade suficiente com os computadores pessoais para opinar se queriam usá-los de um modo novo. Cook estava conversando com consumidores convencionais, não com adotantes iniciais. Mas mesmo assim as conversas renderam um insight fundamental: se a Intuit encontrasse um modo de resolver esse problema, talvez existisse um grande público convencional para alimentar um negócio significativo.

Design e arquétipo de consumidor

O objetivo desse contato inicial com os consumidores não é obter respostas definitivas, é esclarecer num nível básico, rudimentar, que entendemos nosso cliente potencial e seus problemas. Com esse entendimento podemos esboçar um *arquétipo de consumidor*, isto é, um documento breve que tem por objetivo humanizar o cliente-alvo proposto. Esse arquétipo (ou persona) é um guia essencial para o desenvolvimento do produto e garante que as decisões de priorização cotidianas que cada equipe de produto deve fazer estejam alinhadas com o cliente que a empresa busca atrair.

Existem muitas técnicas para desenvolver um arquétipo de consumidor com precisão, desenvolvidas em muitos anos de prática na comunidade de design. Abordagens tradicionais como design de interação e *design thinking* são tremendamente úteis. Sempre achei irônico que, apesar de muitas dessas abordagens serem altamente experimentais e iterativas – usando técnicas como prototipagem rápida e observação direta do cliente para guiar o trabalho –, todo esse esforço culmina em um produto monolítico, devido ao modo como os departamentos de design são recompensados tradicionalmente. O aprendizado rápido e a experimentação são interrompidos de súbito; a suposição é de que os projetistas já descobriram tudo que há para saber. Para as startups, esse modelo não funciona. Nem todo o design do mundo pode prever as muitas complexidades de criar um produto.

Tanto é assim que um novo tipo de designer está desenvolvendo técnicas totalmente novas sob a bandeira da experiência do usuário enxuta (UX enxuta, ou *lean UX*). Eles reconhecem que o arquétipo de consumidor é uma hipótese, não um fato. O perfil do consumidor deve ser considerado provisório até que a estratégia tenha mostrado, através da aprendizagem validada, que podemos atendê-lo de modo sustentável.[10]

PARALISIA POR ANÁLISE

Existem dois perigos inevitáveis quando os empreendedores realizam pesquisas de mercado e conversam com os clientes. Os seguidores da escola de empreendedorismo "simplesmente faça" ficam impacientes para começar e não querem perder tempo analisando a estratégia. Preferem iniciar os trabalhos logo, geralmente depois de apenas algumas conversas superficiais com os clientes. Infelizmente, como na verdade os clientes não sabem o que desejam, é fácil esses empreendedores se iludirem achando que estão no caminho certo.

Há também aqueles que são vítimas da paralisia por análise, refinando os planos interminavelmente. Nesse caso, conversar com clientes, ler relatórios de pesquisas e pensar estratégias é igualmente inútil. Em geral, o problema não é que os planos não sigam bons princípios estratégicos, e sim que se baseiam em fatos errados. E a maioria desses erros depende das interações sutis entre produtos e clientes para ser detectada.

Se análise demais é perigoso e análise nenhuma também é, como saber quando é hora de parar de analisar e começar a desenvolver? A resposta é um conceito chamado produto mínimo viável, assunto do Capítulo 6.

CAPÍTULO 6

Testar

O Groupon é uma das empresas de crescimento mais rápido de todos os tempos. Seu nome vem de "cupons em grupo", uma ideia engenhosa que gerou toda uma indústria de imitadores do comércio social. Mas seu início não foi estrondoso. A primeira transação realizada pelo Groupon foi quando o gigantesco número de 20 pessoas comprou duas pizzas pelo preço de uma, de um restaurante que ficava no mesmo prédio dos escritórios da empresa em Chicago – nem de longe um evento revolucionário.

Na verdade, originalmente o Groupon não seria voltado para o comércio. Seu fundador, Andrew Mason, pretendia criar uma "plataforma de ativismo coletivo", chamada The Point. Seu objetivo era reunir pessoas para solucionar problemas que não pudessem resolver sozinhas – digamos, levantar verbas para uma causa ou boicotar determinada loja –, só que os primeiros resultados do The Point foram frustrantes e, no fim de 2008, os fundadores decidiram experimentar algo novo. Apesar de ainda terem ambições grandiosas, estavam decididos a não abrir mão da simplicidade no novo produto. Desenvolveram um produto mínimo viável. Isso parece história de uma empresa de 1 bilhão de dólares? Mason conta a história:

> Criamos um blog no WordPress, customizamos com o nome Groupon e todos os dias publicávamos um novo post. Era totalmente escondido. Na primeira versão do Groupon, vendíamos camisetas, dizendo na descrição: "Camiseta na cor vermelha, tamanho grande. Se você quiser uma cor ou um tamanho diferente, mande um e-mail para nós." Não tínhamos um formulário para essas coisas. Era tudo muito básico.

Mas foi suficiente para provar o conceito e mostrar que as pessoas gostavam bastante da ideia. Os cupons em si eram todos produzidos no FileMaker. Executávamos um script que mandava o cupom em PDF para as pessoas. Chegou ao ponto em que vendíamos 500 cupons de sushi por dia e tínhamos que enviar 500 PDFs ao mesmo tempo, pelo Apple Mail. Até julho do primeiro ano foi uma tremenda luta para fazer funcionar, uma corrida contra o tempo na tentativa de montar um produto razoavelmente bom.[1]

PDFs gerados manualmente, um cupom para compra de pizza e um blog simples bastaram como pontapé inicial para o sucesso; o Groupon revolucionou o modo como empresas locais encontram novos clientes, apresentando, em 2011, ofertas especiais para consumidores em mais de 375 cidades em todo o mundo.[2]

...

Um produto mínimo viável (MVP) contribui para que o processo de aprendizagem seja iniciado o mais rápido possível.[3] Mas não é necessariamente o menor produto imaginável, apenas o trajeto mais rápido no ciclo construir-medir-aprender com o mínimo de esforço.

Contrariamente ao desenvolvimento de produtos tradicional, que em geral pede um período de incubação longo e bem pensado, o objetivo do MVP é dar início ao processo de aprendizagem, e não terminá-lo. A diferença em relação a um protótipo ou um teste de conceito é que o MVP é projetado não somente para responder a questões de projeto ou técnicas, mas para testar hipóteses de negócio fundamentais.

POR QUE OS PRIMEIROS PRODUTOS NÃO PRECISAM SER PERFEITOS

Na IMVU, era embaraçoso quando estávamos levantando dinheiro com investidores de risco. Primeiro, porque nosso produto ainda estava cheio de bugs e com baixa qualidade. Segundo, porque, apesar de termos orgulho dos nossos resultados, os números não eram exatamente de abalar as estruturas. A boa notícia era que estávamos numa curva de crescimento do tipo taco de hóquei; a má notícia era que o taco de hóquei chegava a apenas uns 8 mil dólares de receita mensal. Eram números tão baixos que os investidores perguntavam: "Qual é a escala que vocês estão usando nesses gráficos? Esses números são em milhares?" Precisávamos responder: "Não, senhor, são em unidades."

No entanto, esses primeiros resultados foram extremamente significativos em prever o caminho da IMVU. Como você verá no Capítulo 7, pudemos validar duas das nossas suposições do tipo salto de fé: a IMVU estava fornecendo valor para os clientes e tínhamos um motor de crescimento funcionando. Os números brutos eram pequenos porque estávamos vendendo o produto para os chamados clientes visionários, ou *adotantes iniciais*. Antes que possam ser levados com sucesso para o mercado de massa, os produtos novos precisam passar pelos adotantes iniciais, que são um tipo especial de cliente. Eles aceitam – na verdade, preferem – uma solução de 80%; não é preciso uma solução perfeita para atrair seu interesse.[4]

Os adotantes iniciais de tecnologia fizeram uma fila de dar a volta no quarteirão para comprar o iPhone original da Apple, mesmo carecendo de funcionalidades básicas como copiar e colar, internet 3G e suporte a e-mail corporativo. O motor de busca original do Google respondia a pesquisas sobre assuntos especializados como a Universidade Stanford e o sistema operacional Linux, mas levaria anos até que pudesse "organizar as informações do mundo". E isso não impediu que os adotantes iniciais tecessem altos elogios.

Os adotantes iniciais preenchem as lacunas de um produto com a imaginação. Preferem esse estado de coisas porque gostam, acima de tudo, de ser os primeiros a usar ou adotar um novo produto ou uma nova tecnologia. No caso de bens de consumo, frequentemente é a empolgação de ser o primeiro do bairro a exibir tênis novos ou um celular moderno. No caso de produtos corporativos, costuma ser questão de obter uma vantagem competitiva assumindo risco com algo novo que os concorrentes ainda não têm. Os adotantes iniciais suspeitam de produtos novos muito bem acabados: se já está pronto para todos adotarem, que vantagem vou ter em ser um dos primeiros? Por isso, funções especiais ou acabamento além do nível exigido pelos adotantes iniciais é desperdício de recursos e tempo.

Para muitos empreendedores, essa é uma verdade difícil de aceitar. Afinal de contas, a visão que têm em mente é de um produto de alta qualidade destinado ao público geral e que mudará o mundo, não algo usado por um pequeno nicho de pessoas dispostas a experimentá-lo antes de estar pronto. Esse produto capaz de mudar o mundo é bem acabado, bonito e está pronto para aparecer no horário nobre. Ganha prêmios em feiras e, acima de tudo, é algo que se pode mostrar com orgulho ao pai e à mãe. Um produto inicial, cheio de bugs e incompleto, parece uma concessão inaceitável. Quantos de nós fomos criados com a expectativa de apresentarmos o melhor trabalho possível? Como um administrador me disse certa vez: "Eu sei por mim que o MVP parece uma coisa meio perigosa – no bom sentido –, porque sempre fui perfeccionista demais."

Em termos de complexidade, os produtos mínimos viáveis variam desde testes de fumaça extremamente simples (pouco mais que um anúncio) até protótipos com problemas e sem alguns recursos. Não existe uma fórmula para decidir o nível de complexidade de um MVP. É preciso percepção. Por sorte, essa percepção não é difícil de ser desenvolvida: a maioria dos empreendedores e encarregados de desenvolvimento de produtos superestima em muito o número de funcionalidades necessárias num MVP. Na dúvida, simplifique.

Por exemplo, considere um serviço vendido com um período de teste gratuito de um mês. Para usar o serviço, é preciso se registrar. Assim, uma suposição óbvia do modelo de negócio é que os clientes vão se registrar para um teste grátis quando tiverem certa quantidade de informações sobre o serviço. Uma questão fundamental a ser considerada é se eles vão mesmo se registrar para o período de teste a partir de um determinado número de funcionalidades prometidas (hipótese de valor).

Em alguma parte do modelo de negócio – provavelmente enterrada numa única célula de uma planilha – é especificada a "porcentagem de clientes que veem a oferta de teste grátis e se registram". Talvez nas nossas projeções digamos que esse número chegue a 10%. Se você pensar bem, essa é uma pergunta do tipo salto de fé. Em vez de escondida, ela deveria ser colocada em letras gigantes, vermelhas e em negrito: PRESUMIMOS QUE 10% DOS CLIENTES VÃO SE REGISTRAR.

A maioria dos empreendedores tenta responder a uma questão como essa desenvolvendo o produto e depois verificando a reação dos consumidores. Considero que isso é andar de trás para a frente, porque leva a um enorme desperdício. Primeiro: se por acaso estivermos desenvolvendo algo que ninguém quer, todo o exercício será um gasto evitável de tempo e dinheiro. Se os clientes não se registrarem para o teste grátis, jamais experimentarão os recursos incríveis que os esperam. E, mesmo que se registrem, existem muitas oportunidades para o desperdício. Por exemplo: quantos recursos precisamos incluir de fato para atrair os adotantes iniciais? Cada recurso extra é um desperdício, e adiar o teste para incluí-los pode ter um custo altíssimo em termos de aprendizagem perdida e tempo de ciclo estendido.

A lição do MVP é: qualquer trabalho que não seja essencial para dar partida na aprendizagem é um desperdício, por mais importante que possa parecer a princípio.

Para demonstrar isso, contarei vários casos reais de técnicas de MVP usadas por startups enxutas. Em todos eles você vai ver empreendedores resistindo à tentação de desenvolver ou prometer mais que o necessário.

O VÍDEO COMO MVP

Drew Houston é CEO da Dropbox, uma empresa do Vale do Silício que fornece uma ferramenta de compartilhamento de arquivos extremamente fácil de ser usada. Você instala o aplicativo, uma pasta do Dropbox aparece na área de trabalho do computador. Qualquer coisa que você arraste para essa pasta é enviada automaticamente para o serviço Dropbox e replicada instantaneamente em todos os seus computadores e dispositivos.

A equipe fundadora era composta por engenheiros, já que o desenvolvimento do produto exigia uma expertise técnica significativa – por exemplo, a integração com uma variedade de plataformas e sistemas operacionais: Windows, Macintosh, iPhone, Android e assim por diante. Cada uma dessas implementações acontece num nível profundo do sistema e exige conhecimento especializado para fazer com que a experiência do usuário seja excepcional. De fato, uma das maiores vantagens competitivas do Dropbox é que o produto funciona de modo tão fluido que a concorrência tem dificuldade para imitá-lo.

Essas pessoas não são do tipo que consideraríamos gênios do marketing. Na verdade, nenhuma delas já havia trabalhado na área. Contavam com importantes investidores de risco e seria de esperar que aplicassem o pensamento de engenharia padrão no desenvolvimento do negócio: construa e eles virão. Mas fizeram diferente.

Em paralelo com o trabalho de desenvolvimento do produto, os fundadores desejavam obter feedback dos clientes, saber o que de fato interessava a eles. Em particular, a Dropbox precisava testar sua pergunta do tipo salto de fé: se proporcionarmos uma experiência superior para o usuário, as pessoas vão experimentar nosso produto? Eles acreditavam – e isso acabou se mostrando correto – que a sincronização de arquivos era um problema que a maior parte das pessoas não sabia que tinha. Assim que experimentam a solução, não conseguem entender como viviam sem isso antes.

Esse não é o tipo de pergunta que possa ser feita ou respondida num grupo focal. É comum os clientes não saberem o que querem, e muitos deles tinham dificuldade para entender o Dropbox quando o conceito era explicado. Houston descobriu isso do modo mais difícil quando tentou obter investimento de risco. Em seguidas reuniões, os investidores explicavam que esse "espaço de mercado" já estava apinhado de produtos, nenhum dos quais gerava muito dinheiro, e que o problema não era muito importante. Drew perguntava: "Você já experimentou esses outros produtos?" Quando a resposta era sim, ele perguntava: "Eles funcionaram de modo fluido?" Quase sempre a resposta era não. Mas em seguidas reuniões os investidores não conseguiam imaginar um mundo alinhado com a visão de Drew – ele acreditava que, se o programa "funcionasse feito mágica", os clientes correriam atrás.

Só que era impossível demonstrar o programa em funcionamento sob a forma de protótipo. Eles precisariam superar dificuldades técnicas significativas; além disso, havia um componente de serviço on-line que exigia enorme confiabilidade e disponibilidade. Para evitar o risco de acordar depois de anos de desenvolvimento com um produto que ninguém desejava, Drew fez algo inesperadamente fácil: um vídeo.

É um vídeo banal, de três minutos, demonstrando como a tecnologia iria funcionar, mas era destinado a uma comunidade de adotantes iniciais de tecnologia. O próprio Drew o narra enquanto sua tela é mostrada. Enquanto ele descreve os tipos de arquivo que gostaria de sincronizar, vemos o ponteiro do mouse mexendo no computador. Claro, se você prestar atenção vai começar a notar que os arquivos que ele está movimentando são cheios de piadas internas e referências divertidas, apreciadas por essa comunidade de adotantes iniciais. Drew relembra: "Isso atraiu centenas de milhares de pessoas para o site. Nossa lista de espera para a versão beta passou de 5 mil para 75 mil pessoas literalmente da noite para o dia. Ficamos estarrecidos." Hoje, a Dropbox é uma das empresas mais admiradas do Vale do Silício.[5]

Nesse caso, o vídeo foi o MVP, que validou a suposição (do tipo salto de fé) de que os clientes desejavam o produto, e prova isso não com afirmações num grupo focal nem por uma analogia esperançosa com outro negócio, e sim com os registros das pessoas.

O MVP CONCIERGE

Considere outro tipo de técnica de MVP: o *MVP concierge*. Para entender como essa técnica funciona, conheça Manuel Rosso, CEO de uma startup baseada em Austin, Texas, chamada Food on the Table. A Food on the Table cria cardápios semanais e listas de compras com base na comida que agrada o cliente e sua família, depois se conecta com os supermercados locais para encontrar as melhores ofertas.

Depois de se registrar no site, o cliente passa por uma pequena etapa de configuração em que identifica seu mercado principal e seleciona os alimentos dos quais sua família gosta. Depois, pode escolher outra loja próxima, se quiser comparar preços. Em seguida, é apresentada uma lista de itens baseada nas suas preferências e é feita a pergunta: "O que você está com vontade de comer esta semana?" Você faz suas escolhas, seleciona o número de refeições que quer planejar e escolhe o que mais lhe interessa em termos de tempo, preço, saúde ou variedade. Então o site procura receitas que atendam as suas necessidades, avalia o custo da refeição e disponibiliza a lista de compras para você imprimir.[6]

É um serviço elaborado, sem dúvida. Nos bastidores, cozinheiros profissionais criam receitas com os itens que estão em oferta em estabelecimentos de todo o país e um algoritmo busca as receitas que se encaixem nas necessidades e preferências de cada família. Tente imaginar o trabalho envolvido: manter bancos de dados de quase todos os mercados e mercearias do país, inclusive os produtos em oferta a cada semana; esses produtos precisam ser combinados com receitas adequadas e em seguida personalizados, etiquetados e classificados. Se uma receita pede brócolis, será que é o brócolis comum ou o americano, que está em promoção em determinado mercado?

Depois de ler essa descrição, talvez você fique surpreso ao saber que a Food on the Table (FotT) começou com um único cliente. Em vez de milhares de estabelecimentos de todo o país, havia apenas um em seu banco de dados. Como os fundadores fizeram essa escolha? Não fizeram – até terem o primeiro cliente. Da mesma forma, eles começaram sem nenhuma receita – até o primeiro cliente solicitar seu cardápio semanal. Também não tinham nenhum software próprio, nenhuma parceria para desenvolvimento do negócio e nenhum chefe de cozinha contratado.

Junto com o VP de produtos, Steve Sanderson, Manuel foi a supermercados e encontrou grupos de mães em sua cidade, Austin. A missão dos dois incluía a observação típica dos clientes, que faz parte do *design thinking* e de outras técnicas de ideação, mas eles também estavam procurando outra coisa: o primeiro cliente.

Com cada cliente potencial que encontravam nesses lugares, eles faziam uma entrevista, como qualquer bom pesquisador de marketing, mas no fim tentavam fazer uma venda. Descreviam os benefícios da FotT, explicavam a cobrança de uma assinatura semanal e convidavam a pessoa a se inscrever. Na maioria das vezes, eram rejeitados. Afinal de contas, os adotantes iniciais são uma minoria, e não é qualquer um que vai se inscrever num serviço novo sem conhecê-lo direito. Até que alguém topou.

Essa adotante inicial recebeu o tratamento de um concierge. Em vez de interagir com o produto da FotT através de um software impessoal, a cada semana ela recebia uma visita pessoal do CEO da empresa, que, junto com o VP de produtos, fazia um levantamento do que estava em oferta no supermercado de escolha da mulher e cuidadosamente selecionava receitas de acordo com as preferências dela, chegando ao ponto de adivinhar quais pratos ela preferia preparar com os itens que eram de seu uso frequente. A cada semana eles lhe entregavam (pessoalmente) um pacote contendo uma lista de compras e receitas relevantes, solicitavam seu feedback e faziam os ajustes necessários. Mais importante, a cada semana recebiam um cheque de 9,95 dólares.

Isso é que é ineficiência! Se avaliado segundo os critérios tradicionais, o sistema é terrível, totalmente não escalável e puro desperdício de tempo. Em vez de desenvolver o negócio, o CEO e o VP de produtos estão envolvidos no trabalho penoso de resolver o problema de uma única cliente. Em vez de um marketing direcionado para milhões, estavam se vendendo para apenas uma. E o pior é que todo o esforço parecia não estar levando a nenhum resultado tangível. Eles não tinham nenhum produto, praticamente nenhuma renda, nenhum banco de dados de receitas e nem mesmo uma organização duradoura.

Visto pelas lentes da startup enxuta, porém, estavam fazendo um progresso monumental. A cada semana ficavam sabendo mais e mais sobre o que era necessário para tornar seu produto um sucesso. Depois de algumas semanas, estavam preparados para mais um cliente. Cada novo cliente tornava mais fácil conseguir o seguinte, porque a FotT podia se concentrar no mesmo supermercado, conhecendo bem seus produtos e os tipos de pessoa que compravam ali. Cada novo cliente recebia o tratamento de concierge: visitas pessoais em casa e todo o resto. Depois de mais alguns clientes, atender um a um começou a ficar inviável.

Apenas no momento em que os fundadores ficaram ocupados demais para trazer novos clientes foi que Manuel e sua equipe começaram a investir em automação na forma de desenvolvimento de um produto. Cada iteração do MVP lhes permitia poupar um pouco mais de tempo e atender a mais alguns clientes: entregando as receitas e a lista de compras por e-mail em vez de pessoalmente, começando a usar um software para analisar listas do que estava em oferta e, depois de um tempo, até aceitando pagamento por cartão de crédito em vez de cheque.

Assim, não demoraram a desenvolver uma oferta substancial de serviços, primeiro na área de Austin e finalmente em todo o país. Mas, durante esse caminho, a equipe de desenvolvimento de produto estava sempre concentrada em ampliar algo que já estivesse funcionando em vez de tentar inventar algo que poderia vir a funcionar. Como consequência, incorreram em muito menos desperdício do que costuma acontecer com empreendimentos desse tipo.

É importante diferenciarmos esse procedimento em relação a uma pequena empresa em que é rotineiro ver CEO, fundador, presidente e dono atendendo os clientes diretamente, um de cada vez. Num MVP concierge, esse serviço personalizado não é o produto, e sim uma atividade de aprendizagem projetada para testar as suposições do tipo salto de fé dentro do modelo de crescimento da empresa. Na verdade, o que um MVP concierge mais faz é invalidar o modelo de crescimento proposto, mostrando que é necessário outro caminho. Isso pode acontecer mesmo se o MVP inicial for lucrativo. Sem um modelo de crescimento formal, muitas empresas caem na armadilha de se satisfazer com um pequeno negócio lucrativo quando um pivô (uma mudança de rumo ou de estratégia) poderia levar a um crescimento mais significativo. O único modo de saber é testar o modelo de crescimento sistematicamente, com clientes reais.

NÃO PRESTE ATENÇÃO ÀS OITO PESSOAS ATRÁS DA CORTINA

Conheça Max Ventilla e Damon Horowitz, tecnólogos com a ideia de desenvolver um novo software de busca que respondesse aos tipos de pergunta que deixam perplexas empresas de ponta como a Google. A Google perplexa? Pense comigo. O Google e outros mecanismos semelhantes são excelentes em responder a perguntas factuais: qual é a montanha mais alta do mundo? Quem foi o 23º presidente dos Estados Unidos? Mas o Google tem dificuldade para responder a questões mais subjetivas. Pergunte "Qual é um bom lugar para tomar uma bebida depois do jogo de futebol na minha cidade?", e a tecnologia fracassa. O interessante com relação a esse tipo de pergunta é que elas são relativamente fáceis para uma *pessoa* responder. Imagine que você está numa festa cercado por amigos. Qual é a probabilidade de você receber uma resposta de alta qualidade para a sua pergunta subjetiva? É quase certo. Ao contrário das indagações factuais, que têm uma única resposta certa, essas perguntas são mais difíceis de serem respondidas pela tecnologia atual. Dependem de quem responde, de sua experiência pessoal, de seu gosto e de uma avaliação daquilo que você está procurando.

Para resolver esse problema, Max e Damon criaram um produto chamado Aardvark. Com o profundo conhecimento técnico e a experiência que tinham, seria razoável esperar que já começassem programando. Mas não. Eles demoraram seis meses para definir o que iriam desenvolver. Só que eles não passaram esse tempo criando estratégias no papel nem realizando um longo projeto de pesquisa de mercado.

Eles desenvolveram uma série de produtos funcionais, cada um projetado para resolver de um modo diferente esse problema, e os ofereceram a testadores beta, cujo comportamento era usado para validar ou refutar cada hipótese específica (veja exemplos no quadro).

> Alguns exemplos de projetos do período de ideação da Aardvark:[7]
>
> **Rekkit.** Serviço para coletar as notas que o usuário atribui em diversos sites e a partir disso lhe dar recomendações melhores.
>
> **Ninjapa.** Ferramenta que permitia abrir conta em vários aplicativos através de um site único e administrar os dados pessoais em múltiplos sites.
>
> **The Webb.** Número central para o qual o usuário poderia telefonar e conversar com alguém capaz de fazer por ele qualquer coisa que se pudesse fazer on-line.
>
> **Web Macros.** Ferramenta que registrava sequências de ações em sites, de modo que o usuário pudesse repetir ações comuns, mesmo passando de um site para outro, e compartilhar "receitas" de como realizar tarefas on-line.

Internet Button Company. Ferramenta que reunia os passos dados num site, além de ser uma funcionalidade inteligente de preenchimento de formulários. As pessoas poderiam codificar os botões e compartilhá-los, como uma espécie de *bookmarking* social.

Max e Damon tinham a visão de que os computadores poderiam ser usados para criar um assistente pessoal capaz de responder às perguntas dos clientes. Como esse assistente era projetado para responder a perguntas subjetivas, as respostas exigiam uma avaliação humana. Assim, os primeiros experimentos da Aardvark foram diversas variações sobre esse tema, com uma série de protótipos de como as pessoas poderiam interagir com o assistente virtual e receber respostas para suas perguntas. Nenhum dos primeiros protótipos conseguiu atrair clientes.

Max conta: "Abrimos a empresa e lançamos protótipos muito baratos para serem testados. O que veio a se tornar o Aardvark foi o sexto. Levávamos entre duas e quatro semanas para desenvolver cada um. Usamos pessoas para simular o backend o máximo possível. Convidamos de 100 a 200 amigos para experimentar os protótipos e checamos quantos deles voltaram. Os resultados foram inegavelmente negativos, até o Aardvark."

Devido ao cronograma curto, nenhum dos protótipos usava tecnologia avançada. Eram MVPs projetados para testar uma pergunta mais importante: o que seria necessário para gerar engajamento dos clientes com o produto e para que contassem a novidade aos amigos?

"Depois que escolhemos o Aardvark", conta Ventilla, "continuamos a simular o backend com pessoas por mais nove meses. Oito funcionários administravam as perguntas, classificavam as conversas, etc. Na verdade, fizemos nossas primeiras rodadas de investimentos antes de o sistema ser automatizado – a suposição era de que as linhas entre os seres humanos e a inteligência artificial se cruzariam, e pelo menos provamos que estávamos desenvolvendo uma coisa à qual as pessoas reagiriam. Durante o processo de refinamento do produto, trazíamos toda semana de 6 a 12 pessoas para reagir aos modelos, protótipos ou simulações em que estávamos trabalhando. Incluíamos pessoas que já eram usuárias e outras que nunca tinham ouvido falar do produto. Nossos engenheiros participavam de muitas dessas sessões, tanto para fazerem modificações em tempo real quanto para que todos experimentássemos a angústia de um usuário que não soubesse o que fazer".[8]

O produto Aardvark que eles decidiram levar adiante funcionava através de mensagens instantâneas. Os clientes podiam mandar uma pergunta por mensagem instantânea e o Aardvark dava uma resposta obtida na rede social do cliente: o sistema procurava os amigos e os amigos dos amigos da pessoa e fazia a pergunta a eles. Assim que obtinha uma resposta confiável, mandava a informação.

Claro, um produto assim exige um algoritmo muito importante: diante de uma pergunta sobre determinado assunto, quem é a melhor pessoa naquela rede social para responder? Por exemplo, uma pergunta sobre restaurantes em São Francisco não deve ser feita a uma pessoa que more em Seattle. E, o que era ainda mais desafiador, uma pergunta sobre programação de computadores provavelmente não deveria ser mandada para um estudante de arte.

Durante o processo de testes, Max e Damon encontraram muitos problemas tecnológicos como esse. E todas as vezes se recusaram enfaticamente a resolvê-los nesse estágio inicial. Em vez disso, usavam o *teste Mágico de Oz*: os clientes acreditam que estão interagindo com o produto real, mas nos bastidores existem seres humanos fazendo o trabalho. Tal como no MVP concierge, não há nada de eficiente nesse recurso. Imagine um serviço que permita aos clientes fazer perguntas a pesquisadores humanos – de graça – e receber respostas em tempo real. Um serviço desse tipo (em grande escala) resultaria em perda de dinheiro, mas em microescala é fácil de ser montado. Nessa escala, o teste permitiu que Max e Damon respondessem a estas perguntas importantíssimas: se conseguirmos resolver os difíceis problemas técnicos desse produto de inteligência artificial, as pessoas vão usá-lo? O uso vai levar à criação de um produto que tenha valor real?

Foi esse sistema que permitiu a Max e Damon pivotar repetidamente, rejeitando conceitos que pareciam promissores mas que não seriam viáveis. Quando estavam prontos para começar a escalar, tinham um roteiro do que desenvolver. Resultado: o Aardvark foi comprado pelo valor divulgado de 50 milhões de dólares – pela Google.[9]

O PAPEL DA QUALIDADE E DO DESIGN NUM MVP

Um dos aspectos mais incômodos do MVP é o desafio que ele representa para as noções tradicionais de qualidade. Desde os melhores profissionais aos melhores artesãos, todos aspiram a desenvolver produtos de qualidade; é motivo de orgulho.

Os processos de produção modernos se apoiam na alta qualidade como modo de aumentar a eficiência. Operam usando a famosa declaração de W. Edwards Deming de que o cliente é a parte mais importante do processo de produção. Isso significa que devemos concentrar as energias exclusivamente em produzir resultados que o cliente perceba como valiosos. Permitir um trabalho malfeito no nosso processo leva, inevitavelmente, a variação excessiva no processo, o que, por sua vez, gera produtos de qualidade variável aos olhos do cliente. Na melhor das hipóteses, isso exige retrabalho; na pior, leva à perda do cliente. A maioria das empresas e filosofias de engenharia modernas tem como princípio fundamental se concentrar em proporcionar experiências de alta qualidade para os clientes; esse é o pilar das práticas Seis Sigma, da manufatura enxuta, do *design thinking*, da programação extrema e do movimento pelo software "artesanal".

Essas discussões sobre qualidade pressupõem que a empresa já saiba quais atributos do produto o cliente vai considerar valiosos. O que, numa startup, é uma suposição arriscada. Mal sabemos quem é o cliente, afinal de contas. Assim, em se tratando de startups, acredito no seguinte princípio de qualidade:

Se não sabemos quem é o cliente, não sabemos o que é qualidade.

Mesmo um MVP de "baixa qualidade" pode contribuir para o desenvolvimento de um produto de alta qualidade. Sim, às vezes os MVPs são percebidos pelos clientes como algo de baixa qualidade. Nesse caso, enxergue como uma oportunidade para descobrir quais atributos interessam ao cliente. E isso é infinitamente melhor que mera especulação ou estratégias vazias, porque serve como um sólido alicerce empírico para a construção de futuros produtos.

Mas às vezes os clientes reagem de modo bem diferente. Muitos produtos famosos foram lançados com "qualidade baixa" e os clientes adoraram. Imagine se Craig Newmark, nos primeiros tempos da Craigslist, tivesse se recusado a distribuir sua humilde newsletter por falta de qualidade visual. Ou se os fundadores do Groupon tivessem achado que "duas pizzas pelo preço de uma" não estava à altura deles.

Tive muitas experiências semelhantes. No início da IMVU, nossos avatares pareciam travados, incapazes de se mover na tela. O motivo? Estávamos desenvolvendo um MVP e ainda não tínhamos começado a criar a tecnologia que permitiria aos avatares andar pelo ambiente virtual. Na indústria dos videogames, o padrão é os avatares em 3D se movimentarem com fluidez, caminhando, evitando obstáculos no percurso e pegando um itinerário inteligente até seu destino. Jogos famosos e campeões de vendas como o *The Sims*, da Electronic Arts, seguem esse princípio. Não queríamos distribuir uma versão de baixa qualidade nesse aspecto, por isso optamos por avatares imóveis.

O feedback dos clientes demonstrou muita coerência: eles queriam poder mover os avatares pelo ambiente. Para nós, isso era uma má notícia, porque precisaríamos gastar tempo e dinheiro consideráveis em uma solução de alta qualidade semelhante à do *The Sims*. Porém, antes de nos comprometermos com esse caminho, decidimos experimentar outro MVP. Usamos um ardil simples, que parecia quase desonesto: bastava clicar num ponto do ambiente e o avatar se teletransportava instantaneamente para lá. Nada de andar, nada de desviar de obstáculos. O avatar desaparecia e, no instante seguinte, reaparecia em outro lugar. Não podíamos desenvolver nem gráficos de teletransporte simples ou efeitos sonoros. Nos sentimos péssimos ao disponibilizar esse recurso, mas era o que estava ao nosso alcance.

Você pode imaginar nossa surpresa quando começamos a receber feedback positivo. Jamais perguntamos diretamente sobre o recurso de movimento (estávamos sem graça demais). Porém, quando pedíamos que os clientes citassem os elementos de que mais gostaram, o "teletransporte" dos avatares sempre aparecia entre os três principais (o inacreditável é que muitos o descreviam especificamente como "mais avançado que *The Sims*"). Esse meio-termo barato teve um desempenho melhor do que muitos recursos que nos orgulhavam e que haviam exigido muito mais tempo e dinheiro para serem produzidos.

Os consumidores não se importam com o tempo de produção, só se importam em saber se suas necessidades estão sendo atendidas. Nossos clientes preferiam o teletransporte porque os avatares chegavam ao seu destino o mais depressa possível. Olhando em retrospecto, vejo que faz sentido. Quem não gostaria de se locomover num instante? Sem encarar filas, sem passar horas num avião ou na estrada, sem conexões, táxis, metrôs. Nossa dispendiosa versão "realista" foi derrotada facilmente por um recurso interessante do mundo da fantasia, que custava muito menos.

Então me diga: qual versão do produto é de baixa qualidade?

Os MVPs exigem a coragem de testarmos nossas suposições. Se os clientes reagem como esperamos, podemos considerar isso como confirmação de que estão corretas. Se, por outro lado, distribuímos um produto mal projetado e os clientes (até os adotantes iniciais) não conseguem usá-lo, está confirmada a necessidade de investir em um design superior. Mas sempre pergunte: e se eles não se importarem com design como nós nos importamos?

Portanto, o método startup enxuta não se opõe a desenvolver produtos de alta qualidade, desde que atendam ao objetivo de obter clientes. Precisamos estar dispostos a colocar de lado nossos padrões profissionais tradicionais e iniciar o processo de aprendizagem validada o mais cedo possível. Mas, repito, isso não significa trabalhar de modo desleixado ou indisciplinado. (Essa ressalva é importante. Existe uma categoria de problemas de qualidade que têm o efeito líquido de reduzir a velocidade do ciclo de feedback construir-medir-aprender. Defeitos dificultam a evolução do produto. Interferem em nossa capacidade de aprender, por isso é perigoso tolerá-los em qualquer processo de produção. Na Parte 3 vamos conhecer métodos de identificar quando investir na prevenção desse tipo de problema.)

Ao pensar em desenvolver um MVP, tenha em mente esta regra simples: remova qualquer recurso, processo ou esforço que não colabore diretamente para o conhecimento que você busca.

ENTRAVES NO DESENVOLVIMENTO DE UM MVP

Um MVP não deixa de ter seus riscos, tanto reais quanto imaginários – e ambos podem retardar o trabalho da startup se não forem entendidos antecipadamente. Os entraves mais comuns são as questões legais, os temores em relação aos concorrentes, os riscos de marca e o impacto sobre o moral.

Para as startups que dependem de proteção de patente, existem desafios especiais em lançar um produto inicial. Em algumas jurisdições, a janela para o registro começa quando o produto é lançado para o público geral, e, dependendo de como o MVP for estruturado, seu lançamento pode dar partida nesse relógio. Mesmo se sua startup não estiver numa dessas jurisdições, você pode querer uma proteção de patente internacional e acabar tendo que atender a essas exigências mais rígidas (na minha opinião, questões como essa estão entre os muitos motivos pelos quais a atual lei de patentes americana inibe a inovação e deveria ser alterada).

Em muitos setores, as patentes são usadas fundamentalmente com propósitos defensivos, como meio de inibir a concorrência. Nesses casos, os riscos de patente de um MVP são menores em comparação com os benefícios da aprendizagem, mas, em setores em que uma inovação científica está no centro da vantagem competitiva da empresa, esses riscos precisam ser avaliados com mais cautela. Em todos os casos, os empreendedores devem buscar assessoria jurídica para compreenderem plenamente os riscos.

Os riscos jurídicos podem ser intimidantes, mas talvez você se surpreenda ao saber que, no decorrer dos anos, o que vi com mais frequência como objeção para o desenvolvimento de um MVP foi o medo de os concorrentes – especialmente empresas grandes e estabelecidas – roubarem as boas ideias da startup. Quem dera fosse tão fácil roubar uma boa ideia! Parte do desafio especial de ser uma startup é a quase impossibilidade de sua ideia, sua empresa ou seu produto ser notado por alguém, quanto mais por um concorrente. Muitas vezes dei a seguinte tarefa a empreendedores que sentiam esse medo: pegue uma das suas ideias (uma das menos importantes, talvez), descubra o nome do gerente de produto responsável por essa área em uma empresa estabelecida e tente fazer com que essa empresa roube sua ideia. Telefone, escreva um memorando, mande um comunicado – vá lá, tente. A verdade é que a maioria dos gerentes de grande parte das empresas já está abarrotada de boas ideias. O desafio deles está na priorização e na execução, e são esses desafios que dão a uma startup a esperança de sobreviver.[10]

Se um concorrente quiser ultrapassar uma startup assim que a ideia for conhecida, não há saída de qualquer modo. Se você cria uma nova equipe com o objetivo de concretizar uma ideia, é porque acredita que pode acelerar, através do ciclo de feedback construir-medir-aprender, mais depressa do que qualquer outra pessoa. Se isso for verdade, o que a concorrência souber não faz diferença; se não for, a startup tem problemas muito maiores e o sigilo não vai resolvê-los. Cedo ou tarde uma startup de sucesso enfrentará a concorrência de empresas seguidoras. Raramente a vantagem inicial na corrida é suficiente para fazer alguma diferença, e o tempo gasto no modo furtivo – longe dos clientes – dificilmente vai proporcionar uma vantagem inicial. O único modo de vencer a corrida é aprender mais depressa que todo mundo.

Muitas startups planejam investir no desenvolvimento de uma grande marca, e um MVP pode parecer um risco nesse sentido. Da mesma forma, os intraempreendedores têm medo de prejudicar a marca estabelecida da empresa-mãe. Para ambos os casos há uma solução fácil: lançar o MVP sob outra marca. Além disso, uma reputação de longo prazo só corre risco quando as empresas se dedicam a atividades de lançamento barulhentas como relações públicas e campanhas espalhafatosas. Quando o produto não está à altura disso, a marca corporativa pode sofrer um verdadeiro dano de longo prazo. Mas as startups contam com as vantagens de serem obscuras, de terem um número pateticamente pequeno de clientes e de não terem muita exposição. Em vez de lamentar, use tudo isso para conduzir experimentos discretos e só faça um marketing de lançamento quando o produto tiver se provado com clientes reais.[11]

Por fim, é útil se preparar para o fato de que frequentemente os MVPs resultam em notícias ruins. Diferentemente dos testes de conceito ou protótipos tradicionais, seu objetivo é responder a toda a gama de perguntas do negócio, não apenas a questões técnicas e de design, e frequentemente proporcionar uma necessária dose de realidade. Romper o campo de distorção da realidade é, de fato, bastante desconfortável. Os visionários têm medo especial de um falso negativo: que os clientes rejeitem um MVP falho, que seja pequeno demais ou limitado demais. É exatamente essa postura que vemos quando as empresas lançam produtos completos sem testes anteriores. Simplesmente não suportam testá-los se não estiverem em seu pleno esplendor. Mas existe sabedoria no medo do visionário. As equipes formadas nos métodos tradicionais de desenvolvimento de produtos são treinadas para tomar regularmente decisões do tipo "vá e acerte de vez". Essa é a essência do modelo de desenvolvimento em cascata ou do *stage-gate*. Se um MVP fracassa, é possível que as equipes desistam e abandonem completamente o projeto. Mas esse problema tem solução.

DO MVP À CONTABILIDADE PARA INOVAÇÃO

A solução para esse dilema é o comprometimento com a iteração. É preciso se comprometer com um acordo sólido – e antecipado – de que, não importando o que resultar do teste do MVP, você não vai perder a esperança. Os empreendedores bem-sucedidos não desistem ao primeiro sinal de problema nem insistem no plano até afundar; eles possuem uma combinação especial de perseverança e flexibilidade. O MVP é apenas o primeiro passo numa jornada de aprendizagem. Ao seguir por essa estrada – depois de muitas iterações –, você pode descobrir que algum elemento do seu produto ou da sua estratégia é falho e decidir que está na hora de fazer uma mudança (o pivô), adotando outro método para alcançar sua visão.

As startups correm um risco ainda maior quando stakeholders externos e investidores (em especial os diretores financeiros, no caso dos projetos internos) têm uma crise de confiança. Quando o projeto foi autorizado ou quando o investimento foi feito, o empreendedor prometeu que o novo produto mudaria o mundo. Era para chover clientes. Por que são tão poucos?

Na administração tradicional, se um gestor promete entregar algo e não cumpre, tem-se um problema. Só existem duas explicações possíveis: falha na execução ou planejamento inadequado. Ambos são igualmente imperdoáveis. Os gestores empreendedores enfrentam um problema difícil: uma vez que os planos e as projeções são cheios de incertezas, como alegar sucesso quando inevitavelmente não entregamos o prometido? Dito de outro modo: como o executivo de finanças ou o investidor de risco vai saber que estamos fracassando porque aprendemos algo fundamental e não porque trabalhamos mal?

A solução para esse problema reside no cerne do modelo startup enxuta. Todos precisamos de uma abordagem disciplinada e sistemática para saber se estamos fazendo progresso e se estamos de fato obtendo aprendizagem validada. Chamo esse sistema de contabilidade para inovação, uma alternativa à contabilidade tradicional que é pensada especificamente para startups. É o assunto do Capítulo 7.

CAPÍTULO 7

Medir

No início, uma startup pouco mais é do que um modelo no papel. O plano de negócios inclui projeções sobre quantos clientes a empresa espera atrair, quanto vai gastar e que receita e lucro isso vai gerar. É um ideal que normalmente se encontra muito longe do ponto inicial da startup.

O trabalho de uma startup é (1) avaliar rigorosamente onde se encontra agora, enfrentando as verdades duras reveladas por essa avaliação, e depois (2) conceber experimentos para descobrir como aproximar os números reais do ideal refletido no plano de negócios.

A maioria dos produtos – até os que dão errado – não possui tração nula; quase todos têm alguns clientes, algum crescimento e alguns resultados positivos. Um dos resultados mais perigosos para uma startup é ficar pairando no limbo. Os funcionários e os empreendedores costumam ser otimistas por natureza. Queremos continuar acreditando em nossas ideias mesmo quando há sinais claros de que algo ruim vai acontecer. Por isso o mito da perseverança é tão perigoso. Todos conhecemos histórias de empreendedores épicos que alcançaram o sucesso quando as coisas pareciam sombrias, mas, infelizmente, não ouvimos as histórias dos incontáveis anônimos que perseveraram demais e foram à falência.

POR QUE ALGO APARENTEMENTE TÃO SEM GRAÇA QUANTO A CONTABILIDADE VAI MUDAR SUA VIDA

As pessoas estão acostumadas a pensar em contabilidade como algo chato, um mal necessário usado principalmente para preparar relatórios financeiros e sobreviver às auditorias, mas isso acontece porque a contabilidade passou a ser considerada banal. Historicamente, sob a liderança de pessoas como Alfred Sloan na General Motors, a contabilidade se tornou parte essencial do método para exercer o controle centralizado de divisões muito distantes, permitindo que a GM estabelecesse marcos nítidos para cada uma das suas divisões e depois fazendo com que cada gerente prestasse contas do sucesso de sua divisão em alcançar esses objetivos. Todas as corporações modernas usam alguma variante disso. A contabilidade é a chave de seu sucesso.

Mas, infelizmente, a contabilidade padrão não ajuda a avaliar os empreendedores. As startups são imprevisíveis demais para que os prognósticos e os marcos no caminho sejam precisos.

Há algum tempo conheci uma equipe de startup fenomenal. Bem financiada, com capacidade de tração significativa com relação aos clientes e apresentando crescimento rápido. O produto dessa startup é líder numa categoria emergente de software empresarial que usa técnicas de marketing ao consumidor para fazer vendas a empresas grandes. Por exemplo, eles contam mais com a adoção viral de funcionário a funcionário do que com um processo de vendas tradicional, que poderia estar direcionado ao diretor de TI. Como resultado, conseguem usar técnicas experimentais de ponta enquanto revisam constantemente o produto. Durante nossa reunião, fiz à equipe uma pergunta simples que tenho o hábito de dirigir às startups que encontro: Vocês estão melhorando seu produto? A resposta é sempre sim. Em seguida, pergunto: Como sabem disso? E a resposta é sempre a seguinte: Bom, somos da área de engenharia e fizemos várias mudanças no mês passado. Nossos clientes parecem ter gostado das atualizações e nossos números gerais foram maiores este mês. Devemos estar no caminho certo.

Esse é o tipo de narrativa que acontece na maioria das reuniões de diretoria das startups. Os marcos são determinados do mesmo modo: alcançar determinado marco de produto, talvez conversar com alguns clientes e ver se os números crescem. Mas esse não é um bom indicador de progressos. Como podemos saber que foram as mudanças feitas que levaram a tais resultados? E, mais importante, como podemos saber que estamos extraindo as lições corretas dessas mudanças?

Para responder a esse tipo de pergunta, é altamente necessário um novo tipo de contabilidade, equipada especificamente para inovações revolucionárias. Essa é a contabilidade para inovação.

Uma estrutura de prestação de contas que serve a todos os ramos de atividade

A contabilidade para inovação permite às startups provar objetivamente que estão aprendendo como construir um negócio sustentável. A contabilidade para inovação começa transformando as suposições do tipo salto de fé num modelo financeiro quantitativo. Todo plano de negócios conta com algum tipo de modelo, nem que seja rascunhado num guardanapo, e esse modelo fornece suposições sobre como será a empresa num ponto bem-sucedido no futuro.

Por exemplo, o plano de negócios de uma indústria estabelecida mostraria um crescimento proporcional ao volume de vendas. À medida que os lucros resultantes da venda de mercadorias são reinvestidos em marketing e promoção, novos clientes são conquistados. A taxa de crescimento depende primariamente de três coisas: a lucratividade de cada consumidor, o custo de atrair novos consumidores e a taxa de repetição de compra por parte dos consumidores já existentes. Quanto maiores forem esses valores, mais rápido a empresa crescerá e mais lucrativa será. Esses são os motores que impulsionam o modelo de crescimento da empresa.

Já uma empresa de marketplace, que conecta compradores e vendedores (como o eBay), terá um modelo de crescimento diferente. Seu sucesso depende, acima de tudo, dos efeitos de rede, que a tornarão a primeira opção para compradores e vendedores. Os vendedores querem o mercado com o maior número de compradores potenciais e os compradores querem o mercado com a maior concorrência entre vendedores, o que leva a um número maior de produtos a preços menores (em economia, isso às vezes é chamado de retornos crescentes para a oferta e a demanda). Para esse tipo de startup, o importante a medir é se os efeitos de rede estão funcionando, e uma evidência disso é a alta taxa de retenção de novos compradores e vendedores. Se as pessoas continuam ligadas ao produto com muito pouco atrito, o marketplace vai crescer, não importando como a empresa consegue novos clientes. A curva de crescimento parecerá uma tabela de juros compostos, com a taxa de crescimento dependendo da "taxa de juros" dos novos clientes que adotam o produto.

Mesmo que essas duas empresas tenham motores de crescimento muito diferentes, ainda podemos usar uma estrutura comum para impulsionar seus líderes na busca por resultados. Essa estrutura sustenta a prestação de contas mesmo quando o modelo muda.

COMO FUNCIONA A CONTABILIDADE PARA INOVAÇÃO – TRÊS MARCOS DE APRENDIZAGEM

A contabilidade para inovação tem três etapas.

Primeiro, use um MVP para obter informações reais sobre a situação atual da empresa. Sem uma visão clara do ponto inicial – por mais distante que você esteja do seu objetivo –, é impossível acompanhar seu progresso.

Depois, tente calibrar o motor a partir desse patamar, visando ao ideal. Talvez você precise fazer muitas tentativas até conseguir. Após realizar todas as pequenas mudanças e otimizações do produto que forem possíveis para elevar o patamar, chega-se a um ponto de decisão. Aí vem o terceiro passo: pivotar ou perseverar.

Se a empresa estiver avançando, significa que está aprendendo e sabendo explorar essa aprendizagem; nesse caso, faz sentido prosseguir. Caso contrário, a administração deve concluir que sua estratégia de produto é falha e que precisa de uma mudança séria. Ao pivotar, a empresa recomeça todo o processo, estabelecendo um novo patamar e recalibrando o motor a partir daí. Quando um pivô é bem-sucedido, essas atividades de calibragem do motor se tornam mais produtivas depois do pivô.

Estabelecer o patamar

Por exemplo, uma startup pode criar um protótipo completo de seu produto e disponibilizá-lo para venda a clientes reais através de seu canal de marketing principal. Esse único MVP testaria a maior parte das suposições da startup, ao mesmo tempo que estabeleceria as métricas base para cada suposição. Outra possibilidade seria desenvolver MVPs separados, com o objetivo de obter feedback para uma suposição de cada vez. Antes de construir o protótipo, a empresa pode realizar um teste de fumaça com seus materiais de marketing. Essa é uma antiga técnica de marketing direto, em que se oferece aos clientes a oportunidade de reservar um produto ainda não desenvolvido. O teste de fumaça avalia apenas uma coisa: se os clientes têm interesse em testar um produto. Por si só, ele é insuficiente para validar todo um modelo de crescimento, mas pode ser muito útil receber feedback para essa suposição antes de comprometer mais dinheiro e recursos.

Esses MVPs proporcionam o primeiro exemplo de um *marco de aprendizagem*. Um MVP permite que a startup preencha seu modelo de crescimento com dados reais daquele patamar em que se encontra – taxas de conversão, taxas de registro e testes, valor de tempo de vida do cliente e assim por diante –, o que é valioso como alicerce para aprender sobre os clientes e suas reações a um produto, mesmo que esse alicerce comece com notícias extremamente ruins.

Quando estamos escolhendo entre as muitas suposições num plano de negócios, faz sentido testar primeiro as mais arriscadas. Se você não conseguir encontrar um modo de atenuar esses riscos no caminho em direção ao ideal necessário para uma empresa sustentável, não faz sentido testar os outros. Por exemplo, uma empresa de mídia que esteja vendendo publicidade tem duas suposições básicas que assumem a forma de perguntas: Ela é capaz de capturar continuamente a atenção de um segmento de clientes definido? E é capaz de vender essa atenção aos anunciantes? Num negócio em que os valores dos anúncios para um segmento particular de clientes sejam bem conhecidos, a suposição mais arriscada é a capacidade de capturar a atenção. Portanto, os primeiros experimentos devem envolver a produção de conteúdo, não as vendas de publicidade. Talvez a empresa produza um episódio ou uma edição piloto para ver como os clientes se engajam.

Calibrar o motor

Assim que o patamar for estabelecido, a startup pode trabalhar na direção do segundo marco de aprendizagem: calibrar o motor. Cada desenvolvimento de produto, marketing ou outra iniciativa realizada deve ser direcionado para melhorar um dos impulsionadores desse modelo de crescimento. Por exemplo, uma empresa pode gastar tempo melhorando o projeto do produto para tornar sua utilização mais fácil por parte dos clientes. Isso pressupõe que a *taxa de ativação* de novos clientes é um impulsionador de crescimento e que seu patamar está mais baixo do que a empresa gostaria. Para demonstrar a aprendizagem validada, as mudanças de projeto devem melhorar a taxa de ativação de novos clientes. Se isso não acontecer, o novo projeto deve ser considerado um fracasso. Esta é uma regra importante: um bom projeto é aquele que muda o comportamento do cliente para melhor.

Comparemos duas startups. A primeira parte com uma métrica de patamar clara, uma hipótese sobre o que melhorará essa métrica e um conjunto de experimentos projetados para testar essa hipótese. A segunda fica discutindo o que tornaria o produto melhor, implementa várias dessas mudanças ao mesmo tempo e comemora se houver algum aumento em algum dos números. Qual das duas tem mais probabilidade de estar fazendo um trabalho eficaz e alcançando resultados duradouros?

Pivotar ou perseverar

Com o tempo, uma equipe que esteja descobrindo o caminho para um negócio sustentável verá os números em seu modelo crescerem a partir do patamar ruim estabelecido pelo MVP e convergirem para algo semelhante ao ideal estabelecido no plano de negócios. Uma startup que não consiga fazer isso verá esse ideal recuar ainda mais. Quando isso é feito do modo correto, nem o campo de distorção da realidade mais poderoso conseguirá encobrir este fato simples: se não estivermos impulsionando os motores do nosso modelo de negócio, não estamos fazendo progresso. Isso se torna um sinal seguro de que é hora de pivotar.

CONTABILIDADE PARA INOVAÇÃO NA IMVU

Veja como a contabilidade para inovação funcionava para nós no início da IMVU. Nosso produto mínimo viável tinha muitos defeitos e conseguiu pouquíssimas vendas quando foi lançado. Naturalmente, pensamos que isso se devesse à baixa qualidade do produto, então trabalhávamos semana após semana para melhorar a qualidade, confiando que os esforços valeriam a pena. No fim de cada mês, fazíamos uma reunião de diretoria em que apresentávamos os resultados, e na véspera da reunião realizávamos nossa análise padrão, avaliando as taxas de conversão, o número de usuários e a receita, para mostrar que tínhamos feito um bom trabalho. Em várias reuniões seguidas, houve um pânico de último minuto, porque as melhorias na qualidade não estavam levando a nenhuma mudança no comportamento dos usuários. Isso levou a algumas reuniões de diretoria frustrantes, em que podíamos mostrar um grande "progresso" no produto, mas não em termos de resultados de vendas. Depois de um tempo, em vez de deixar para o último minuto, começamos a acompanhar nossas medições com mais frequência, fazendo o ciclo de feedback e o desenvolvimento de produto serem executados em períodos mais próximos. Foi mais deprimente ainda. Semana após semana, nossas melhorias no produto não davam resultado algum.

Melhorando um produto a 5 dólares por dia

Examinamos os comportamentos das "métricas de funil" que eram cruciais para nosso motor de crescimento: registro de usuários, downloads do aplicativo, teste, repetição do uso e compra. Precisávamos de um número suficiente de clientes usando o produto para obtermos números reais relativos a cada comportamento. Alocamos 5 dólares por dia: o bastante para comprar cliques no sistema Google AdWords, na época uma novidade. O mínimo que se podia dar como lance para um clique eram 5 centavos, mas não havia um valor mínimo para gastar no total, então pudemos abrir uma conta e começar mesmo com muito pouco dinheiro.[1]

Os 5 dólares nos davam 100 cliques diários. Segundo um ponto de vista de marketing, isso não era muito significativo, mas para a aprendizagem era valiosíssimo, pois podíamos avaliar todos os dias o desempenho do nosso produto com um novíssimo grupo de usuários. Além disso, a cada vez que revisávamos o produto obtínhamos no dia seguinte um boletim novo informando como estávamos indo.

Por exemplo, num dia divulgávamos uma nova mensagem de marketing destinada aos clientes que usavam o produto pela primeira vez. No dia seguinte, podíamos mudar a forma de apresentar o produto aos novos clientes. Em outros dias, acrescentávamos novas funcionalidades, consertávamos bugs, mostrávamos um novo design gráfico ou experimentávamos um novo layout para o site. A cada vez dizíamos a nós mesmos que estávamos melhorando o produto, mas essa confiança subjetiva era testada implacavelmente pelos números reais.

Dia sim, dia não, realizávamos testes de desempenho aleatórios. Cada dia era um novo experimento. Os clientes de cada dia eram independentes dos do dia anterior. E o mais importante é que, ainda que nossos números brutos estivessem crescendo, ficava claro que as métricas de funil não estavam mudando.

Este é um gráfico de uma das primeiras reuniões de diretoria na IMVU:

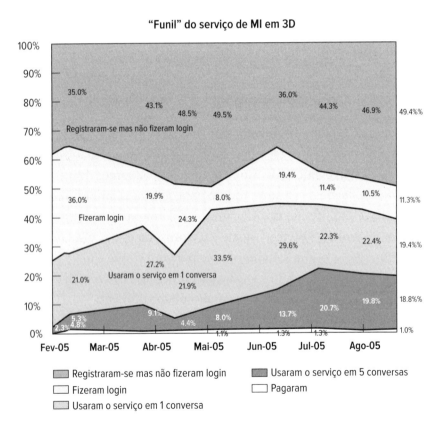

Esse gráfico representa aproximadamente sete meses de trabalho. Ao longo desse período, estávamos fazendo melhorias constantes no produto IMVU, lançando novos recursos diariamente. Conduzíamos um monte de entrevistas pessoais com os usuários e nossa equipe de desenvolvimento trabalhava intensamente.

Análise de coorte

Para interpretar o gráfico, você precisa entender a chamada *análise de coorte*, uma das ferramentas mais importantes para a análise de startups. Parece complexa, mas a premissa é simples: em vez de se examinar os totais cumulativos, ou números brutos (como a receita total e o número total de clientes), examina-se o desempenho de cada grupo de clientes que entre em contato com o produto independentemente. Cada grupo é uma coorte. O gráfico mostra as taxas de conversão de novos clientes em cada mês indicado. Cada taxa de conversão mostra a porcentagem de clientes que se cadastraram naquele mês e em seguida fizeram a ação indicada. Assim, de todos os clientes que se cadastraram no IMVU em fevereiro de 2005, cerca de 60% fizeram login pelo menos uma vez.

Os administradores com formação em vendas corporativas reconhecerão essa análise de funil como o tradicional funil de vendas usado para gerenciar clientes potenciais no caminho de se tornarem clientes de fato. As startups enxutas usam isso também no desenvolvimento de produtos. É uma técnica útil em muitos tipos de negócio, porque, para sobreviver, toda empresa depende de sequências de comportamento de clientes chamadas de fluxos. Os fluxos de clientes governam a interação destes com os produtos de uma empresa; permitem entender um negócio quantitativamente e têm muito mais capacidade de previsão do que as métricas brutas tradicionais.

Se você olhar com atenção, verá que o gráfico da página anterior mostra algumas tendências claras. Algumas melhorias no produto estão ajudando – um pouco. A porcentagem de novos clientes que continuam a usar o produto pelo menos cinco vezes cresceu de menos de 5% para quase 20%. Porém a taxa de novos clientes pagantes está empacada em cerca de 1%. Pense nisso por um momento. Depois de meses e meses de trabalho, milhares de melhorias individuais, grupos focais, sessões de projeto e testes de usabilidade, a porcentagem de novos clientes pagantes é exatamente a mesma do início, mesmo após um número muito maior de clientes ter tido a chance de testar o produto.

Graças ao poder da análise de coorte, não podíamos atribuir esse fracasso a clientes anteriores resistentes a mudança, a condições do mercado ou a outra desculpa qualquer. Cada coorte representava um boletim independente, e, por mais que nos esforçássemos, nossas notas continuavam baixas. Isso nos ajudou a perceber que tínhamos um problema.

Eu liderava a equipe de desenvolvimento do produto, que naquela época era muito pequena, e, assim como meus sócios, tinha a sensação de que o problema devia estar no trabalho da minha equipe. Eu vinha me esforçando mais, tentando me concentrar em funcionalidades com qualidade cada vez maior e perdendo muitas noites de sono. Nossa frustração crescia. Quando não consegui pensar em mais nada para fazer, finalmente parti para o último recurso: conversar com os clientes. Armado com a incapacidade de progredir no ajuste do nosso motor de crescimento, estava pronto para fazer as perguntas certas.

Antes desse fracasso, bem no início da empresa, era fácil conversar com clientes potenciais e nos convencermos de que estávamos no caminho certo, desconsiderando o feedback negativo quando fazíamos entrevistas e testes de usabilidade no escritório. Se os clientes não quisessem usar o produto, eu presumia que não faziam parte do nosso mercado-alvo. "Dispense esse cliente", eu dizia à pessoa responsável pelo recrutamento para os testes. "Encontre alguém que faça parte da nossa demografia-alvo." Se o cliente seguinte fosse mais positivo, eu recebia isso como confirmação de que estava certo na minha escolha de alvo. Se não fosse, eu dispensava mais um e tentava de novo.

Em contraste, assim que tive os dados nas mãos, minhas interações com os consumidores mudaram. De repente eu tinha perguntas urgentes que precisavam de respostas: por que os clientes não estão reagindo às "melhorias" no nosso produto? Por que nosso trabalho não está dando resultado? Por exemplo, estávamos tornando cada vez mais fácil usar o IMVU com os amigos existentes, mas não víamos esse comportamento na prática. Torná-lo mais fácil não fazia o menor sentido. Assim que soubemos o que procurar, o entendimento genuíno chegou muito mais depressa. Como foi descrito no Capítulo 3, isso acabou levando a um pivô importantíssimo: nos afastamos da ideia de um plugin de MI para usar com amigos existentes e nos aproximamos de uma rede independente para fazer novos amigos. De repente, nossas preocupações com a produtividade desapareceram. Assim que nossos esforços foram alinhados com o que o público realmente desejava, os experimentos tiveram muito mais chances de influenciar nos resultados.

Isso se repetiria várias e várias vezes, desde os dias em que conseguíamos menos de mil dólares de receita por mês até a época em que passamos a faturar milhões. É um sinal de um pivô bem-sucedido: os novos experimentos são, no geral, mais produtivos que os anteriores.

O padrão é o seguinte: resultados quantitativos fracos nos obrigam a admitir o fracasso e criam a motivação, o contexto e o espaço para mais pesquisas qualitativas. Essas investigações, por sua vez, produzem novas ideias – novas hipóteses – a serem testadas, levando a um possível pivô. Cada pivô gera novas oportunidades de experimentações, e o ciclo se repete. E todas as vezes repetimos estes passos simples: estabelecer o patamar, calibrar o motor e tomar a decisão de pivotar ou perseverar.

OTIMIZAÇÃO *VERSUS* APRENDIZAGEM

Engenheiros, designers e profissionais de marketing são peritos em otimização. Os profissionais de marketing direto, por exemplo, têm experiência em testar propostas de valor fazendo uma oferta diferente a dois grupos semelhantes de clientes, de modo a avaliar as diferenças de reação entre os dois grupos. Os engenheiros, claro, são hábeis em melhorar o desempenho de um produto, assim como os designers são talentosos para melhorar a usabilidade dos produtos. Todas essas atividades numa organização tradicional bem administrada oferecem benefícios cada vez maiores em troca de esforços cada vez maiores. Desde que estejamos executando bem o plano, o trabalho produz resultados.

Mas essas ferramentas de desenvolvimento de produto não funcionam do mesmo modo nas startups. Se você estiver no caminho errado, otimizar o produto ou o marketing não terá resultados significativos. É preciso medir seu progresso em direção a um ponto elevado: a evidência de que é possível construir um negócio em torno daqueles produtos ou serviços. E isso só pode ser verificado se tiverem sido feitas previsões claras e tangíveis.

Na ausência dessas previsões, as decisões relacionadas ao produto e à estratégia são muito mais difíceis e demoradas. Vejo isso com frequência no meu trabalho de consultoria. Já fui chamado muitas vezes para ajudar uma startup que acha que sua equipe de engenharia "não está se empenhando o suficiente". Quando me reúno com essas equipes, sempre noto que existem melhorias a ser feitas e as recomendo, mas o verdadeiro problema nunca é falta de talento para desenvolvimento, de energia ou de esforço. Ciclo após ciclo, eles estão trabalhando muito, mas a empresa não alcança resultados. Os gestores de formação tradicional chegam à conclusão lógica: ou não estamos trabalhando o suficiente, ou não estamos trabalhando de modo eficaz, ou não estamos trabalhando com eficiência.

Assim começa a espiral descendente: a equipe de desenvolvimento tenta, bravamente, desenvolver um produto segundo as especificações que está recebendo da liderança criativa ou comercial; quando os bons resultados não aparecem, os líderes comerciais presumem que o motivo é alguma discrepância entre o que foi planejado e o que foi desenvolvido, e tentam especificar a próxima iteração com mais detalhes; à medida que as especificações ficam mais detalhadas, o processo de planejamento se torna mais lento, o tamanho dos lotes aumenta e o feedback é retardado. Se a diretoria ou o diretor financeiro tiver envolvimento como stakeholder, não demora muito para acontecerem mudanças de pessoal.

Há alguns anos, uma equipe que atende grandes empresas de mídia solicitou minha consultoria porque estava preocupada, achando que seus engenheiros não trabalhavam o suficiente. Mas a culpa não era dos engenheiros; era do processo para tomada de decisões. A empresa tinha clientes, mas não os conhecia bem. Estava inundada de pedidos de novas funcionalidades por parte dos clientes, da equipe interna de vendas e da liderança comercial. Cada nova ideia virava uma emergência, de modo que os projetos de longo prazo sofriam interrupções constantes. Pior ainda, a equipe não sabia se as mudanças implementadas estavam sendo bem recebidas pelos clientes. Apesar dos ajustes constantes, os resultados comerciais continuavam medíocres.

Os marcos de aprendizagem previnem essa espiral negativa, pois deixam muito clara a probabilidade muito maior de que a empresa esteja executando – com disciplina! – um plano que não faz sentido. A estrutura da contabilidade para inovação não deixa dúvidas sobre quando a empresa estagnou e precisa mudar de direção.

Nesse exemplo, no início da trajetória da empresa a equipe de desenvolvimento de produto era incrivelmente produtiva porque os fundadores tinham identificado no mercado-alvo uma grande necessidade não atendida. O produto inicial, ainda que imperfeito, se tornou popular entre os adotantes iniciais. O acréscimo dos principais recursos que os clientes pediam pareceu funcionar maravilhosamente, já que os adotantes iniciais espalharam a notícia das inovações. Mas outras perguntas aguardavam ser feitas e respondidas: Existia um motor de crescimento funcionando? Esse sucesso inicial se deveu ao trabalho diário da equipe de desenvolvimento do produto? Na maioria dos casos, a resposta era não; o sucesso era impulsionado por decisões anteriores. Nenhuma das iniciativas atuais exercia impacto. Mas isso ficava obscurecido, porque todas as métricas brutas da empresa estavam crescendo bem.

Como veremos em breve, esse é um perigo comum. As empresas, sejam de que tamanho forem, que tenham um motor de crescimento funcionando podem passar a utilizar o tipo de métrica errada para orientar suas ações. É isso que leva os administradores a empregar os truques usuais do teatro do sucesso: compras de anúncios de última hora, excesso de produtos enviados aos canais de distribuição e demos espalhafatosas, numa tentativa desesperada de fazer com que os números brutos melhorem. A energia investida no teatro do sucesso poderia ser usada no desenvolvimento de um negócio sustentável. Gosto de chamar os números tradicionais usados na avaliação de startups de "métricas de vaidade", e a contabilidade para inovação manda que evitemos usá-las.

MÉTRICAS DE VAIDADE: UM ALERTA

Para enxergar com clareza as métricas de vaidade, voltemos, mais uma vez, aos primeiros anos da IMVU. Veja o gráfico seguinte, da mesma época da história mostrada anteriormente neste capítulo. Ele abarca o mesmo período do gráfico estilo coorte da página 122, tanto que fez parte da mesma apresentação para a diretoria.

Esse gráfico mostra as métricas brutas tradicionais da IMVU até então: o total de usuários cadastrados e o total de usuários pagantes (o gráfico de receita bruta parece quase o mesmo). Segundo esse ponto de vista, as coisas parecem muito mais empolgantes. É por isso que chamo isso de métricas de vaidade: elas dão o quadro mais cor-de-rosa possível. Você verá um gráfico tradicional do tipo taco de hóquei (o ideal para uma empresa de crescimento rápido). Enquanto estiver concentrado nos números brutos (mais clientes se cadastrando, um aumento na receita geral), você será perdoado se achar que a equipe de desenvolvimento está fazendo um grande progresso. O motor de crescimento está a pleno vapor. A cada mês são atraídos novos clientes e se obtém um retorno positivo sobre o investimento. O excedente de receita obtido com esses clientes é reinvestido no mês seguinte, para atrair mais clientes. É daí que vem o crescimento.

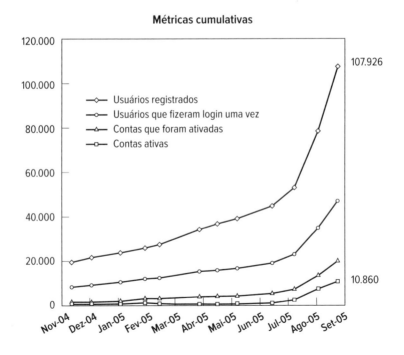

Mas pense nos mesmos dados apresentados em estilo coorte. A IMVU está atraindo novos clientes, mas não está aumentando os rendimentos obtidos em cada grupo novo. O motor está girando, mas os esforços para calibrá-lo não rendem muitos frutos. Quem observar somente o gráfico tradicional não saberá se a IMVU está no caminho para um negócio sustentável; certamente não fica sabendo nada sobre a eficácia da equipe de empreendedorismo que está por trás dela.

A contabilidade para inovação não funcionará se a startup estiver mal direcionada por esse tipo de métrica de vaidade (número bruto de clientes, etc.). A alternativa é o tipo de métrica que usamos para avaliar nossa empresa e nossos marcos de aprendizagem, que eu chamo de *métricas acionáveis*.

MÉTRICAS ACIONÁVEIS *VERSUS* MÉTRICAS DE VAIDADE

Para ter uma ideia melhor da importância das boas métricas, observemos uma empresa chamada Grockit. Seu fundador, Farbood Nivi, passou uma década trabalhando como professor em duas grandes empresas de educação com fins lucrativos, a Princeton Review e a Kaplan, ajudando os estudantes a se prepararem para provas padronizadas como o GMAT, o LSAT e o SAT. Seu estilo de aula envolvente recebeu elogios dos alunos e promoções por parte dos superiores; ele foi agraciado com o prêmio de Professor do Ano da Princeton Review. Mas Farb estava frustrado com os métodos de ensino tradicionais usados por essas empresas. Lecionando durante seis a oito horas por dia para milhares de estudantes, ele teve muitas oportunidades de experimentar novas abordagens.[2]

Com o tempo, Farb concluiu que o modelo tradicional de aula, com o ensino direcionado de um para muitos, era inadequado para seus alunos e começou a desenvolver um método que era uma combinação de aulas orientadas pelo professor, trabalhos individuais e estudos em grupo. Farb ficou especialmente fascinado ao notar como era eficaz o método de aluno com aluno, aos pares. Quando podiam ajudar uns aos outros, os alunos se beneficiavam de dois modos. Primeiro, recebiam instrução personalizada vinda de um colega (muito menos intimidante que um professor); segundo, reforçavam a aprendizagem ensinando o conteúdo a outros. Com o tempo, as aulas de Farb se tornaram cada vez mais sociais – e bem-sucedidas.

À medida que esse processo se desenvolvia, Farb sentia que sua presença física na sala de aula era cada vez menos determinante. Foi quando ele fez uma conexão importante: "Eu tenho um modelo de aprendizagem social. Um monte de atividades sociais acontece na internet." Sua ideia foi levar o aprendizado social, de pessoa para pessoa, para os que não podiam pagar por um curso caro na Kaplan, na Princeton Review ou mesmo com um professor particular, que saía mais caro ainda. Assim nasceu a Grockit.

Farb explica: "Quer esteja se preparando para o SAT ou estudando álgebra, o estudante tem três modos possíveis. Passa algum tempo com especialistas, passa algum tempo sozinho ou passa algum tempo com colegas. A Grockit oferece esses três formatos. O que fazemos é aplicar tecnologia e algoritmos para otimizá-los."

Farb é o clássico empreendedor visionário. Ele narra sua ideia original do seguinte modo: "Vamos esquecer o projeto educacional que existe até agora, vamos esquecer o que é possível e simplesmente reprojetar o aprendizado tendo em mente os estudantes e a tecnologia atuais. Existiam inúmeras organizações de muitos bilhões de dólares no ramo da educação; acho que elas não estavam inovando como precisávamos, e eu acreditava que não precisávamos mais delas. Para mim, tudo deve ser pensado para os estudantes, e eu sentia que eles não estavam sendo atendidos tão bem quanto poderiam."

Com o tempo, a Grockit passou a oferecer muitos produtos educacionais diferentes, mas no início Farb seguiu o modelo enxuto. Desenvolveu um produto mínimo viável que era simplesmente Farb dando aulas de preparação para exames usando a WebEx, a popular ferramenta de conferências pela internet. Não desenvolveu nenhum software personalizado, nenhuma tecnologia nova. Simplesmente tentou levar sua nova metodologia de ensino aos estudantes através da internet. A novidade se espalhou rápido, e em poucos meses Farb tinha uma renda razoável de suas aulas on-line, com ganhos mensais que iam de 10 mil a 15 mil dólares. Mas, como muitos empreendedores com ambição, Farb não desenvolveu esse MVP apenas para se sustentar. Ele tinha a visão de um tipo de ensino mais colaborativo e mais eficaz para os estudantes de toda parte. Com sua capacidade de tração inicial, conseguiu levantar dinheiro com alguns dos investidores mais prestigiosos do Vale do Silício.

Quando conheci Farb, sua empresa ia bem. Ele tinha levantado capital de risco com investidores bem considerados, criado uma equipe incrível e acabado de dar uma largada impressionante numa das famosas competições de startups do Vale do Silício.

A empresa era extremamente orientada para os processos e disciplinada. O desenvolvimento de produtos seguia uma versão rigorosa da metodologia de desenvolvimento ágil conhecida como programação extrema (descrita a seguir), graças à parceria com uma empresa de São Francisco chamada Pivotal Labs. Seu primeiro produto foi considerado revolucionário pela imprensa.

Só havia um problema: eles não estavam vendo muito crescimento no uso do produto entre os clientes. A Grockit é um excelente estudo de caso, porque seus problemas não eram uma questão de execução ou disciplina falhas.

Seguindo a prática ágil padrão, o trabalho da Grockit prosseguia numa série de sprints, ou ciclos de iteração que duravam um mês. Para cada sprint, Farb priorizava o trabalho a ser feito naquele mês redigindo uma série de *histórias de usuários*, uma técnica adotada do desenvolvimento ágil. Em vez de redigir uma especificação para um novo atributo descrevendo-o em termos técnicos, Farb escrevia uma história descrevendo o atributo segundo o ponto de vista do cliente. Isso ajudava a manter os engenheiros concentrados na perspectiva do cliente durante todo o processo de desenvolvimento.

Cada atributo era expresso em linguagem simples em termos compreensíveis por qualquer pessoa, tivesse formação tecnológica ou não. De novo seguindo a prática ágil padrão, Farb tinha liberdade para mudar a prioridade dessas histórias a qualquer momento. À medida que descobria mais sobre o que os clientes desejavam, podia mudar as coisas de lugar na reserva de produtos (a fila de histórias que ainda estavam para ser escritas). O único limite nessa capacidade de mudar de direção era não interromper a tarefa em andamento. Felizmente, as histórias eram escritas de modo que o tamanho dos lotes de trabalho (que discutiremos em mais detalhes no Capítulo 9) era de apenas um ou dois dias.

Esse sistema é chamado de desenvolvimento ágil por um bom motivo: é possível mudar de direção rápido, ter agilidade e reagir facilmente a mudanças nas exigências comerciais do dono do produto (o administrador do processo – nesse caso, Farb –, que é responsável por priorizar as histórias).

Como os profissionais se sentiam no final de cada sprint? Eles entregavam consistentemente novos atributos de produtos. Coletavam o feedback dos clientes sob a forma de relatos curtos e entrevistas que indicavam que pelo menos alguns clientes gostavam dos novos atributos. Sempre havia certa quantidade de dados que demonstravam melhoria: talvez o número total de clientes estivesse aumentando, o número total de perguntas respondidas pelos estudantes estivesse crescendo ou o número de clientes que retornavam aumentasse.

Mas eu senti que Farb e sua equipe continuavam com dúvidas sobre o progresso geral da empresa. Será que o aumento nos números era realmente causado por seus esforços de desenvolvimento? Ou será que se devia a outros fatores, como as menções ao Grockit na mídia? Quando conheci a equipe, fiz a eles esta pergunta simples: como vocês sabem que as decisões de priorização que Farb está tomando fazem mesmo sentido?

A resposta: "Isso não cabe a nós. Farb toma as decisões, nós executamos."

Naquela época, a Grockit se concentrava apenas em um segmento de clientes: alunos de escolas de administração que estudavam para fazer o GMAT. O produto permitia que os alunos participassem de sessões de estudos on-line com outros estudantes que estivessem se preparando para a mesma prova. E estava dando certo: os alunos que terminavam seus estudos através da Grockit tiravam notas significativamente mais altas que antes. Mas a equipe estava tendo dificuldade com o antiquíssimo problema das startups: como saber quais funcionalidades devemos priorizar? Como conseguir que mais clientes se inscrevam e paguem? Como divulgar nosso produto?

Fiz esta pergunta a Farb: "Qual seu nível de confiança nas decisões que toma em relação a estabelecer prioridades?" Como a maioria dos fundadores de startups, ele vinha observando os dados disponíveis e tentando adivinhar do melhor modo possível. Mas isso deixava muito espaço para ambiguidade e dúvida.

Farb acreditava totalmente na sua visão, mas começou a questionar se a empresa estava no caminho certo para realizá-la. O produto melhorava a cada dia, mas Farb queria ter certeza de que essas melhorias importavam para os clientes. Acredito que ele merece muito crédito por perceber isso. Ao contrário de muitos visionários, que se agarram à sua visão original independentemente de qualquer coisa, estava disposto a testá-la.

Farb se esforçava muito para manter a equipe confiando que a Grockit estava destinada ao sucesso. Ele temia que o moral dos funcionários sofresse caso alguém achasse que o capitão do navio não estava seguro da direção a seguir. O próprio Farb não tinha certeza se sua equipe abraçaria uma verdadeira cultura de aprendizagem. Afinal de contas, isso fazia parte da grande barganha do desenvolvimento ágil: os engenheiros concordam em adaptar o produto às exigências sempre mutáveis da empresa, mas não são responsáveis pela qualidade das decisões empresariais.

O sistema ágil de desenvolvimento é eficiente do ponto de vista dos desenvolvedores, pois permite que permaneçam concentrados em criar recursos e projetos técnicos. Uma tentativa de introduzir a necessidade de aprendizagem nesse processo poderia atrapalhar a produtividade.

(A manufatura enxuta enfrentou problemas semelhantes quando foi introduzida nas fábricas. Os gestores estavam acostumados a se concentrar na taxa de utilização de cada máquina. As fábricas eram projetadas para manter as máquinas funcionando em capacidade máxima pelo maior tempo possível. Segundo a perspectiva da máquina, isso é eficiente, mas, pelo ponto de vista da produtividade de toda a fábrica, às vezes é de grande ineficácia. Como dizem na teoria de sistemas, o que otimiza uma parte do sistema necessariamente prejudica o sistema como um todo.)

O que Farb e sua equipe não percebiam era que o progresso da Grockit estava sendo avaliado pelas métricas de vaidade: o número total de clientes e o número total de perguntas respondidas. Era isso que fazia a equipe trabalhar; essas métricas davam a sensação de movimento, ainda que a empresa estivesse fazendo pouco progresso. O interessante é que o método de Farb seguia aspectos superficiais dos marcos de aprendizagem da startup enxuta: a empresa lançou um produto inicial e estabeleceu algumas métricas de patamar. Fazia iterações relativamente curtas e cada uma delas era avaliada segundo o potencial de melhorar as métricas dos clientes.

No entanto, como estava usando o tipo de métrica errado, a Grockit não progredia genuinamente. Farb se sentia frustrado com seus esforços de obter conhecimento a partir do feedback dos clientes. Em cada ciclo o tipo de métrica em que sua equipe estava concentrada mudava: num mês eles observavam os números de uso bruto; em outro, os números de inscrições, e assim por diante. Essas métricas subiam e desciam aparentemente por conta própria. Ele não conseguia chegar a deduções claras de causa e efeito. Saber priorizar o trabalho num ambiente assim é extremamente desafiador.

Farb poderia ter pedido a seu analista de dados que investigasse uma questão específica. Por exemplo: ao ser lançado, o recurso X afetou o comportamento do cliente? Mas isso exigiria tempo e esforço tremendos. Quando exatamente o atributo X foi lançado? Quais clientes foram expostos a ele? Mais alguma coisa foi lançada ao mesmo tempo? Havia fatores sazonais que pudessem estar interferindo nos dados? Para obter essas respostas, seria preciso analisar uma quantidade gigantesca de dados. E a resposta poderia chegar semanas depois de a pergunta ter sido feita. Nesse meio-tempo, a equipe já teria passado para novas prioridades e novas perguntas que precisassem de atenção urgente.

Em comparação com muitas startups, a equipe da Grockit possuía uma vantagem gigantesca: era tremendamente disciplinada. E uma equipe disciplinada, se vier a aplicar a metodologia errada, consegue mudar de marcha assim que descobre seu erro. Acima de tudo, consegue experimentar com seu estilo de trabalho e chegar a conclusões significativas.

Coortes e testes A/B

A Grockit fez duas mudanças nas métricas que usava. Em vez de observar os números brutos, passou a se basear em coortes, e, em vez de procurar relações de causa e efeito em retrospecto, lançava cada novo recurso como um verdadeiro experimento de teste dividido, ou teste A/B.

Num experimento de teste A/B, versões diferentes de um produto são oferecidas ao mesmo tempo a dois grupos de clientes. Observando as diferenças de comportamento entre os dois grupos é possível avaliar o impacto das diferentes variações. Essa técnica começou com os anúncios por mala direta. Vamos considerar, por exemplo, uma empresa que envia catálogos de compras para os clientes, como a Lands' End ou a Crate & Barrel. Se quisessem testar o projeto gráfico de um catálogo, eles poderiam mandar a nova versão para metade dos clientes e a versão antiga para a outra metade. Para garantir um resultado científico, o conteúdo do catálogo deveria ser idêntico em ambas as versões, variando apenas o design. Em seguida, bastaria acompanhar os números das vendas para os dois grupos. Ainda que os testes A/B costumem ser considerados específicos para o marketing (ou mesmo para o marketing direto), as startups enxutas os incorporam diretamente ao desenvolvimento de produto.

Esses desafios levaram a uma mudança imediata no entendimento de Farb sobre o negócio. O teste A/B costuma revelar coisas surpreendentes. Por exemplo, muitos atributos que tornam o produto melhor aos olhos dos engenheiros e designers não têm nenhum impacto sobre o comportamento do cliente. Isso aconteceu com a Grockit e em todas as empresas que vi adotando a técnica. Ainda que os testes A/B pareçam mais custosos, porque exigem mais contabilidade e mais métricas, a longo prazo eles quase sempre geram uma enorme economia de tempo, pois permitem eliminar trabalho em coisas que não são relevantes para os clientes.

Além disso, ajudam as equipes a refinar seu entendimento sobre o que os clientes desejam e não desejam. A Grockit estava sempre criando novos modos de seus clientes interagirem uns com os outros, na esperança de que aumentassem o valor do produto. Por trás disso havia a crença de que os clientes desejavam se comunicar mais durante os estudos. Quando o teste A/B revelou que tais ferramentas extras não mudavam o comportamento dos clientes, essa crença passou a ser questionada.

O questionamento inspirou a equipe a buscar compreender melhor o que os clientes desejavam de fato. Eles começaram a discutir novas ideias para experimentos que pudessem causar mais impacto. Na verdade, muitas dessas ideias não eram novas; simplesmente haviam sido desconsideradas porque a empresa se concentrava em desenvolver ferramentas sociais. A Grockit testou, então, um modo de estudo individual intensivo, com missões e níveis como um jogo, de maneira que o estudante tivesse a opção de estudar sozinho ou com outros. Assim como na sala de aula de Farb, a ideia funcionou extremamente bem. Sem o teste A/B, talvez a Grockit não tivesse chegado a essa conclusão. Na verdade, com o tempo, após dezenas de testes, ficou claro que o crucial para o engajamento dos estudantes era oferecer uma combinação de recursos sociais e individuais. Os clientes preferiam escolher como estudar.

Kanban

Seguindo o princípio da manufatura enxuta chamado de *kanban*, ou restrição de capacidade, a Grockit mudou o processo de priorização do produto. Com o novo sistema, as histórias de usuários só eram consideradas completas quando geravam aprendizagem validada, pois assim podiam ser catalogadas em um dos quatro estágios de desenvolvimento: no backlog; sendo desenvolvida; pronta (segundo um ponto de vista técnico); ou em processo de validação. Validação era definido como "saber se a história era boa para ser feita". Em geral, essa validação chegava sob a forma de um teste A/B que mostrasse uma mudança no comportamento do cliente, mas também podia incluir entrevistas ou pesquisas com clientes.

O *kanban* define um número máximo de histórias permitidas em cada estágio. À medida que as histórias passam de um para outro, as "vagas" vão sendo preenchidas. Um estágio cheio não pode aceitar mais histórias. Só uma história que já tiver sido validada pode ser retirada do quadro do *kanban*. Se a história for considerada uma ideia ruim, o atributo é retirado do produto (ver gráfico a seguir).

DIAGRAMA KANBAN DE TRABALHO E SEU PROGRESSO DE ESTÁGIO EM ESTÁGIO
(Nenhum quadro pode conter mais de três projetos ao mesmo tempo.)

BACKLOG	EM EXECUÇÃO	FEITO	VALIDADO
A	D	F	
B	E		
C			

O trabalho em A tem início. D e E estão em desenvolvimento. F espera validação.

BACKLOG	EM EXECUÇÃO	FEITO	VALIDADO
G	B	D	F
H	C	E	
I		A	

F está validada. D e E esperam validação. G, H e I são novas tarefas a serem realizadas. B e C estão sendo desenvolvidas. A teve seu desenvolvimento concluído.

BACKLOG	EM EXECUÇÃO	FEITO	VALIDADO
H → I →	G B → C →	D E A	F

B e C foram desenvolvidos, mas não podem ser transferidos para o quadro seguinte enquanto A, D e E não forem validados. O desenvolvimento de H e I não pode começar enquanto não for liberado espaço nos quadros seguintes.

Já implementei esse sistema com várias equipes e o resultado inicial é sempre frustrante: os quadros começam a ficar cheios (primeiro o "validado", depois o "feito"), até que não é possível começar nada novo. As equipes acostumadas a avaliações de produtividade restritas – segundo o número de histórias que estão entregando – se sentem empacadas. O único modo de começar a desenvolver novos atributos é investigar algumas histórias que tenham sido desenvolvidas mas não tenham sido validadas, o que geralmente exige esforços que vão além da engenharia: conversar com clientes, examinar os dados dos testes A/B e coisas do tipo.

Em pouco tempo todo mundo pega o jeito. No início, o progresso acontece em sprints. Digamos: a engenharia conclui um grande lote de trabalho, que é seguido por testes e validação. À medida que tentam aumentar sua produtividade, os engenheiros começam a perceber que, se incluírem o exercício de validação desde o início, toda a equipe pode ser mais produtiva.

Por exemplo, por que desenvolver uma nova funcionalidade que não esteja incluída em um teste A/B? Isso pode poupar tempo a curto prazo, porém mais tarde exigirá mais tempo para testar, durante a fase de validação. A mesma lógica se aplica a uma história que um engenheiro não entenda. Segundo o sistema antigo, ele simplesmente desenvolveria algo e mais tarde descobriria para que serve. No novo sistema, fica óbvio que isso é contraproducente: sem uma hipótese clara, como uma história pode ser validada? Vimos isso acontecer na IMVU também. Uma vez, vi um engenheiro júnior enfrentar um alto executivo por causa de uma mudança relativamente pouco importante. O engenheiro insistiu que fosse feito um teste A/B para o novo atributo, como seria feito com qualquer outro. Seus colegas o apoiaram; foi considerado óbvio que todos os atributos deveriam ser testados rotineiramente, não importando quem os estivesse encomendando (para meu constrangimento, muitas vezes era eu o executivo em questão). Um processo sólido estabelece o alicerce de uma cultura saudável, em que as ideias são avaliadas segundo o mérito, não pelo cargo.

Acima de tudo, as equipes que seguem esse sistema começam a avaliar sua produtividade segundo a aprendizagem validada, e não em termos de produção.

Testando hipóteses na Grockit

Quando a Grockit fez essa transição, os resultados foram impressionantes. Em determinado caso, eles decidiram testar uma das suas funcionalidades principais, chamada de registro preguiçoso (*lazy registration*, sistema em que os clientes podem começar a usar imediatamente o serviço e só recebem o pedido para se registrarem depois de experimentarem os benefícios), para ver se valia a pena todo o esforço que estavam investindo no suporte contínuo a ele. Eles confiavam no registro preguiçoso, que, afinal, é considerado uma das melhores práticas de projeto para serviços on-line.

No site da Grockit, o registro preguiçoso funcionava assim: ao entrar, o estudante era inserido diretamente numa sessão de estudos com outros usuários que estivessem estudando para a mesma prova. Não era preciso dar nome, e-mail nem número de cartão de crédito. Nada impedia o usuário de começar a estudar imediatamente. Para a Grockit, isso era essencial para testar uma das suas suposições básicas: os clientes só estariam dispostos a adotar aquele novo modo de estudo se logo no início tivessem provas de que funcionava.

Como consequência, o sistema da Grockit precisava administrar três tipos de usuário: convidados não registrados, convidados registrados (em período de teste) e clientes que tinham pagado pela versão premium. Quanto mais tipos de usuário, mais trabalhoso é manter um controle e mais se gasta com marketing para incentivar os clientes a passar para a categoria seguinte. A Grockit havia assumido esse esforço extra porque o registro preguiçoso era considerado uma boa prática no setor.

Encorajei a equipe a experimentar um teste A/B simples. Eles selecionaram uma coorte de clientes para exigir o registro imediato, com base apenas nos materiais de marketing. Para sua surpresa, o comportamento dessa coorte foi exatamente igual ao do grupo com sistema de registro preguiçoso: mesmas taxas de registro, de ativação e de retenção subsequente. Em outras palavras, o trabalho extra do registro preguiçoso era um desperdício completo.

Mais importante ainda do que reduzir o desperdício foi que esse teste os fez perceber o seguinte: a decisão de se registrar não se baseava no uso do produto.

Pense nisso. Imagine a coorte de clientes que precisaram se registrar antes de participar de uma sessão de estudos com outros alunos. Eles tinham pouquíssima informação sobre o produto: nada além do que era apresentado na home page e na página de registro. Já o grupo do registro preguiçoso tinha um vasto volume de informações, pois já havia usado o produto. E o comportamento dos clientes era exatamente o mesmo.

Isso sugeria que melhorar o posicionamento e o marketing da Grockit poderia ter um impacto mais significativo em atrair novos clientes do que acrescentar funcionalidades. Esse foi apenas o primeiro de muitos experimentos que a Grockit realizou.

O VALOR DOS TRÊS AS

Esses exemplos da Grockit demonstram todos os três As das métricas: acionáveis, acessíveis e auditáveis.

Acionável

Para que seja considerado acionável, um relatório deve demonstrar causa e efeito claros. Caso contrário, é uma métrica de vaidade. Os relatórios que a equipe da Grockit começou a usar para avaliar seus marcos de aprendizagem deixaram extremamente claro quais ações seriam necessárias para replicar os resultados.

As métricas de vaidade não satisfazem esse critério. Veja, por exemplo o número de acessos ao site de uma empresa. Digamos que tivemos 40 mil acessos neste mês: um novo recorde. Do que precisamos para conseguir mais acessos? Bom, isso depende. De onde vieram esses novos acessos: são 40 mil novos clientes ou foi um único sujeito com um navegador extremamente potente? Foram fruto de uma nova campanha de marketing ou de trabalho de relações públicas? O que conta como acesso, aliás? Cada página aberta no navegador, ou as imagens e os conteúdos multimídia também contam? Quem já debateu sobre as unidades de medida usadas num relatório vai entender o problema.

As métricas de vaidade causam estrago porque se aproveitam de uma fraqueza da mente humana. O que aprendi por experiência foi que as pessoas tendem a pensar que qualquer crescimento nos números é fruto de suas ações, daquilo em que estão trabalhando no momento. Por isso é tão comum estarmos numa reunião em que o marketing acha que aquele aumento resultou de uma nova promoção ou a engenharia acha que foi devido às novas funcionalidades. Descobrir o que de fato está acontecendo é muito caro, por isso a maioria dos gestores simplesmente segue em frente, tentando fazer uma avaliação segundo sua experiência e a inteligência coletiva presente na sala.

No entanto, quando os números caem, a reação é muito diferente: a culpa é do outro. Assim, a maioria dos profissionais vive num mundo em que seu departamento está sempre melhorando as coisas mas os outros departamentos insistem em sabotá-los. Não surpreende que cada departamento desenvolva linguagem, jargão e cultura próprios, seus mecanismos de defesa contra os idiotas da outra sala.

As métricas acionáveis são o antídoto para esse problema. Quando causa e efeito são entendidos com clareza, as pessoas têm mais capacidade de aprender com suas ações. Os seres humanos têm um talento inato para aprender quando recebem uma avaliação clara e objetiva.

Acessível

Muitos funcionários e gestores não compreendem os relatórios que deveriam orientar suas decisões. Infelizmente, é raro que eles reajam a tal complexidade buscando trabalhar de mãos dadas com a equipe de dados, para simplificar os relatórios de modo a entendê-los melhor. Os departamentos gastam energia demais aprendendo a usar os dados para obter o que desejam, em vez de obter um feedback genuíno que oriente suas ações futuras.

Existe um antídoto para esse mau uso dos dados. Antes de mais nada, simplificar os relatórios o máximo possível, para que todos os entendam. Lembre-se de que "as métricas também são pessoas". O modo mais fácil de tornar os relatórios compreensíveis é usar unidades tangíveis, concretas. O que é um acesso a um site? Ninguém sabe ao certo, mas todo mundo sabe o que é uma pessoa que visita um site: podemos visualizar essas pessoas sentadas diante dos computadores.

Por isso os relatórios baseados em coortes são o padrão-ouro das métricas de aprendizagem: eles transformam ações complexas em relatórios baseados nas pessoas. Cada análise de coorte diz: dentre as pessoas que usaram nosso produto nesse período, este é o número dos que exibiram cada um dos comportamentos que nos interessam. No exemplo da IMVU, vimos quatro comportamentos: fazer download do produto, fazer login a partir do próprio computador, conversar com outros clientes e fazer upgrade para a versão paga. Em outras palavras, o relatório se concentra nas pessoas e em suas ações, o que é muito mais útil do que um monte de dados específicos. Por exemplo, pense como seria difícil dizer se a IMVU estava se saindo bem se tivéssemos observado apenas o número total de conversas entre duas pessoas. Digamos que tenhamos tido 10 mil conversas num determinado período. Isso é bom? Significa que uma pessoa foi muito, muito social ou que 10 mil pessoas experimentaram o produto uma vez e depois desistiram? Não há como saber sem criar um relatório mais detalhado.

À medida que os números brutos crescem, a acessibilidade se torna mais e mais importante. É difícil visualizar o que significa o número de acessos a um site diminuir de 250 mil num mês para 200 mil no mês seguinte, mas qualquer um entende imediatamente o que significa perder 50 mil clientes. É praticamente um estádio lotado de gente que está abandonando o produto.

A acessibilidade também diz respeito a um amplo acesso aos relatórios. A Grockit fez isso muito bem. A cada dia o sistema deles gerava automaticamente um documento contendo os últimos dados para cada um dos seus testes A/B e outras métricas de salto de fé. Esse documento era enviado a todos os funcionários, que sempre tinham os números mais recentes. Eram relatórios bem feitos e de fácil compreensão, explicando em linguagem simples cada experimento e seus respectivos resultados.

Outro modo de tornar os relatórios acessíveis é usar uma técnica que desenvolvemos na IMVU. Em vez de hospedar a análise ou os dados num sistema separado, nossos dados e sua infraestrutura eram considerados parte do produto em si e cabiam à equipe de desenvolvimento do produto. Os relatórios ficavam disponíveis no site, acessíveis a qualquer um que tivesse uma conta de funcionário.

Os funcionários podiam acessar o sistema a qualquer momento para visualizar uma lista de todos os experimentos concluídos e em andamento e ver um resumo simples (de apenas uma página) dos resultados. Com o tempo, esses resumos de uma página se tornaram o padrão para resolver as discussões de produtos em toda a organização. Quando alguém precisava de evidências para sustentar algum aprendizado, era só levar uma página impressa para a reunião, com a segurança de que todos entenderiam o que significava.

Auditável

Quando somos informados de que nosso projeto de estimação não funcionou, a tentação é culpar o mensageiro, os dados, o gerente, os deuses ou qualquer outra coisa que se possa imaginar. Por isso é que o terceiro A das boas métricas, "auditável", é essencial. Precisamos garantir que os dados sejam confiáveis aos olhos dos funcionários.

Os funcionários da IMVU brandiam relatórios de uma página com o objetivo de resolver as discussões, mas o processo não era tão tranquilo. Na maioria das vezes, quando um gestor, um desenvolvedor ou uma equipe era confrontado com resultados que liquidavam um projeto de estimação, quem perdia a discussão questionava a veracidade dos dados.

Esses desafios são mais comuns do que gostaríamos de admitir, e, infelizmente, raros são os sistemas de relatórios gerenciais capazes de solucioná-los. Às vezes isso resulta de um desejo bem-intencionado mas equivocado de proteger a privacidade dos clientes, porém o mais comum é que a falta dessa documentação de suporte seja simplesmente questão de negligência. Em geral, os sistemas de relatórios não são criados por equipes de desenvolvimento de produto, cujo trabalho é priorizar e desenvolver funcionalidades dos produtos; são feitos por gerentes e analistas.

Os gestores que precisam usar esses sistemas só conseguem verificar se os relatórios são coerentes entre si. Falta um meio de testar se os dados são coerentes com a realidade.

Qual é a solução? Primeiro, lembre que "as métricas também são pessoas". Precisamos testar os dados pessoalmente, no mundo real e confuso, falando com os clientes cara a cara. É o único modo de verificar se os relatórios contêm fatos reais. Os gestores precisam confirmar os dados com clientes de verdade. E isso tem um segundo benefício: os sistemas que proporcionam esse nível de auditoria dão aos gestores e empreendedores a oportunidade de informar o motivo para os clientes estarem se comportando como os dados indicam.

Segundo, os responsáveis pelos relatórios devem tomar o cuidado de evitar que os mecanismos que os geram sejam complexos demais. Sempre que possível, os relatórios devem se basear diretamente nos dados principais, não em um sistema intermediário; isso reduz as chances de erro. Eu observei que a confiança, o moral e a disciplina de uma equipe enfraquecem quando uma avaliação ou suposição sua é refutada por causa de um problema técnico com os dados.

...

Quando vemos, em livros e revistas, empreendedores fazendo sucesso no mundo criador de mitos que é Hollywood, a história é sempre estruturada do mesmo modo. Primeiro vemos o protagonista destemido tendo uma revelação, incubando uma ideia fantástica. Ficamos sabendo sobre seu caráter e sua personalidade, como ele estava no lugar certo na hora certa e como deu o dramático salto para abrir um negócio.

Aí vem a fotomontagem. Em geral é curta, apenas alguns minutos de fotografia ou narrativa em *time-lapse*. Vemos o protagonista montando uma equipe, talvez trabalhando num laboratório, escrevendo em quadros-brancos, fechando vendas, digitando freneticamente. No fim da montagem, os fundadores já estão bem-sucedidos e a história pode passar para coisas mais interessantes: como dividir o espólio do sucesso, quem aparecerá nas capas das revistas, quem processa quem e as implicações para o futuro.

Só que o trabalho que realmente determina o sucesso das startups acontece durante a fotomontagem. Não aparece na versão final da grande história porque é tedioso. Apenas 5% do processo de empreendedorismo é a grande ideia, o modelo de negócio, as estratégias e por fim colher os frutos. Os outros 95% são o trabalho duro medido pela contabilidade para inovação: as decisões de priorização de produto, decidir quais clientes visar e quais ouvir e ter a coragem de submeter uma visão grandiosa a testes e feedback constantes.

Uma decisão se destaca acima de todas as outras como a mais difícil, a mais demorada e a maior fonte de desperdício para a maioria das startups. Todos precisamos passar por este teste fundamental: quando pivotar e quando perseverar. Para entender o que acontece durante a fotomontagem, precisamos entender como pivotar – esse é o assunto do Capítulo 8.

CAPÍTULO 8

Pivotar (ou perseverar)

Mais cedo ou mais tarde, todo empreendedor acaba enfrentando um desafio crucial no desenvolvimento de um produto de sucesso: decidir quando pivotar e quando perseverar. Tudo que discutimos até agora foi um prelúdio para uma pergunta aparentemente simples: nosso progresso até aqui confirma nossa hipótese estratégica original ou precisamos fazer uma grande mudança? Essa mudança é chamada de pivô: uma correção de rota estruturada concebida para testar uma nova hipótese fundamental sobre o produto, a estratégia e o motor de crescimento.

Devido à metodologia científica que está na base da startup enxuta, muitos têm a concepção errada de que o modelo oferece uma fórmula rígida e clínica para a decisão de pivotar ou perseverar. Não é verdade. Não há como remover o elemento humano – a visão, a intuição, a avaliação – da prática do empreendedorismo, e de qualquer modo isso não seria desejável.

Meu objetivo ao defender uma abordagem científica para a criação de startups é canalizar a criatividade humana para sua forma mais produtiva, e não existe nada mais ameaçador para o potencial criativo do que a decisão equivocada de perseverar. As empresas que não conseguem seguir uma nova direção baseada no feedback do mercado podem empacar na terra dos mortos-vivos, sem crescer o suficiente nem morrer, consumindo recursos e comprometimento dos funcionários e de outros stakeholders, mas sem avançar.

Mas há uma boa notícia. Temos a capacidade de aprender, uma criatividade inata e uma habilidade notável em perceber o sinal no meio do ruído – às vezes a ponto de vermos sinais que não existem. A base do método científico é a percepção de que, ainda que o julgamento humano seja falho, podemos melhorá-lo sujeitando nossas teorias a testes repetidos.

A produtividade de uma startup não consiste em produzir mais *widgets* ou funcionalidades, e sim em colocar nossos esforços em um negócio ou produto em que estamos trabalhando para criar valor e impulsionar o crescimento. Em outras palavras, os pivôs bem-sucedidos nos colocam no caminho para cultivar um negócio sustentável.

A CONTABILIDADE PARA INOVAÇÃO LEVA A PIVÔS MAIS RÁPIDOS

Para ver esse processo em ação, conheça David Binetti, CEO da Votizen. David teve uma longa carreira ajudando a trazer o processo político americano para o século XXI. No início da década de 1990, ele ajudou a criar o USA.gov, primeiro portal do governo federal. Quando chegou a hora de desenvolver o Votizen, estava decidido a não apostar até os últimos recursos em sua visão.

David queria atacar o problema da participação cívica no processo político. Seu primeiro conceito de produto era uma rede social de eleitores registrados, um lugar onde pessoas apaixonadas por causas cívicas pudessem se encontrar, trocar ideias e recrutar os amigos. David desenvolveu seu produto mínimo viável em cerca de três meses, por pouco mais de 1.200 dólares, e o lançou.

Ele não estava desenvolvendo algo que *ninguém* desejava. Desde o princípio o Votizen atraiu adotantes iniciais que adoravam o conceito central. Como todos os empreendedores, David precisava refinar seu produto e seu modelo de negócio. A maior dificuldade foi que ele precisou realizar esses pivôs quando já tinha alcançado certo sucesso.

O conceito inicial de David implicava quatro grandes saltos de fé:

1. Os clientes se interessariam pela rede social e por isso se inscreveriam (registro).
2. O Votizen conseguiria comprovar que os usuários eram eleitores registrados (ativação).

3. Com o tempo, os clientes que fossem comprovadamente eleitores registrados se engajariam nas ferramentas de ativismo do site (retenção).
4. Os clientes engajados contariam aos amigos sobre o serviço e os recrutariam para causas cívicas (recomendação).

Três meses e 1.200 dólares depois, o primeiro MVP chegava ao público. Nas coortes iniciais, 5% das pessoas se inscreveram no serviço e 17% comprovaram ser eleitores registrados (ver a tabela a seguir). Os números eram tão baixos que não podiam indicar que tipo de participação ou recomendação aconteceria. Estava na hora de começar a iterar.

	MVP INICIAL
Registro	5%
Ativação	17%
Retenção	Baixa demais
Recomendação	Baixa demais

David passou os dois meses seguintes e gastou mais 5 mil dólares fazendo testes A/B com novas funcionalidades, experimentando o sistema de mensagens e melhorando o design para tornar o uso mais fácil. Esses testes revelaram melhorias impressionantes: a taxa de registros foi de 5% para 17% e a taxa de ativação de 17% para mais de 90%. Para você ver como os testes A/B são poderosos. Graças a essa otimização, David agora tinha uma massa crítica de clientes para medir os dois saltos de fé seguintes. No entanto, como vemos na tabela abaixo, os números seguintes foram ainda mais desencorajadores que os primeiros: 4% de taxa de recomendação e 5% de taxa de retenção.

	MVP INICIAL	DEPOIS DA OTIMIZAÇÃO
Registro	5%	17%
Ativação	17%	90%
Retenção	Baixa demais	5%
Recomendação	Baixa demais	4%

David sabia que precisava fazer mais desenvolvimento e testes. Nos três meses seguintes, continuou a otimizar, realizar testes A/B e refinar seus argumentos de venda. Conversava com clientes, promovia grupos focais e fazia incontáveis testes A/B. Como já explicado, nos testes A/B diferentes versões de um produto são oferecidas ao mesmo tempo a clientes diferentes. Ao observar as mudanças de comportamento entre os dois grupos, podemos fazer deduções sobre o impacto das variações. Como é mostrado na tabela abaixo, a taxa de recomendação subiu ligeiramente, até 6%, e a de retenção subiu para 8%. O desapontado David tinha gastado oito meses e 20 mil dólares para desenvolver um produto que não correspondia ao modelo de crescimento esperado.

	ANTES DA OTIMIZAÇÃO	DEPOIS DA OTIMIZAÇÃO
Registro	17%	17%
Ativação	90%	90%
Retenção	5%	8%
Recomendação	4%	6%

David estava diante do desafio de decidir se deveria pivotar ou perseverar – uma das decisões mais difíceis para empreendedores. O objetivo de criar marcos de aprendizagem não é facilitar as decisões, mas garantir que haja dados relevantes para tanto.

Lembre que, a essa altura, David já tivera muitas conversas com clientes. Ele tinha um bom volume de aprendizagem que podia usar para racionalizar o fracasso do produto atual. É exatamente isso que muitos empreendedores fazem. No Vale do Silício, chamamos essa experiência de "ficar empacado na terra dos mortos-vivos". É quando uma empresa já alcançou certo sucesso – apenas o suficiente para permanecer viva –, mas ainda não corresponde às expectativas de seus fundadores e investidores. Essas empresas drenam nossa energia. Por lealdade, os funcionários e fundadores não querem desistir; sentem que o sucesso pode estar logo ali.

David tinha duas vantagens que o ajudaram a livrar-se desse destino:

1. Apesar de estar comprometido com uma visão significativa, tinha feito o máximo para lançar o produto cedo e iterar. Assim, via-se diante da fatídica decisão quando a empresa tinha apenas oito meses de vida. Quanto mais dinheiro, tempo e energia criativa são investidos numa ideia, mais difícil é pivotar. Ele conseguira evitar essa armadilha.
2. Desde o início, David havia identificado explicitamente suas perguntas do tipo salto de fé. E, mais importante, tinha feito prognósticos quantitativos sobre todas. Para ele, não teria sido difícil declarar o sucesso retroativamente a partir daquele empreendimento inicial. Afinal, algumas métricas (como a de ativação) estavam indo muito bem. Em termos de métricas brutas, como o uso total, o crescimento era positivo. David só conseguiu aceitar que sua empresa estava fracassando porque se concentrou em métricas acionáveis para todas as questões de salto de fé. Além disso, como não havia desperdiçado energia em relações públicas prematuras, pôde tomar essa decisão sem constrangimento público ou distrações.

O fracasso é um pré-requisito para a aprendizagem. O problema com a ideia de distribuir um produto e depois ver o que acontece é que o sucesso é garantido: o sucesso de ver o que acontece. Mas e depois? Assim que você conseguir alguns clientes, provavelmente terá cinco opiniões sobre o que fazer em seguida. Qual delas você deve escutar?

Os resultados da Votizen eram razoáveis, mas só. David sentia que, apesar de sua otimização estar melhorando as métricas, os números não tendiam para um modelo que sustentasse o negócio como um todo. Mas, como todos os bons empreendedores, ele não desistiu logo. Decidiu pivotar e testar uma nova hipótese. Um pivô exige manter um dos pés fixo no que aprendemos até agora ao mesmo tempo que fazemos uma mudança fundamental de estratégia, com o objetivo de buscar uma aprendizagem validada ainda maior. Nesse caso, o contato direto de David com os clientes se mostrou essencial.

Nos testes, ele tinha recebido três feedbacks recorrentes:

1. "Sempre quis me envolver mais; esse produto facilita o envolvimento."

2. "É importante você comprovar que eu sou eleitor."
3. "Não tem ninguém aqui. Para que voltar?"[1]

David decidiu fazer o que eu chamo de *pivô zoom-in*, alterando o foco do produto para algo que anteriormente tinha sido considerado apenas uma funcionalidade de algo maior. Pense nesses comentários de clientes: eles gostam do conceito e gostam da tecnologia de registro de eleitores, mas não estão obtendo valor da parte social do produto.

David decidiu transformar o Votizen num produto chamado @2gov, uma "plataforma de lobby social". Em vez de integrar os clientes numa rede social cívica, o @2gov permite que eles contatem seus representantes eleitos de modo rápido e fácil através de outras redes sociais, como o Twitter. O cliente participa digitalmente, mas o @2gov traduz esse contato digital para o papel e os congressistas recebem cartas impressas e petições ao estilo antigo. Em outras palavras, o @2gov transpõe o mundo de alta tecnologia de seus clientes para o mundo mais analógico da política.

O @2gov precisava responder a diferentes perguntas do tipo salto de fé. Ainda dependia de os clientes se inscreverem, comprovarem seu status de eleitor e fazer recomendações aos amigos, mas o modelo de crescimento mudou. Em vez de contar com um negócio impelido pela participação (crescimento "recorrente"), o @2gov era mais transacional. A hipótese de David era de que os ativistas passionais estariam dispostos a pagar para que o @2gov facilitasse os contatos em nome de eleitores que se importassem com suas questões.

O novo MVP de David levou quatro meses para ficar pronto e custou outros 30 mil dólares, totalizando 50 mil e 12 meses de custo. Mas os resultados da rodada de testes seguinte foram impressionantes: 42% de taxa de registro, 83% de ativação, 21% de retenção e espantosos 54% de recomendação. O problema era o número de ativistas dispostos a pagar: menos de 1%. O valor de cada transação era baixo demais para sustentar um negócio lucrativo mesmo depois de David ter feito o máximo para otimizá-lo.

Antes de chegarmos ao pivô seguinte de David, veja como ele foi convincente em demonstrar a aprendizagem validada. Ele torcia para que esse novo produto melhorasse bastante suas métricas de salto de fé – e conseguiu (ver tabela a seguir).

	ANTES DO PIVÔ	DEPOIS DO PIVÔ
Motor de crescimento	Recorrente	Pago
Taxa de registro	17%	42%
Ativação	90%	83%
Retenção	8%	21%
Recomendação	6%	54%
Receita	Não disponível	1%
Valor de tempo de vida (LTV)	Não disponível	Mínimo

Ele não fez isso trabalhando mais, e sim sendo mais inteligente, aplicando recursos de desenvolvimento de produto num produto novo e diferente. Comparados com os quatro meses de otimização anteriores, os quatro meses pivotando tinham resultado em um retorno do investimento bem maior, mas David ainda estava preso numa antiquíssima armadilha do empreendedorismo: as métricas e o produto estavam melhorando, mas muito devagar.

David pivotou de novo. Agora, em vez de pensar em ativistas pagarem para impulsionar contatos, procurou grandes organizações, captadores de recursos profissionais e grandes empresas – todos com algum interesse profissional ou comercial em campanhas políticas. As empresas se mostraram bastante interessadas em utilizar os serviços de David e pagar por eles, então ele rapidamente providenciou cartas de intenção para desenvolver a funcionalidade de que eles precisavam. Dessa vez, David fez o que eu chamo de *pivô de segmento de cliente*: manteve a funcionalidade do produto e mudou o foco do público. Concentrou-se em quem paga: de consumidores individuais a empresas, passando por organizações sem fins lucrativos. Ou seja, antes uma empresa que vendia diretamente para consumidores (B2C, *business-to-consumer*), passou a vender para outras empresas (B2B, *business-to-business*). Nesse processo, ele também reformulou seu modelo de crescimento pretendido, passando para um modelo em que seria capaz de financiar o crescimento com os lucros gerados com cada venda B2B.

Em três meses David desenvolveu a funcionalidade prometida, com base naquelas primeiras cartas de intenção, mas encontrou problemas. Uma após outra, as empresas protelaram, adiaram e acabaram por dispensar a oportunidade. Apesar de terem se empolgado a ponto de assinar uma carta de intenção, fechar uma venda era muito mais difícil. Como se revelou, aquelas empresas não eram adotantes iniciais.

Confiando nas cartas de intenção, David tinha contratado mais vendedores e engenheiros, prevendo que precisaria atender a contas B2B, com margens de lucro maiores. Quando as vendas não se materializaram, toda a equipe precisou trabalhar mais para encontrar receitas em outros lugares. No entanto, por mais contatos que fizessem e por maior que fosse a otimização feita no produto, o modelo não funcionava. Voltando às suas perguntas salto de fé, David concluiu que os resultados refutavam sua hipótese de serviços B2B, por isso decidiu pivotar outra vez.

Durante todo esse tempo, David estava aprendendo e obtendo feedback de seus clientes potenciais, mas se encontrava numa situação insustentável. Não é possível pagar os funcionários com aprendizagem, e captar dinheiro naquela conjuntura só aumentaria o problema. Captar dinheiro sem tração inicial não é uma coisa garantida. Se ele pudesse levantar capital, teria mantido a empresa funcionando, mas isso significaria derramar dinheiro num motor de crescimento que destruía valor. Sofreria uma pressão imensa: usar dinheiro de investidores para fazer o motor de crescimento funcionar ou correr o risco de ter que fechar a empresa (ou ser substituído).

David decidiu reduzir o pessoal e pivotar de novo, dessa vez tentando o que eu chamo de *pivô por plataforma*. Em vez de vender um aplicativo para um cliente de cada vez, visualizou um novo modelo de crescimento inspirado pela plataforma AdWords da Google. Ele desenvolveu uma plataforma de autosserviço em que qualquer pessoa poderia se tornar cliente usando o cartão de crédito. Assim, não importava a causa pela qual você fosse apaixonado: era só ir ao site do @2gov, que o ajudaria a encontrar novas pessoas para se envolverem. Como sempre, as pessoas novas eram eleitores comprovados, de modo que a opinião delas tinha relevância para as autoridades eleitas.

O novo produto levou apenas um mês para ser desenvolvido e mostrou resultados imediatos: taxa de registro de 51%, taxa de ativação de

92%, taxa de retenção de 28% e taxa de recomendação de 64% (ver tabela a seguir), sendo que 11% desses clientes estavam dispostos a pagar 20 centavos por mensagem. Mais importante ainda, esse foi o início de um modelo de crescimento que poderia realmente dar certo. Vinte centavos por mensagem pode não parecer muita coisa, mas a alta taxa de recomendação indicava que o @2gov poderia aumentar seu tráfego sem gastar muito com marketing (esse é o motor de crescimento viral).

	ANTES DO PIVÔ	DEPOIS DO PIVÔ
Motor de crescimento	Pago	Viral
Taxa de registro	42%	51%
Ativação	83%	92%
Retenção	21%	28%
Recomendação	54%	64%
Receita	1%	11%
Valor de tempo de vida (LTV)	Mínimo	20 centavos por mensagem

A história da Votizen exibe alguns padrões comuns. Um dos mais importantes a observar é a aceleração dos MVPs. O primeiro demorou oito meses, o seguinte demorou quatro, em seguida três e, por fim, um. A cada vez David conseguia validar ou refutar sua nova hipótese mais rápido.

Como explicar essa aceleração? É tentador creditá-la ao trabalho de desenvolvimento de produto. Muitas funcionalidades tinham sido criadas, e, com elas, uma quantidade considerável de infraestrutura. Assim, a cada novo pivô, não era necessário começar do zero. Mas não é só isso. Para começar, boa parte do produto desenvolvido precisava ser descartada entre um pivô e outro. Pior, o produto que permanecia era classificado como um produto legado, que não atendia mais aos objetivos da empresa. Como geralmente acontece, o esforço necessário para reformar um produto legado exigia trabalho extra. Contrapondo-se a essas forças estavam as lições aprendidas a muito custo a cada marco. A Votizen acelerou seu processo de MVP porque estava aprendendo coisas fundamentais sobre seus clientes, seu mercado e sua estratégia.

Já no começo, a Votizen levantou 1,5 milhão de dólares com Peter Thiel, investidor inicial do Facebook, um dos poucos investimentos que ele fez à época em internet voltada para o consumidor. A campanha Startup Visa usou as ferramentas da Votizen para propor o Startup Visa Act (S. 565), primeiro projeto de lei apresentado no Senado dos Estados Unidos somente como resultado de lobby social. Essas atividades atraíram a atenção de consultores de Washington que desejam usar as ferramentas da Votizen em futuras campanhas políticas.

David Binetti assim resume sua experiência no desenvolvimento de uma startup enxuta:

> Em 2003, iniciei uma empresa num segmento similar àquele em que estou hoje. Eu tinha mais ou menos o mesmo conhecimento e a mesma credibilidade no ramo, recém-saído do sucesso com o USA.gov, mas naquela época a empresa foi um fracasso total (apesar de ter consumido um investimento significativamente maior), ao passo que agora tenho uma empresa que lucra e fecha negócios. Na época, usei o modelo tradicional de desenvolvimento linear de produto, lançando um produto incrível (era mesmo) depois de 12 meses de desenvolvimento, mas descobri que ninguém queria comprá-lo. Então produzi quatro versões em 12 semanas e gerei a primeira venda pouco tempo depois. E não foi só graças a um bom *timing* de mercado: duas outras empresas que fizeram lançamentos num segmento semelhante em 2003 foram vendidas por dezenas de milhões de dólares, ao passo que outras em 2010 seguiram um modelo linear direto para a vala.

A PISTA DE DECOLAGEM DE UMA STARTUP É DO TAMANHO DO NÚMERO DE PIVÔS QUE ELA AINDA PODE FAZER

Os empreendedores experientes costumam falar da pista de decolagem que sua startup ainda precisa percorrer: o tempo restante até o ponto em que, se não tiver levantado voo, vai pifar. Geralmente isso é definido como o dinheiro que resta no banco dividido pelo gasto mensal. Por exemplo, uma startup que tem 1 milhão de dólares no banco e está gastando 100 mil por mês tem uma pista projetada de 10 meses.

Quando o dinheiro começa a escassear, há dois modos possíveis de estender a pista de decolagem: cortar custos ou captar mais verbas. Só que, ao reduzir custos indiscriminadamente, há o risco de os empreendedores cortarem tanto os desperdícios quanto os custos necessários para percorrer o ciclo construir-medir-aprender. Se os cortes resultarem numa redução da velocidade do ciclo de feedback, tudo que eles terão conseguido será ajudar a startup a falir mais devagar.

A verdadeira medida da pista de decolagem é o número de pivôs restantes: quantas oportunidades a startup tem para fazer uma mudança fundamental em sua estratégia de negócios. Medir a pista com a lente dos pivôs, e não com a do tempo, sugere outro modo de estender essa pista: chegando mais rápido a cada pivô. Isto é, a startup precisa encontrar maneiras de obter o mesmo volume de aprendizagem validada a um custo menor ou em menos tempo. Esse é o objetivo principal de todas as técnicas do modelo startup enxuta discutidos até aqui.

PIVÔS EXIGEM CORAGEM

Pergunte à maioria dos empreendedores que decidiram pivotar e eles dirão que lamentam não tê-lo feito antes. Acredito que existem três motivos para isso.

Primeiro: iludidos pelas métricas de vaidade, os empreendedores podem acabar vivendo num mundo paralelo. Isso é especialmente prejudicial para a decisão de pivotar, porque impede que as equipes enxerguem que é necessário mudar. E quando as pessoas são obrigadas a mudar contra a própria vontade, o processo é mais difícil, mais demorado e de resultados menos decisivos.

Segundo: com uma hipótese pouco clara, é quase impossível experimentar o fracasso completo, e sem o fracasso geralmente não existe o ímpeto de embarcar na mudança radical exigida por um pivô. Como já mencionei, o fracasso do "lançar e ver o que acontece" deveria ser evidente: você sempre terá sucesso – em ver o que acontece. A não ser em casos raros, os primeiros resultados serão ambíguos e você não saberá se deve pivotar ou perseverar, se deve mudar de direção ou permanecer no caminho.

Terceiro: muitos empreendedores têm medo. Reconhecer o fracasso pode levar a um grande desânimo. O maior medo da maioria dos empreendedores não é descobrir que sua visão está errada, mas ver sua ideia ser desconsiderada sem ter tido a chance real de prová-la. Esse medo é o que gera boa parte da resistência ao MVP, aos testes A/B e a outras técnicas para testar hipóteses. Ironicamente, esse medo faz aumentar o risco, porque os testes só acontecem quando a visão está totalmente representada. Mas aí já é tarde demais para pivotar, porque a verba está acabando. Para evitar isso, os empreendedores precisam enfrentar seus medos e estar dispostos a fracassar, muitas vezes publicamente. Os empreendedores muito conhecidos, seja por causa de fama pessoal ou por atuarem para uma marca famosa, enfrentam uma versão extremada desse problema.

Uma nova startup no Vale do Silício chamada Path foi fundada pelos experientes Dave Morin, que antes havia supervisionado a iniciativa de plataforma do Facebook; Dustin Mierau, designer de produto e cocriador do Macster; e Shawn Fannin, famoso pelo Napster. Eles decidiram lançar um produto mínimo viável em 2010. Devido à notoriedade de seus fundadores, o MVP atraiu atenção significativa da mídia, especialmente de blogs voltados para tecnologia e startups. Infelizmente, o produto não era direcionado a adotantes iniciais de tecnologia, e, por consequência, a reação inicial dos blogueiros foi bastante negativa (muitos empreendedores deixam de fazer o lançamento porque têm medo de que esse tipo de reação prejudique o moral de toda a empresa; o fascínio pela mídia positiva, especialmente no setor de tecnologia, é bastante forte).

Por sorte, a Path teve a coragem de ignorar esse medo e se concentrar no que os clientes diziam, e conseguiu feedback essencial de clientes reais. O objetivo da Path é criar uma rede social mais pessoal, que mantenha a qualidade com o passar do tempo. Muitas pessoas tiveram a experiência de estar superconectadas a redes sociais existentes, compartilhando com ex-colegas de trabalho, amigos do colégio, familiares. Em grupos grandes como esses, é difícil compartilhar momentos íntimos. A Path usou uma abordagem incomum. Por exemplo, limitou o número de conexões a 50, baseada na pesquisa feita pelo antropólogo Robin Dunbar em Oxford, segundo a qual o número de relacionamentos pessoais na vida de qualquer pessoa, em qualquer momento determinado, é de aproximadamente 50.

Para a imprensa especializada em tecnologia (e muitos adotantes iniciais), essa restrição "artificial" era terrível. Eles usam rotineiramente novos produtos de redes sociais com milhares de conexões, e 50 parecia muito pouco. A Path sofreu muitas críticas públicas difíceis de serem ignoradas, mas os clientes correram para a plataforma e seu feedback era nitidamente diferente da negatividade da mídia. Os clientes gostavam dos momentos de intimidade e desejavam características que não estavam no mapa original do produto, como a possibilidade de dizer como se sentiam com as fotos dos amigos e a possibilidade de compartilhar "momentos em vídeo".[2]

Dave Morin resumiu sua experiência do seguinte modo:

> A realidade da nossa equipe e do nosso passado criou um gigantesco muro de expectativas. Creio que não fizesse diferença o que lançássemos; seríamos recebidos por expectativas difíceis de satisfazer. Mas, para nós, simplesmente significava que precisávamos colocar nosso produto e nossa visão no mercado para receber feedback e começar as iterações. Testamos humildemente nossas teorias e nossa abordagem para ver o que o mercado achava. Ouvimos o feedback com atenção. E continuamos a inovar nas direções que julgamos capazes de criar significado no mundo.

A REUNIÃO PIVOTAR-OU-PERSEVERAR

A decisão de pivotar exige uma mentalidade clara e objetiva. Já discutimos os sinais reveladores da necessidade de pivotar: a eficácia decrescente dos experimentos e a sensação geral de que o desenvolvimento do produto deveria ser mais produtivo. Sempre que você perceber esses sintomas, considere a possibilidade de pivotar.

A decisão de pivotar é emocionalmente complicada para qualquer startup e precisa ser abordada de maneira estruturada. Um modo de aliviar esse desafio é programar a reunião com antecedência. Recomendo que toda startup faça reuniões regulares para discutir "pivotar ou perseverar". Segundo minha experiência, menos do que umas poucas semanas entre as reuniões é pouco e mais do que alguns meses é demais. Mas cada startup precisa encontrar o próprio ritmo.

Cada reunião pivotar-ou-perseverar exige a participação das equipes de desenvolvimento de produto e da liderança comercial. Na IMVU, também incluímos as perspectivas de consultores externos que pudessem nos ajudar a enxergar além das ideias preconcebidas e interpretar os dados de maneiras novas. A equipe de desenvolvimento de produto deveria trazer um relatório completo dos esforços de otimização do produto ao longo do tempo (e não somente no período anterior), além de uma comparação de como esses resultados atendiam às expectativas (de novo, ao longo do tempo). A liderança comercial deveria trazer relatórios detalhados de suas conversas com clientes atuais e potenciais.

Vejamos esse processo acontecendo durante um grande pivô realizado pela Wealthfront. A empresa foi fundada em 2007, por Dan Carroll, e pouco depois acrescentou Andy Rachleff como CEO. Andy é uma figura conhecida no Vale do Silício: é cofundador e ex-sócio da empresa de capital de risco Benchmark Capital, além de fazer parte do corpo docente da Stanford Graduate School of Business, onde dá vários cursos sobre empreendimento na área de tecnologia. Conheci Andy quando ele encomendou um estudo de caso sobre a IMVU para ensinar aos seus alunos o processo que tínhamos usado para construir a empresa.

A missão da Wealthfront é provocar uma ruptura no setor de fundos mútuos ao trazer transparência, acesso e valor maiores para os investidores de varejo. Mas o que torna sua história incomum não é onde ela está hoje, e sim seu começo: como um jogo on-line.

Em sua encarnação original, a Wealthfront se chamava kaChing e foi concebida como uma simulação para investidores amadores. O jogo permitia que qualquer pessoa abrisse uma conta de investimento virtual e criasse uma carteira com base em dados reais do mercado, sem ter que investir dinheiro de verdade. A ideia era identificar diamantes brutos:

corretores amadores que não possuíssem recursos para se tornar gestores de fundos mas que tivessem boa percepção do mercado. Os fundadores da Wealthfront não queriam simplesmente estar no negócio de jogos on-line; o kaChing fazia parte de uma estratégia sofisticada a serviço de sua visão mais ampla. Qualquer pessoa que estude inovações revolucionárias olharia isso com aprovação: eles estavam seguindo esse sistema perfeitamente, atendendo de início a clientes que não podiam participar do mercado oficial. Acreditavam que com o tempo o produto se tornaria cada vez mais sofisticado, até permitir que os usuários atuassem a serviço dos gestores de fundos profissionais (e gerassem disrupção).

Com o objetivo de identificar os melhores corretores amadores, a Wealthfront desenvolveu uma tecnologia sofisticada para avaliar a habilidade de cada gestor de fundo, usando técnicas empregadas pelos mais sofisticados avaliadores de gerentes financeiros: os principais doadores a universidades dos Estados Unidos. Esses métodos permitiram que eles avaliassem não somente os lucros gerados pelos gerentes, mas também o nível dos riscos que haviam corrido e a consistência de seu desempenho em relação à estratégia de investimentos que haviam declarado. Assim, os gestores de fundos que tivessem obtido grandes lucros com jogadas imprudentes (digamos, fora de sua área de conhecimento) receberiam notas mais baixas do que aqueles que tivessem descoberto como derrotar o mercado com suas habilidades.

Com o kaChing, a Wealthfront queria testar duas suposições salto de fé:

1. Uma porcentagem significativa dos jogadores demonstraria talento suficiente para se tornar gestor de ativos reais (hipótese de valor).
2. O jogo cresceria com o motor viral e geraria valor usando um modelo de negócio *freemium*. O jogo era gratuito, mas a equipe torcia para que uma parte dos clientes percebesse que não sabia investir e desejasse pagar pelos serviços de gestão de ativos verdadeiros, quando começassem a ser oferecidos pela Wealthfront (hipótese de crescimento).

O kaChing teve um sucesso inicial gigantesco, atraindo mais de 450 mil jogadores no lançamento. A essa altura do livro, você já deve suspeitar desse tipo de métrica de vaidade. Muitas empresas menos disciplinadas teriam comemorado e sentido que seu futuro estava garantido, mas a Wealthfront, por ter identificado com clareza suas suposições, pôde pensar com mais rigor. Quando estava preparada para lançar seu produto financeiro pago, apenas sete gerentes amadores tinham se qualificado para administrar o dinheiro de outras pessoas, um número muito menor do que o previsto. Uma vez lançado o produto pago, a empresa pôde medir a taxa de conversão de jogadores em clientes pagantes, e os números também foram desencorajadores: taxa de conversão próxima de zero. O modelo tinha previsto que centenas de clientes se registrariam, mas apenas 14 fizeram isso.

A equipe trabalhou intensamente para encontrar maneiras de melhorar o produto, mas nenhuma se mostrou muito promissora. Era hora de uma reunião pivotar-ou-perseverar.

Se só houvesse os dados que abordamos até agora naquela reunião crítica, a Wealthfront estaria encrencada. Saberia que sua estratégia não estava funcionando, mas não saberia o que fazer para consertá-la. Por isso era fundamental seguir o que já recomendei neste mesmo capítulo: investigar possíveis alternativas. Nesse caso, a Wealthfront havia realizado duas importantes linhas de investigação.

A primeira foi uma série de conversas com gestores financeiros profissionais, a começar por John Powers, chefe do setor de doações financeiras à Universidade Stanford, cuja reação foi surpreendentemente positiva. A Wealthfront se baseava na suposição de que os gestores profissionais relutariam em entrar para o sistema porque mais transparência ameaçaria sua autoridade, mas Powers não tinha essa preocupação. Então o CEO, Andy Rachleff, iniciou uma série de conversas com outros gestores de investimentos profissionais. Ao levar os resultados para a empresa, suas percepções foram as seguintes:

1. Em vez de temer, os gestores financeiros profissionais achavam que a transparência validaria suas capacidades.
2. Eles enfrentavam grandes desafios para administrar e escalar seus negócios. Sentiam dificuldade para acompanhar as próprias contas e por isso precisavam exigir valores mínimos muito altos, como modo de selecionar clientes.

O segundo problema era tão grave que a Wealthfront estava recebendo ligações inesperadas de gestores profissionais interessados em atuar na plataforma. Eram clássicos adotantes iniciais que conseguiam enxergar além do produto atual e ver algo que poderia vir a se tornar uma vantagem competitiva.

A segunda informação qualitativa fundamental surgiu de conversas com clientes. Por acaso, eles achavam confuso administrar carteiras virtuais e reais ao mesmo tempo no site do kaChing. Longe de ser um modo inteligente de atrair clientes, a estratégia *freemium* estava criando confusão quanto ao posicionamento da empresa.

Esses dados forneceram material para a reunião pivotar-ou-perseverar. Com todos presentes, a equipe discutiu o que fazer com relação ao futuro. A estratégia corrente não estava funcionando, mas muitos funcionários se sentiam inquietos com a ideia de abandonar o jogo on-line. Afinal, era uma parte importante daquilo que haviam concordado em construir. Tinham investido muito tempo e energia no desenvolvimento e suporte aos clientes. Era doloroso – sempre é – perceber que essa energia havia sido desperdiçada.

A Wealthfront decidiu não perseverar. Optou por celebrar o que havia aprendido – se não tivesse lançado aquele produto, jamais teria o aprendizado necessário para pivotar. De fato, a experiência lhes ensinou algo essencial sobre sua visão. Como relatou Andy: "O que realmente queríamos mudar não era quem administra o dinheiro, e sim quem tem acesso ao melhor talento possível. Originalmente, pensamos que precisaríamos desenvolver um negócio significativo com gestores amadores para conseguir atrair os profissionais, mas, felizmente, vimos que isso não era necessário."

A empresa pivotou, abandonando totalmente os usuários jogadores e se concentrando em oferecer um serviço que permitia investir com gestores profissionais. Na superfície, o pivô parece muito dramático, considerando que a empresa mudou seu posicionamento, seu nome e sua estratégia de parceria. Até descartou grande parte das funcionalidades já desenvolvidas. Mas, essencialmente, uma proporção surpreendente permaneceu a mesma. O trabalho mais valioso que a empresa havia feito fora desenvolver uma tecnologia capaz de avaliar a eficácia dos gestores, e esse se tornou o núcleo da nova empresa. Isso também é comum nos pivôs: não é necessário jogar tudo fora e recomeçar do zero. Trata-se de reposicionar o que foi desenvolvido e aprendido, voltando-o para uma direção mais positiva.

A Wealthfront prosperou graças a seu pivô. Em 2011, foi citada pela *Fast Company* como uma das 10 empresas mais inovadoras no setor de finanças.[3] Continua atuando com agilidade, ampliando segundo os princípios de crescimento delineados no Capítulo 12. Além disso, é uma grande defensora da técnica de desenvolvimento conhecida como implantação contínua, que discutiremos no Capítulo 9.

O FRACASSO EM PIVOTAR

A decisão de pivotar é tão difícil que muitas empresas não conseguem colocá-la em prática. Eu gostaria de dizer que toda vez que fui confrontado com essa necessidade lidei bem com isso, mas não é verdade. Lembro-me especialmente bem de um fracasso em pivotar.

Alguns anos após a fundação da IMVU, estávamos tendo um sucesso tremendo. O negócio havia crescido até uma receita de mais de 1 milhão de dólares por mês; tínhamos criado mais de 20 milhões de avatares para os clientes. Conseguimos levantar novos investimentos significativos e, tal como a economia global à época, íamos de vento em popa. Mas o perigo estava à espreita.

Sem perceber, havíamos caído numa armadilha clássica das startups. Tivemos tanto sucesso com os primeiros esforços que estávamos ignorando os princípios que os orientavam. Assim, deixamos de perceber a necessidade de pivotar mesmo quando ela estava bem diante do nosso nariz.

Tínhamos construído uma organização que se destacava nas atividades descritas em capítulos anteriores: criar produtos mínimos viáveis para testar novas ideias e fazer experimentos para ajustar o motor de crescimento. Porém, antes de começarmos a desfrutar do sucesso, muitas pessoas haviam apontado a "baixa qualidade" de nosso MVP e condenado nossa abordagem experimental, instigando-nos a reduzir a velocidade. Elas queriam que fizéssemos as coisas do modo certo e nos concentrássemos na qualidade, não na velocidade. Ignoramos esse conselho, principalmente porque desejávamos aproveitar as vantagens da velocidade. Quando nossa abordagem se mostrou correta, os conselhos que recebemos mudaram. Agora, o que mais ouvíamos era "Não se pode questionar o sucesso", instigando-nos a permanecer no rumo. Gostamos mais desse conselho, mas ele estava igualmente errado.

Lembre que o raciocínio para criar MVPs de baixa qualidade é que desenvolver qualquer atributo além dos exigidos pelos adotantes iniciais é uma forma de desperdício. Mas essa lógica só leva a empresa até certo ponto do caminho. Assim que encontrar o sucesso com os adotantes iniciais, você vai querer vender para clientes convencionais. E os clientes convencionais têm necessidades diferentes e são muito mais exigentes.

O tipo de pivô de que precisávamos chama-se *pivô de segmento de clientes*. É aquele em que a empresa percebe que o produto em desenvolvimento resolve um problema real para clientes reais, mas que esses não são os clientes a quem planejou atender originalmente. Em outras palavras: a hipótese do produto só é confirmada em parte (neste capítulo, vimos um pivô desse tipo na história do Votizen).

Um pivô de segmento de clientes é um dos mais complicados, porque, como aprendemos do jeito mais difícil na IMVU, as ações que deram certo com os adotantes iniciais eram diametralmente opostas àquelas necessárias para atendermos os clientes convencionais. Não possuíamos um entendimento claro de como nosso motor de crescimento funcionava; tínhamos começado a acreditar nas nossas métricas de vaidade; havíamos parado de usar os marcos de aprendizagem para prestarmos contas a nós mesmos. Era muito mais conveniente nos concentrarmos nas métricas brutas cada vez maiores e mais empolgantes: novos recordes de clientes pagantes e usuários ativos, de taxa de retenção e assim por diante. Abaixo da superfície, deveria estar claro que os esforços para ajustar o motor de crescimento estavam produzindo retornos menores, sinal clássico da necessidade de pivotar.

Por exemplo, passamos meses tentando melhorar a taxa de ativação do produto (novos clientes que se tornam consumidores ativos), que teimava em permanecer baixa. Fizemos incontáveis experimentos: melhorias na usabilidade, novas técnicas de persuasão, programas de incentivo, missões e outras funcionalidades com características de jogos. Individualmente, muitos foram bem-sucedidos; avaliávamos tudo rigorosamente, usando testes A/B. Vistos em conjunto, porém, no decorrer de muitos meses, percebíamos mudanças insignificantes nos propulsores gerais do motor de crescimento. Até mesmo a taxa de ativação, que tinha sido nosso foco central, cresceu apenas alguns pontos percentuais.

Ignoramos os sinais porque ainda estávamos crescendo, com resultados melhores a cada mês, mas estávamos rapidamente exaurindo o mercado de adotantes iniciais. Ficava cada vez mais difícil encontrar clientes que pudéssemos adquirir pelos preços que estávamos acostumados a pagar. A equipe de marketing se viu obrigada a recorrer a mais consumidores convencionais, que são menos dispostos a perdoar as falhas de um produto inicial. As taxas de ativação e monetização dos novos clientes começaram a baixar, aumentando o custo de aquisição de clientes novos. Não demorou muito e o crescimento caiu para zero, e nosso motor engasgou e parou.

Demoramos demais para fazer as mudanças necessárias. Como acontece com todos os pivôs, precisávamos voltar ao básico e recomeçar o ciclo de contabilidade para inovação. Sentimos como se estivéssemos fundando a empresa uma segunda vez. Tínhamos ficado muito bons em otimizar, ajustar e iterar, mas havíamos perdido de vista o objetivo dessas atividades: testar uma hipótese clara a serviço da visão da empresa. Em vez disso, perseguíamos o crescimento, a receita e os lucros por toda parte.

Precisávamos conhecer melhor nossos novos clientes. Nossos designers de interação abriram o caminho, desenvolvendo um arquétipo de consumidor com base em demoradas conversas pessoais e observações. Em seguida, tivemos que investir pesado numa grande reforma do produto, com a ideia de tornar seu uso bem mais fácil. Devido ao excesso de foco no ajuste fino, tínhamos parado de fazer grandes investimentos como esses, preferindo investir em experimentos de testes com menor risco e menor rendimento.

Mas investir em qualidade, design e projetos maiores não exigia que abandonássemos nossas raízes experimentais. Pelo contrário, assim que percebemos o erro e pivotamos, essas habilidades nos serviram muito bem. Criamos uma "caixa de areia" para experimentação, como a que será descrita no Capítulo 12, e pusemos uma equipe multifuncional trabalhando exclusivamente nessa grande mudança de projeto. Enquanto desenvolvia o novo projeto, ela o testava continuamente em comparação com o antigo. Inicialmente, o novo projeto tinha um desempenho pior, como costuma acontecer. Não possuía os atributos e as funcionalidades de antes, e ainda por cima tinha muitos erros novos. Mas a equipe foi melhorando-o implacavelmente até que, meses depois, ele alcançou um desempenho melhor. Esse novo projeto estabeleceu o alicerce para nosso crescimento futuro.

Esse alicerce compensou muitíssimo. Em 2009, a receita mais do que havia dobrado, chegando a 25 milhões de dólares anuais. Mas poderíamos ter alcançado esse sucesso antes se tivéssemos pivotado mais cedo.

UM CATÁLOGO DE PIVÔS

São diversos tipos. Às vezes a palavra *pivô* é usada incorretamente como sinônimo de *mudança*, mas um pivô é um tipo especial de mudança, projetado para testar uma nova hipótese fundamental sobre o produto, o modelo de negócio e o motor de crescimento.

Pivô zoom-in

Nesse caso, o que antes era considerado parte do produto se torna o produto inteiro. Foi esse o tipo de pivô que a Votizen fez ao abandonar a ideia de uma rede social inteira em favor de um simples produto de contato com o eleitor.

Pivô zoom-out

Na situação reversa, às vezes uma única característica é insuficiente para sustentar um produto inteiro. Nesse tipo de pivô, o que antes era considerado todo o produto se torna apenas um atributo de algo muito maior.

Pivô de segmento de clientes

É quando a empresa percebe que, embora o produto em desenvolvimento resolva um problema real para clientes reais, esses clientes não são do tipo visado originalmente. Em outras palavras, a hipótese de produto é parcialmente confirmada, solucionando o problema certo, mas para clientes diferentes do previsto.

Pivô de necessidade do cliente

Como consequência de conhecer os clientes extremamente bem, às vezes se torna claro que o problema que estamos tentando resolver para eles não é muito importante. Mas, devido a essa intimidade, frequentemente descobrimos outros problemas relacionados, que são importantes e podem ser resolvidos por nossa equipe. Em muitos casos, esses problemas relacionados exigem pouco mais que reposicionar o produto existente. Em outros casos, pode exigir um produto totalmente novo. Mais uma vez, é um caso em que a hipótese do produto é parcialmente confirmada: o cliente-alvo tem um problema que vale a pena ser resolvido, apenas é diferente do previsto.

Um exemplo famoso é a cadeia de lanchonetes Potbelly Sandwich Shop, que em 2011 tinha mais de 200 lojas, mas que começou como um antiquário, em 1977. Os donos começaram a vender sanduíches para aumentar o movimento nas lojas. Em pouco tempo tinham pivotado, passando para uma linha de negócios totalmente diferente.

Pivô de plataforma

Um pivô de plataforma é mudar de um aplicativo para uma plataforma, ou vice-versa. É muito comum que as startups que aspiram a criar uma nova plataforma comecem vendendo um único aplicativo, o chamado aplicativo matador. Apenas mais tarde a plataforma emerge como um veículo para terceiros se alavancarem e criarem os próprios produtos relacionados. Mas essa ordem nem sempre é rígida, e algumas empresas precisam executar esse pivô muitas vezes.

Pivô de arquitetura de negócios

Esse pivô toma emprestado um conceito de Geoffrey Moore, que observou que geralmente as empresas seguem uma das duas principais arquiteturas de negócios: margem alta e volume baixo (modelo de sistemas complexos) ou margem baixa e volume alto (modelo de operações em volume).[4] A primeira costuma ser associada aos ciclos de venda de empresa para empresa (B2B) e a segunda, a produtos voltados para consumidores (existem exceções notáveis). Esse tipo de pivô é quando a startup troca de arquitetura de negócio. Algumas mudam de alta margem e baixo volume para mercados de massa (o Google Search Appliance, por exemplo); outras fazem o inverso: originalmente projetadas para o mercado de massa, acabam exigindo ciclos de venda longos e caros.

Pivô de captura de valor

Existem muitas maneiras de capturar o valor criado por uma empresa. São métodos chamados comumente de modelos de monetização ou receita. Mas esses termos são limitadores demais. Na ideia de monetização, está implícito que essa é uma característica separada de um produto, que pode ser acrescentada ou removida à vontade. Na verdade, capturar valor é uma parte intrínseca da hipótese do produto. Frequentemente as mudanças no modo como uma empresa captura valor podem ter consequências de alcance muito maior para o restante das estratégias de negócio, produto e marketing.

Pivô de motor de crescimento

Como veremos no Capítulo 10, existem três motores de crescimento primários que movimentam as startups: os modelos de crescimento viral, recorrente e pago. Neste tipo de pivô, a empresa muda a estratégia de crescimento para buscar um crescimento mais rápido ou mais lucrativo. Comumente, mas nem sempre, o motor de crescimento também precisa de uma mudança no modo de captura do valor.

Pivô de canal

Na terminologia tradicional de vendas, o mecanismo pelo qual uma empresa entrega seus produtos aos clientes é chamado de canal de vendas ou de distribuição. Por exemplo, bens de consumo embalados são vendidos em supermercados, carros são vendidos em concessionárias e boa parte dos softwares corporativos é vendida (com grande customização) por empresas de serviços profissionais ou de consultoria. Muitas vezes as exigências do canal determinam o preço, as características e a paisagem competitiva do produto. Um pivô de canal é um reconhecimento de que a mesma solução básica pode ser distribuída com eficácia maior por um canal diferente. Sempre que uma empresa abandona um processo de vendas complexo para "vender diretamente" aos usuários finais, trata-se de um pivô de canal.

É exatamente por causa desse efeito destrutivo nos canais de vendas que a internet tem uma influência tão disruptiva em setores que antes exigiam canais complexos de vendas e distribuição, como o de jornais, revistas e livros.

Pivô de tecnologia

Às vezes uma empresa descobre um modo de chegar à mesma solução por uma tecnologia totalmente diferente. Os pivôs de tecnologia são muito mais comuns em empresas estabelecidas. São, em outras palavras, uma inovação de sustentação, uma melhoria incremental destinada a atrair e manter uma base de clientes existente. As empresas estabelecidas se destacam nesse tipo de pivô porque muita coisa não está mudando. O segmento de clientes é o mesmo, o problema do cliente é o mesmo, o modelo de captura de valor é o mesmo e os parceiros de canal são os mesmos. A única questão é se a nova tecnologia pode fornecer um preço e/ou um desempenho melhor em comparação com a tecnologia existente.

UM PIVÔ É UMA HIPÓTESE ESTRATÉGICA

Ainda que esses pivôs identificados sejam familiares para os estudantes de estratégia de negócios, a capacidade de pivotar não substitui o bom pensamento estratégico. O problema de oferecer exemplos famosos de pivô é que a maioria das pessoas só se familiariza com as estratégias finais bem-sucedidas de empresas famosas. A maioria dos leitores sabe que a Southwest ou a Walmart são exemplos de ruptura de baixo custo em seus respectivos mercados, que a Microsoft é um exemplo de monopólio de plataforma e que a Starbucks alavancou uma poderosa marca premium. Geralmente, os pivôs necessários para descobrir essas estratégias é que são menos conhecidos. As empresas têm um incentivo forte para associar sua história ao fundador heroico e fazer parecer que o sucesso foi resultado inevitável de uma boa ideia.

Assim, ainda que as startups costumem pivotar para uma estratégia que pareça semelhante à de uma empresa bem-sucedida, é importante não valorizar demais essas analogias. É extremamente difícil saber se a analogia foi bem pensada. Nós copiamos os atributos essenciais ou apenas os superficiais? O que funcionou naquele setor vai funcionar no nosso? O que funcionou no passado vai funcionar hoje? Um pivô é mais bem compreendido como uma nova hipótese estratégica que vai exigir um novo MVP para ser testada.

Os pivôs são um fato da vida recorrente para qualquer empresa que esteja crescendo. Mesmo depois de alcançar o sucesso inicial, a empresa deve continuar a pivotar. Aquelas que são familiarizadas com as ideias de ciclo de vida de tecnologia propostas por teóricos como Geoffrey Moore conhecem alguns pivôs de estágio posterior pelos nomes que ele deu: o Abismo, o Furacão, a Pista de Boliche. Quem leu a literatura sobre inovação revolucionária encabeçada por Clayton Christensen, de Harvard, deve conhecer empresas estabelecidas que não conseguem pivotar quando deveriam. A habilidade fundamental dos gestores de hoje é comparar essas teorias com sua situação atual, para saber aplicar o conselho certo na hora certa.

Os gestores modernos não podem ter escapado do dilúvio de livros que os instigam a adotar, mudar, reinventar ou virar de cabeça para baixo suas empresas. Muitas obras nessa categoria dedicam um grande espaço a encorajamentos e um espaço pequeno a especificidades.

Um pivô não é somente uma exortação à mudança. Lembre-se: é um tipo especial de mudança, estruturado para testar uma nova hipótese fundamental sobre o produto, o modelo de negócio e o motor de crescimento. É o coração do método startup enxuta. É o que torna as empresas que seguem a startup enxuta resilientes diante dos erros: se pegarmos uma trilha errada, temos as ferramentas para perceber isso e a agilidade para encontrar outro caminho.

...

Na Parte 2, examinamos a ideia da startup desde seus saltos de fé iniciais, testamos com um produto mínimo viável, usamos contabilidade para inovação e métricas acionáveis para avaliar os resultados e tomamos a decisão de pivotar ou perseverar.

Tratei desses temas em grandes detalhes na preparação para o que vem em seguida. No papel, esses processos podem parecer clínicos, lentos e simples. Na prática, é necessário algo diferente. Aprendemos a dirigir quando estamos indo devagar. Agora precisamos aprender a correr. Estabelecer um alicerce sólido é somente o primeiro passo para o destino verdadeiro: a aceleração.

PARTE 3
ACELERAÇÃO

Liguem os motores

A maioria das decisões que cabem às startups não é clara. Com que frequência lançar produtos novos? Existe algum motivo para lançar algo a cada semana e não a cada dia, cada trimestre ou cada ano? Lançamentos exigem esforços extras; assim, se formos pensar em eficiência, deixaremos menos tempo para o desenvolvimento do produto em si, mas esperar demais pode levar ao desperdício definitivo: fazer algo que ninguém deseja.

Quanto tempo e energia as empresas iniciantes devem investir em infraestrutura e planejamento na *expectativa* do sucesso? Se você investe muito, desperdiça tempo precioso que poderia ser gasto com aprendizagem. Se investe pouco, pode não aproveitar o sucesso inicial e ceder a liderança do mercado a um concorrente mais rápido.

O que os funcionários devem passar o dia fazendo? Como manter o estímulo à aprendizagem num nível organizacional? Os departamentos tradicionais criam estruturas de incentivo que mantêm as pessoas concentradas na excelência de suas especialidades: marketing, vendas, desenvolvimento de produto, etc. Mas e se o interesse da empresa for mais bem atendido pela colaboração multifuncional? As startups precisam de estruturas organizacionais que combatam a incerteza extrema, que é o principal inimigo da startup.

O movimento da manufatura enxuta enfrentou problemas semelhantes no chão de fábrica. As respostas encontradas são relevantes também para as startups, com algumas modificações.

A primeira pergunta fundamental para qualquer transformação enxuta é: quais atividades criam valor e quais são uma forma de desperdício? Assim que entender essa distinção, você poderá começar a usar técnicas enxutas para afastar o desperdício e aumentar a eficiência das atividades que criam valor. Para serem usadas numa startup, essas técnicas devem ser adaptadas para as circunstâncias especiais do empreendedorismo. Lembre-se do que foi abordado no Capítulo 3: o valor numa startup não é a criação de objetos, e sim a aprendizagem validada sobre como desenvolver um negócio sustentável. Quais produtos os consumidores realmente desejam? Quais clientes devemos ouvir e quais devemos ignorar? Essas são as perguntas que precisam ser respondidas o mais rápido possível para maximizar as chances de sucesso. É isso que cria valor para uma startup.

Na Parte 3 vamos desenvolver técnicas que permitem às startups enxutas crescer sem sacrificar a velocidade e a agilidade – que são o sangue de toda startup. Contrariamente à crença comum, a letargia e a burocracia não são o destino inevitável das empresas que chegam à maturidade. Acredito que, com o alicerce adequado, as startups enxutas podem crescer e se tornar empresas enxutas que mantêm a agilidade, a orientação para a aprendizagem e a cultura da inovação mesmo enquanto se expandem.

No Capítulo 9 veremos como as startups enxutas aproveitam o poder contraintuitivo dos pequenos lotes. Assim como a manufatura enxuta buscou uma abordagem *just-in-time* para desenvolver produtos, reduzindo a necessidade de estoque em processamento, as startups enxutas praticam a *escalabilidade just-in-time*, realizando experimentos com o produto sem fazer enormes investimentos antecipados em planejamento e projeto.

O Capítulo 10 vai explorar as métricas que as startups devem usar para entender seu crescimento enquanto atraem novos clientes e descobrem novos mercados. O crescimento sustentável segue um de três motores de crescimento: pago, viral ou recorrente. Ao identificar qual motor de crescimento está sendo usado, podemos direcionar a energia para onde será mais eficaz no crescimento do negócio. Cada motor exige o foco em métricas especiais para avaliar o sucesso de produtos novos e priorizar novos experimentos. Quando usadas junto com o método da contabilidade para inovação descrito na Parte 2, essas métricas permitem descobrir quando há o risco de o crescimento parar e, assim, realizar um pivô adequado.

O Capítulo 11 mostra como desenvolver uma *organização adaptativa* investindo na quantidade certa de processos para manter as equipes ágeis à medida que crescem. Veremos como técnicas extraídas do kit de ferramentas da manufatura enxuta, como os 5 Porquês, ajudam as equipes das startups a crescer sem se tornarem burocráticas ou disfuncionais. Também veremos como as disciplinas enxutas estabelecem as condições para a startup se transformar numa empresa estabelecida impulsionada pela excelência operacional.

No Capítulo 12 completaremos o círculo. À medida que as startups crescem, tornando-se empresas estabelecidas, enfrentam as mesmas pressões que fazem com que os empreendimentos atuais encontrem novos modos de investir em inovações revolucionárias. De fato, veremos que uma das vantagens do crescimento rápido é que a startup pode manter o DNA empreendedor enquanto amadurece. As empresas atuais devem aprender a dominar um portfólio administrativo de inovação sustentável *e* revolucionária. É obsoleta a visão de que as startups são organizações que passam por fases não contínuas, desconectadas, que abandonam tipos de trabalho anteriores – como a inovação. Pelo contrário: as empresas modernas devem ser exímias em fazer vários tipos de trabalho paralelamente. Para isso, vamos explorar técnicas para incubar equipes de inovação dentro do contexto de uma empresa estabelecida.

Incluí um epílogo chamado "Não desperdice", em que avalio algumas das implicações mais amplas do sucesso do movimento startup enxuta, coloco-o no contexto histórico (incluindo lições de advertência de movimentos anteriores) e faço sugestões para seu direcionamento futuro.

CAPÍTULO 9
Desagrupar

No livro *A mentalidade enxuta nas empresas*, James Womack e Daniel Jones narram a história de quando um dos autores estava colocando newsletters em envelopes com a ajuda de suas duas filhas. Cada envelope precisava ser endereçado, selado, conter um informativo e, por fim, ser fechado. As filhas, de 6 e 9 anos, sabiam como deveriam proceder: "Papai, primeiro você tem que dobrar todos os informativos. Depois, cola os envelopes. E aí cola os selos." O pai queria fazer isso do modo contraintuitivo: finalizar um envelope de cada vez. Como a maioria, elas achavam que isso seria mais demorado, explicando que "não seria eficiente!". Ele e as filhas dividiram os envelopes e fizeram o trabalho, para ver quem terminava primeiro.

O pai venceu a corrida, e não somente porque era adulto, mas porque concluir de cada vez é um modo mais rápido de fazer o serviço, mesmo parecendo ineficiente. E foi confirmado em muitos estudos, inclusive em um que foi filmado.[1]

Na manufatura enxuta, a abordagem de um envelope de cada vez é chamada de *fluxo de peça única*. Ela funciona graças ao poder surpreendente dos pequenos lotes. Quando fazemos um trabalho que acontece em estágios, o "tamanho do lote" se refere a quanto trabalho passa de um estágio para o seguinte a cada vez. Por exemplo, se fôssemos enviar 100 newsletters, o modo intuitivo – dobrar 100 informativos de cada vez – criaria um lote com tamanho de 100 unidades. O fluxo de peça única tem esse nome porque o tamanho de seu lote é uma unidade.

Por que fazer um envelope de cada vez acelera o trabalho, mesmo parecendo que seria mais lento? Porque nossa intuição não leva em conta o tempo extra necessário para separar, empilhar e mover as grandes pilhas de envelopes inacabados.² Parece mais eficiente repetir a mesma tarefa muitas vezes, em parte porque esperamos que quanto mais repetirmos uma tarefa simples, melhor a executaremos. Infelizmente, porém, num trabalho orientado a processo como esse, o desempenho individual não é nem de longe tão importante quanto o desempenho geral do sistema.

Mesmo se a quantidade de tempo exigida em cada processo fosse exatamente a mesma, a produção em lotes pequenos ainda seria superior, e por motivos mais contraintuitivos ainda. Por exemplo, imagine que os informativos não coubessem nos envelopes. Se trabalhássemos com lotes grandes, só descobriríamos isso quase no final. Já com lotes pequenos saberíamos quase imediatamente. E se os envelopes tivessem defeito e não pudessem ser lacrados? Trabalhando em lotes grandes, precisaríamos tirar as newsletters de todos eles, providenciar outros e repetir o processo. Em lotes pequenos, descobriríamos isso na hora.

Todas essas questões são visíveis num processo simples como o de preparar envelopes, mas têm uma consequência real e muito maior no trabalho de toda empresa, seja grande ou pequena. O método de lotes pequenos gera um produto concluído em poucos segundos, ao passo que o de lotes grandes deve entregar todos os produtos ao mesmo tempo, no final. Imagine como seria isso se o horizonte temporal fossem horas, dias ou semanas. E se por acaso os clientes decidirem que não querem mais o produto? Qual dos processos permitiria à empresa descobrir isso mais cedo?

Os adeptos da manufatura enxuta descobriram as vantagens dos lotes pequenos há décadas. Na economia pós-Segunda Guerra Mundial, fabricantes de automóveis japoneses, como a Toyota, não podiam competir com as gigantescas fábricas americanas, que usavam as mais recentes técnicas de produção em massa. Seguindo o modo intuitivamente eficiente, as fábricas de produção em massa faziam carros em lotes cada vez maiores. Gastavam quantias enormes em máquinas capazes de produzir dezenas, centenas ou mesmo milhares de peças de automóveis de uma vez. Mantendo essas máquinas funcionando na velocidade máxima, elas podiam reduzir o custo unitário de cada peça e produzir carros incrivelmente baratos, desde que fossem totalmente iguais.

O tamanho do mercado de carros japonês não comportava o uso dessas economias de escala; assim, as empresas japonesas sofriam uma pressão intensa por parte da produção em massa. Além disso, na economia devastada pela guerra não havia capital disponível para investir tanto em máquinas grandes.

Foi nesse cenário que inovadores como Taiichi Ohno, Shigeo Shingo e outros encontraram um modo de obter sucesso com lotes pequenos. Em vez de comprar máquinas grandes e especializadas, capazes de produzir milhares de peças de uma vez, a Toyota empregou um maquinário menor, de uso geral, capaz de produzir uma grande variedade de peças em quantidades reduzidas. Isso exigiu que descobrissem maneiras de reconfigurar cada máquina rapidamente, para produzir a peça certa na hora certa. Ao se concentrar nesse "tempo de troca", a Toyota conseguiu produzir automóveis inteiros com todo o processo baseado em lotes pequenos.

Não era fácil fazer essa mudança rápida nas máquinas. Como acontece em qualquer transformação enxuta, muitas vezes os sistemas e as ferramentas existentes precisam ser reinventados para sustentar o processo. Shigeo Shingo criou o conceito de SMED (Single-Minute Exchange of Die), a troca rápida de ferramentas para permitir um tamanho de lote menor nas primeiras fábricas da Toyota. Ele foi tão implacável ao repensar o modo como as máquinas eram operadas que reduziu os tempos de troca, que antes demoravam horas, para menos de 10 minutos. E fez isso não pedindo que os funcionários trabalhassem mais depressa, mas repensando e reestruturando o trabalho. Cada investimento em ferramentas e processos melhores produzia um benefício correspondente em termos de redução do tamanho dos lotes de trabalho.

Graças aos lotes menores, a Toyota conseguia produzir uma diversidade muito maior de produtos. Afinal, não era mais necessário que fossem exatamente iguais, um requisito para obter as economias de escala que alimentavam a produção em massa. Desse modo a Toyota pôde atender aos seus mercados menores e mais fragmentados e ainda competir com os produtores em massa. Com o tempo, essa capacidade permitiu que a empresa entrasse com sucesso em mercados cada vez maiores, até se tornar, em 2008, a maior fabricante mundial de automóveis.

A maior vantagem dos lotes pequenos é que os problemas de qualidade podem ser identificados muito mais cedo. Essa é a origem do famoso sistema *andon*, da Toyota, que permite que qualquer trabalhador busque ajuda assim que notar algum problema, como um defeito numa peça física, interrompendo toda a linha de produção se o problema não puder ser corrigido imediatamente. Uma linha de montagem funciona melhor quando o trabalho acontece de maneira contínua, levando um carro após outro até o final da linha. O sistema *andon* pode interromper esse fluxo cuidadoso fazendo com que a linha seja parada repetidamente. Mas os benefícios de encontrar e consertar os problemas rapidamente são maiores do que os custos. Esse processo de eliminar continuamente os defeitos tem representado um ganho tanto para a Toyota quanto para seus clientes. É o motivo central para a contínua avaliação positiva e os custos baixos da Toyota.

LOTES PEQUENOS NO EMPREENDEDORISMO

Quando vou ensinar esse método, costumo começar com histórias sobre manufatura. Não demoro a ver os olhares interrogativos: o que isso tem a ver com a minha startup? A teoria que é a base do sucesso da Toyota pode permitir às startups obter aprendizagem validada incrivelmente mais rápido.

A Toyota descobriu que os lotes pequenos tornaram suas fábricas mais eficientes. Na startup enxuta, em contraste, o objetivo não é produzir mais com eficiência, é aprender – o mais rápido possível – como desenvolver um negócio sustentável.

Voltemos ao exemplo dos envelopes. E se descobrirmos que o cliente não quer o produto que estamos desenvolvendo? Ainda que isso jamais seja uma boa notícia para um empreendedor, descobrir cedo é muito melhor do que descobrir tarde. Trabalhar em lotes pequenos minimiza o desperdício de tempo, dinheiro e esforço.

Lotes pequenos na IMVU

Aplicamos essas lições da manufatura no nosso modo de trabalho. Normalmente, versões novas de produtos como o nosso são distribuídas num ciclo mensal, trimestral ou anual.

Dê uma olhada no seu celular. Provavelmente não é a primeira versão do modelo. Até mesmo empresas inovadoras como a Apple produzem uma nova versão de seus carros-chefe cerca de uma vez por ano, e nessa versão estão embutidas dezenas de funcionalidades novas (no lançamento do iPhone 4, a Apple alardeou mais de 1.500 mudanças).

Ironicamente, muitos produtos de alta tecnologia são fabricados em instalações avançadas que seguem as últimas ideias de pensamento enxuto – incluindo os lotes pequenos e o fluxo de peça única –, mas o processo de projeto ainda está empacado na era da produção em massa. Pense em todas as mudanças realizadas num produto como o iPhone; todas as 1.500 alterações são entregues ao cliente num lote gigantesco.

Nos bastidores, no desenvolvimento e no projeto do produto em si, a regra ainda são os lotes grandes. O trabalho realizado no desenvolvimento de um produto novo acontece numa linha de montagem virtual. Os gerentes avaliam quais recursos têm mais chances de agradar aos clientes; os designers definem a aparência desses recursos; esses projetos são então passados para a engenharia, que desenvolve algo novo ou modifica algo existente e o entrega a alguém responsável por verificar se o produto novo funciona como os gerentes e designers pretendiam. Para um produto como o iPhone, essas transferências internas podem acontecer numa frequência mensal ou trimestral.

Pense mais uma vez no exercício dos envelopes. Qual é o modo mais eficiente de fazer isso?

Na IMVU, tentávamos projetar, desenvolver e distribuir nossos novos atributos um de cada vez, aproveitando o poder dos lotes pequenos. Veja como acontecia.

Em vez de atuarem em departamentos separados, os engenheiros e designers trabalhavam juntos, lado a lado, num recurso de cada vez. Sempre que esse recurso estava pronto para ser testado com clientes, eles lançavam imediatamente uma nova versão do produto, que apareceria no nosso site para um número relativamente pequeno de pessoas. Assim a equipe tinha meios de avaliar imediatamente o impacto do seu trabalho, avaliar o efeito sobre os clientes e decidir o que fazer em seguida. Para mudanças minúsculas, acontecia de todo o processo ser repetido várias vezes por dia. No total, a IMVU faz, em média, cerca de 50 alterações no produto todos os dias.

Assim como acontece no Sistema Toyota de Produção, a chave para atuar tão rápido é verificar os defeitos imediatamente, impedindo problemas maiores mais tarde. Por exemplo, tínhamos um grande conjunto de testes automatizados para garantir que o produto ainda funcionasse como deveria depois de cada mudança. Digamos que um engenheiro removesse por acidente uma funcionalidade importante, como o botão de finalização de compra em uma das nossas páginas de comércio eletrônico. Sem esse botão, os clientes não poderiam comprar mais nada na IMVU. Seria como se nossa empresa se tornasse imediatamente um hobby. De modo análogo ao sistema *andon* da Toyota, a IMVU usava um conjunto elaborado de mecanismos de defesa contra danos acidentais graves.

Chamávamos isso de *sistema imunológico do produto*, porque essas proteções iam além de verificar se o produto se comportava de acordo com a expectativa. Além disso, monitorávamos continuamente a saúde do negócio propriamente dito, de modo que os erros fossem encontrados e solucionados automaticamente.

Voltando ao exemplo da transformação de empresa em hobby devido à falta do botão de finalização de compra, vamos tornar o problema um pouquinho mais interessante. Imagine que, em vez de remover totalmente o botão, um engenheiro cometesse um erro e mudasse a cor do botão, de modo que agora fosse branco num fundo branco. Segundo o ponto de vista dos testes funcionais automatizados, o botão continua lá e tudo funciona normalmente; pelo ponto de vista do cliente, o botão sumiu, de modo que ninguém pode comprar nada. Esse tipo de problema é difícil de detectar somente com a automação, mas não deixa de ser catastrófico. Na IMVU, nosso sistema imunológico é programado para detectar essas consequências comerciais e invocar automaticamente o nosso equivalente do sistema *andon*.

Quando nosso sistema imunológico detecta um problema, várias coisas acontecem de imediato:

1. A mudança defeituosa é removida imediata e automaticamente.
2. Todos da equipe envolvida são notificados do problema.
3. A equipe tem o acesso bloqueado à introdução de qualquer outra mudança, o que impede que erros futuros aumentem o problema...

4. ... até que a raiz do problema seja encontrada e consertada (essa análise de raiz é discutida em mais detalhes no Capítulo 11).

Chamamos esse processo de *implantação contínua*, e mesmo no mundo acelerado do desenvolvimento de softwares isso é considerado controvertido.[3] À medida que ganhou tração, o movimento startup enxuta passou a ser adotado por mais e mais startups, até mesmo as que operam aplicativos de missão crítica. Dentre os exemplos de ponta está a Wealthfront, cujo pivô foi descrito no Capítulo 8. A empresa pratica a verdadeira implantação contínua – inclusive com mais de uma dúzia de lançamentos para os clientes todos os dias – num ambiente regulamentado pela SEC (Securities and Exchange Commission).[4]

A implantação contínua para além dos softwares

Quando conto essa história para pessoas de setores que se movimentam mais devagar, elas acham que estou descrevendo uma coisa futurista. Mas é cada vez maior o número de setores que estão vendo seus processos de projeto sendo acelerados pelas mesmas forças subjacentes que possibilitam essa iteração rápida no ramo dos softwares. Isso está acontecendo de três modos:

1. **Hardware se tornando software.** Pense no que aconteceu com os produtos eletrônicos de consumo. Os telefones e tablets mais recentes são pouco mais que uma tela conectada à internet. Quase todo o seu valor é determinado pelo software. Até mesmo produtos antigos como automóveis estão tendo uma parte cada vez maior de seu valor gerada pelo software que carregam, que controla tudo, desde o sistema de entretenimento até o ajuste do motor e o controle dos freios. O que pode ser construído com softwares pode ser modificado muito mais rápido que um dispositivo físico ou mecânico.

2. **Mudanças rápidas na produção.** Devido ao sucesso do movimento da manufatura enxuta, muitas linhas de montagem hoje são organizadas de modo a permitir que cada produto novo seja inteiramente customizado sem sacrificar a qualidade ou a relação custo-benefício. Historicamente,

isso tem sido usado para oferecer ao cliente muitas opções de produto, mas no futuro permitirá que os projetistas recebam feedback das novas versões muito mais rápido. Quando o projeto muda, não existe excesso de estoque da versão antiga para retardar o passo. Como as máquinas são projetadas para trocas rápidas, novas versões podem ser produzidas assim que o novo projeto está pronto.

3. **Impressão em 3D e ferramentas de prototipagem rápida.** Apenas um exemplo: muitos produtos e peças de plástico hoje em dia são produzidos em massa, usando uma técnica chamada de moldagem por injeção. Instalar esse processo é extremamente caro e demorado, mas assim que entra em funcionamento pode produzir centenas de milhares de itens individuais idênticos a um custo muito baixo. É um clássico projeto de produção em lotes grandes. Isso deixou em desvantagem empreendedores que desejam desenvolver um novo produto físico, já que geralmente apenas empresas grandes podem arcar com essas enormes operações para um produto novo, mas novas tecnologias estão permitindo que empreendedores desenvolvam pequenos lotes de produtos que têm a mesma qualidade dos feitos com moldagem por injeção, porém a um custo muito mais baixo e de forma muito, muito mais rápida.

A lição essencial não é que todo mundo deveria estar fazendo lançamentos 50 vezes por dia, e sim que, ao reduzir o tamanho dos lotes, podemos percorrer o ciclo de feedback construir-medir-aprender mais rápido que os concorrentes. A capacidade de aprender mais depressa com os clientes é a vantagem competitiva essencial que as startups devem ter.

LOTES PEQUENOS EM AÇÃO

Para ver esse processo em ação, gostaria de apresentar uma empresa de Boise, Idaho, chamada SGW Designworks. A especialidade da SGW são técnicas de produção rápida para produtos físicos. Muitos de seus clientes são startups.

A SGW foi contratada por um cliente que recebera o pedido de um órgão militar para desenvolver um complexo sistema de raios X de campo, destinado a detectar explosivos e outros dispositivos de destruição em fronteiras e zonas de guerra.

Conceitualmente, o sistema consistia numa unidade avançada para ler filmes de raios X, além de painéis múltiplos de raios X e da estrutura para segurar os painéis enquanto o filme era exposto. O cliente já possuía a tecnologia para os painéis de raios X e a unidade de leitura, mas a SGW precisava projetar e entregar a estrutura de suporte que tornaria a tecnologia utilizável em terrenos acidentados. A estrutura precisava ser estável, para garantir uma imagem de qualidade, suficientemente durável para o uso em zona de guerra, fácil de montar e pequena, para ser dobrada e levada numa mochila.

É exatamente esse tipo de produto que estamos acostumados a achar que leva meses ou anos para ser desenvolvido, mas novas técnicas estão reduzindo essa estimativa. A SGW começou a gerar os protótipos visuais imediatamente, usando programas de desenho assistido por computador (CAD). Os modelos em 3D serviam como ferramenta de comunicação rápida entre o cliente e a equipe para tomar as primeiras decisões de projeto.

Ficou acertado um projeto que usava uma avançada dobradiça com trava que permitia à estrutura ser dobrada sem perder estabilidade. Além disso, o projeto integrava um mecanismo de copo/bomba de sucção que permitia uma fixação rápida e repetível dos painéis de raios X. Parece complicado, não?

Três dias depois, a equipe da SGW entregou os primeiros protótipos físicos ao cliente. Tinham sido feitos com alumínio diretamente a partir do modelo em 3D, usando uma técnica chamada de comando numérico computadorizado (CNC), e foram montados à mão.

O cliente levou os protótipos para serem examinados por seu contato militar e o conceito geral foi aceito, com algumas pequenas modificações de projeto. Nos cinco dias seguintes, outro ciclo inteiro de iteração de projeto, prototipagem e revisão foi completado pelo cliente e pela SGW. A primeira produção de 40 unidades completas estava pronta para entrega três semanas e meia após o início do projeto de desenvolvimento.

A SGW percebeu que esse era um modelo vitorioso porque o feedback para as decisões de projeto era quase instantâneo. Num período de 12 meses a equipe usou o mesmo processo para projetar e entregar oito produtos atendendo a uma ampla gama de funções. Em pouco tempo, metade desses produtos estava gerando receita e o resto estava esperando os primeiros pedidos, tudo isso graças ao poder do trabalho em lotes pequenos.

A CRONOLOGIA DO PROJETO	
Projeto e engenharia do protótipo virtual inicial	1 dia
Produção e montagem dos protótipos físicos iniciais	3 dias
Iteração do projeto: dois ciclos adicionais	5 dias
Produção e montagem das 40 primeiras unidades	15 dias

Lotes pequenos na educação

Nem todo tipo de produto – tal como existe hoje em dia – permite a mudança de projeto em lotes pequenos, mas isso não é desculpa para manter métodos ultrapassados. Pode ser necessária uma quantidade significativa de trabalho para permitir que os inovadores façam experimentos em lotes pequenos. Como foi observado no Capítulo 2, nas empresas estabelecidas que desejam acelerar suas equipes de inovação, o desenvolvimento dessa plataforma de experimentação é responsabilidade da alta administração.

Imagine que você é professor de matemática do ensino médio. Ainda que possa ensinar conceitos em lotes pequenos, um dia de cada vez, o programa geral da disciplina não pode mudar com muita frequência. Como você precisa definir o programa com antecedência e ensinar os mesmos conceitos na mesma ordem a todos os alunos da sala, pode experimentar um programa novo no máximo uma vez por ano.

Como um professor de matemática poderia experimentar com pequenos lotes? Sob o atual sistema educacional, elaborado na era da produção em massa e baseado na ideia de lotes grandes, seria bem difícil.

Um novo tipo de startups está tentando mudar isso. Na School of One, cada aluno tem uma lista diária de tarefas de aprendizado relacionadas às suas necessidades, baseadas em sua velocidade de assimilação e seu estilo de aprendizado. Por exemplo: Júlia está à frente da média da turma em matemática e aprende melhor em grupos pequenos, de modo que sua lista pode incluir três ou quatro vídeos compatíveis com seu nível de aptidão, uma sessão de apoio individual com o professor e uma atividade em grupo pequeno em que ela trabalha num desafio de matemática com três outros alunos de nível de aptidão semelhante. Há avaliações embutidas em cada atividade, de modo que os dados possam ser enviados ao professor para que ele escolha tarefas adequadas para a lista seguinte. Esses dados podem ser agregados a partir de várias turmas, escolas ou mesmo de distritos escolares inteiros.

Agora, imagine-se tentando experimentar um currículo usando uma ferramenta como a School of One. Cada aluno segue seu ritmo. Digamos que você seja um professor que pensou numa nova sequência de como os conceitos de matemática devem ser ensinados; você pode ver imediatamente o impacto da mudança nos estudantes que estão nesse ponto determinado do currículo. Se achar que a mudança é boa, pode estendê-la de imediato para todos os alunos; quando eles chegarem a essa parte do currículo, receberão automaticamente a nova sequência. Em outras palavras, ferramentas como a School of One permitem que os professores trabalhem em lotes muito menores, beneficiando os alunos (e, à medida que as ferramentas alcançam uma adoção ampla, os experimentos bem-sucedidos feitos por professores individuais podem ser estendidos para o distrito, a cidade ou mesmo para todo o país). Essa abordagem está tendo um impacto enorme e recebendo elogios. Em 2009, a revista *Time* incluiu a School of One em sua lista de "ideias mais inovadoras"; foi a única organização educacional a fazer parte da lista.[5]

A ESPIRAL DA MORTE DOS LOTES GRANDES

Os lotes pequenos representam um desafio para os gestores mergulhados em ideias tradicionais de produtividade e progresso porque eles acreditam que a especialização funcional é mais eficiente para os profissionais especializados.

Imagine que você é um designer supervisionando um produto novo e precisa entregar 30 desenhos técnicos. Provavelmente, o modo mais eficiente de trabalhar parece ser em isolamento, sozinho, produzindo os desenhos um a um. Então, quando tiver terminado todos, você os entrega à equipe de engenharia e deixa que eles façam a parte que lhes cabe. Em outras palavras, você trabalha em lotes grandes.

Do ponto de vista da eficiência individual, faz sentido trabalhar em lotes grandes. Além disso, existem outros benefícios: promove o desenvolvimento de habilidades, torna mais fácil o estímulo a resultados sobre colaboradores individuais e, mais importante, permite que os especialistas trabalhem sem interrupção. Pelo menos essa é a teoria. A realidade raramente funciona desse modo.

Considere nosso exemplo hipotético. Depois de entregar 30 desenhos à equipe de engenharia, o designer está livre para se dedicar ao projeto seguinte. Mas lembre-se dos problemas que surgiram durante o exercício dos envelopes. O que vai acontecer quando a engenharia tiver dúvidas sobre como o projeto deve funcionar? E se alguns desenhos não estiverem claros? E se algo der errado quando a engenharia tentar usar os desenhos?

Os problemas certamente viram interrupções para o designer, e agora essas interrupções estão interferindo no próximo lote grande em que ele deveria estar trabalhando. Se os desenhos precisarem ser refeitos, os engenheiros podem ficar sem ter o que fazer enquanto esperam que o retrabalho seja terminado. Se o designer não estiver disponível, os engenheiros podem ter que refazer eles próprios os projetos. Por isso tão poucos produtos são construídos exatamente como projetados.

Quando atuo com gerentes de produto e designers em empresas que usam lotes grandes, frequentemente descubro que eles precisam refazer o trabalho cinco ou seis vezes para cada lançamento. Um gerente de produto com quem trabalhei estava sendo interrompido tantas vezes que passou a ir ao escritório à noite para trabalhar em paz. Quando sugeri que ele tentasse mudar o processo de trabalho, passando de lotes grandes para um fluxo de peça única, ele recusou – porque seria ineficiente! O instinto de trabalhar em lotes grandes é tão forte que preferimos assumir a culpa mesmo quando o sistema não está funcionando.

Os lotes grandes tendem a crescer com o tempo. Como o avanço do lote costuma resultar em trabalho adicional, retrabalho, atrasos e interrupções, todo mundo é incentivado a fazer o serviço em lotes maiores ainda, na tentativa de minimizar essa sobrecarga. Isso é chamado de *espiral da morte dos lotes grandes* porque, ao contrário do que acontece na manufatura, não existem limites físicos para o tamanho dos lotes.[6] Com o tempo, um lote vai se tornar o projeto de maior prioridade, uma nova versão decisiva do produto, porque a empresa demorou demais desde o último lançamento. Mas agora os gerentes são incentivados a aumentar o tamanho do lote em vez de lançar a nova versão. Já que o produto está há tanto tempo em desenvolvimento, por que não consertar mais um bug ou acrescentar mais uma funcionalidade? Quem quer ser o gerente que arriscou o sucesso desse lançamento gigantesco por não consertar uma falha potencialmente crítica?

Eu trabalhei numa empresa que entrou nessa espiral da morte. Fazia meses que preparávamos uma versão nova de um produto realmente incrível. A versão original tinha demorado anos para ser feita e as expectativas para o próximo lançamento eram incrivelmente altas, mas quanto mais tempo trabalhávamos, mais medo sentíamos de como os clientes reagiriam quando finalmente vissem a versão nova. À medida que os planos ficavam mais ambiciosos, aumentava também o número de bugs, conflitos e problemas a serem resolvidos. Em pouco tempo entramos numa situação em que não podíamos lançar nada. A data de lançamento parecia recuar para longe. Quanto mais trabalho fazíamos, mais precisávamos fazer. A incapacidade de lançar o produto acabou precipitando uma crise e uma mudança na administração, tudo por causa da armadilha dos lotes grandes.

Esses equívocos com relação ao tamanho dos lotes são incrivelmente comuns. As farmácias hospitalares costumam entregar grandes lotes de medicamentos aos andares dos pacientes uma vez por dia, porque isso é eficiente (uma única viagem, certo?), mas muitos desses medicamentos acabam sendo levados de volta para a farmácia quando a prescrição para um paciente foi mudada, quando o paciente é transferido ou quando recebe alta, obrigando os funcionários da farmácia a incorrer em um monte de retrabalho e reprocessamento (ou em descarte). Entregar lotes menores a cada quatro horas reduz a carga total de trabalho da farmácia e garante que os medicamentos certos estejam no lugar certo quando forem necessários.

As coletas de sangue para os laboratórios hospitalares costumam ser feitas em lotes de horários; os técnicos coletam o sangue de vários pacientes e mandam todas as amostras para o laboratório. Isso aumenta o tempo para a entrega dos resultados e pode prejudicar a qualidade dos exames. Tornou-se comum os hospitais levarem as amostras em lotes pequenos (de dois pacientes) ou um fluxo de paciente único para o laboratório, mesmo se precisarem contratar um ou dois técnicos extras, porque o custo total do sistema é mais baixo.[7]

NÃO EMPURRE, PUXE

Digamos que você vai sair de carro, está pensando no mérito dos lotes pequenos e acaba provocando um ligeiro amassado no seu novo Toyota Camry azul. Você o leva à concessionária para o conserto e espera a má notícia. O técnico lhe diz que será preciso trocar o para-choque. Ele vai olhar o estoque, diz que tem um para-choque novo e que pode fazer o conserto agora mesmo. É uma boa notícia para todo mundo: para você, porque vai ter seu carro mais cedo, e para a concessionária, porque tem um cliente feliz e não corre o risco de perdê-lo. Além disso, eles não precisam ficar com o seu carro ou lhe dar um reserva enquanto esperam a peça chegar.

Na produção em massa tradicional, o modo de evitar a falta de um item é manter um grande estoque de peças. Talvez o para-choque do Camry azul desse ano seja muito popular, mas e o do modelo do ano passado ou de cinco anos atrás? Quanto mais estoque você mantém, maior é a probabilidade de ter o produto certo para cada cliente. Mas os estoques grandes são caros porque precisam ser transportados, armazenados e rastreados. E se por acaso o para-choque do modelo desse ano tiver um defeito? Todos os para-choques de reserva em todas as concessionárias se tornam um desperdício.

A produção enxuta resolve o problema da falta de itens nos estoques com uma técnica que tem o nome de *produção puxada*. Quando você leva o carro para o conserto, um para-choque de Camry azul desse ano é usado. Isso cria um "buraco" no estoque da concessionária, o que automaticamente envia um sinal para o Centro de Distribuição de Peças Toyota (PDC). O PDC manda um novo para-choque para a concessionária, o que provoca outro buraco no estoque. Isso manda um sinal semelhante para um armazém regional chamado de Centro de Redistribuição de Peças Toyota (PRC), para onde todos os fornecedores de peças enviam seus produtos. Esse armazém indica à fábrica de para-choques que produza mais um, que então é fabricado e mandado para o PRC.

O objetivo ideal é obter lotes cada vez menores por toda a cadeia de suprimentos, até o fluxo de peça única. Cada passo na linha puxa as peças necessárias do passo anterior. Esse é o famoso método de produção *just-in-time* da Toyota.[8]

Quando as empresas migram para esse tipo de produção, seus depósitos logo encolhem, já que a quantidade de estoque de precaução (chamado de estoque de trabalho em progresso) é reduzida drasticamente. É desse encolhimento quase mágico provocado pelo trabalho em progresso que vem o nome "manufatura enxuta". É como se toda a cadeia de suprimentos começasse uma dieta de repente.

Nas startups, é difícil ver o estoque de trabalho em progresso. Nas indústrias, ocasionais excessos desse tipo literalmente se empilham no chão da fábrica. Mas como a maior parte do trabalho das startups é intangível, isso não é nem de longe tão visível. Por exemplo, todo o trabalho de projetar um produto mínimo viável – até o momento em que é lançado – não passa de estoque de trabalho em progresso. Projetos inacabados, suposições ainda não validadas e a maioria dos planos de negócios são trabalho em progresso. Quase todas as técnicas da startup enxuta que discutimos até agora operam sua magia de dois modos: convertendo os métodos de produção empurrada em produção puxada e reduzindo o tamanho dos lotes. Os dois têm o efeito de reduzir o trabalho em progresso.

Na manufatura, a produção puxada é empregada principalmente para garantir que os processos de produção sejam ajustados aos níveis de demanda dos clientes. Sem isso, as fábricas podem acabar produzindo muito mais – ou muito menos – do que a necessidade real dos clientes. Mas não é fácil aplicar essa abordagem ao desenvolvimento de produtos novos. Algumas pessoas confundem o modelo startup enxuta com a simples aplicação do método de produção puxada para atender os desejos dos clientes. Essa ideia presume que os clientes poderiam nos dizer o que devemos desenvolver e que isso serviria como o puxão para o desenvolvimento do produto.

Como mencionado, não é assim que o modelo startup enxuta funciona, porque muitas vezes os clientes não sabem o que desejam. Nosso objetivo ao desenvolver produtos é poder realizar experimentos que ajudem a descobrir como estabelecer um negócio sustentável. Assim, o modo certo de pensar no processo de desenvolvimento do produto numa startup enxuta é que ele esteja reagindo aos pedidos para puxar na forma de experimentos que precisam ser realizados.

Assim que formulamos uma hipótese a testar, a equipe de desenvolvimento do produto deve ser organizada para projetar e realizar esse experimento o mais rápido possível, usando o menor tamanho de lote capaz de cumprir o propósito. Lembre que, apesar de descrevermos o ciclo como construir-medir-aprender (porque as atividades acontecem nessa ordem), nosso planejamento acontece na ordem inversa: pensamos no que precisamos aprender e depois trabalhamos de trás para a frente, para ver qual produto servirá como experimento para obter esse aprendizado. Assim, não é o cliente que puxa o trabalho do desenvolvimento do produto e de outras funções, e sim nossa *hipótese sobre o cliente*. Qualquer trabalho a mais é desperdício.

O puxão da hipótese na tecnologia limpa

Para observar isso na prática, vejamos uma startup de Berkeley chamada Alphabet Energy.

Qualquer máquina ou processo que gere energia, seja um motor numa fábrica ou uma usina de eletricidade movida a carvão, tem o calor como subproduto. A Alphabet Energy desenvolveu um produto capaz de gerar energia a partir desse calor dissipado, usando um novo tipo de material chamado termoelétrico. O material termoelétrico da Alphabet Energy foi desenvolvido durante 10 anos, por cientistas dos Lawrence Berkeley National Laboratories.

Como acontece com muitos produtos de tecnologia limpa, existem desafios enormes para colocar algo assim no mercado. Ao trabalhar em suas suposições salto de fé, a Alphabet deduziu logo que, para desenvolver uma solução para a termoeletricidade residual, era preciso construir um trocador de calor e um dispositivo genérico para transferir calor de um meio para outro, além de fazer a engenharia específica para o projeto. Por exemplo, se a Alphabet quisesse desenvolver uma solução para uma instalação como a Pacific Gas and Electric, o trocador de calor precisaria ser configurado, formatado e instalado para capturar o calor do sistema de exaustão de uma usina de eletricidade.

O que torna esse caso especial é que a Alphabet Energy tomou uma decisão sensata no início do processo de pesquisa. Em vez de usar elementos relativamente raros, decidiu basear a pesquisa em wafers de silício, a mesma substância física com que são feitas as CPUs dos computadores. Como explica o CEO Matthew Scullin: "Nosso termoelétrico é o único capaz de usar uma infraestrutura de semicondutores de baixo custo para a fabricação." Isso permitiu que a Alphabet Energy projetasse e desenvolvesse seus produtos em lotes pequenos.

Em contraste, a maioria das startups de tecnologia limpa precisa fazer grandes investimentos iniciais. A SunPower precisou construir fábricas para produzir seus painéis solares e fazer parcerias com instaladores antes de se tornar completamente operacional. De modo semelhante, a BrightSource levantou 291 milhões de dólares para construir e operar usinas de energia solar sem entregar um único watt a um único cliente.

Em vez de investir tempo e dinheiro em instalações caras, a Alphabet pôde aproveitar a enorme infraestrutura existente de produção de wafers de silício para chips de computadores. Como resultado, pôde ir do conceito de um produto até uma versão física em apenas seis semanas. O desafio era encontrar a combinação entre desempenho, preço e formato físico que servisse para os clientes iniciais. Ainda que sua tecnologia tivesse um potencial revolucionário, os adotantes iniciais só a usariam se conseguissem enxergar um retorno claro para o investimento.

Talvez pareça que o mercado mais óbvio para a tecnologia da Alphabet seriam as usinas de eletricidade, e, de fato, essa era a hipótese inicial da equipe: as turbinas de gás de ciclo simples seriam uma aplicação ideal. Essas turbinas, semelhantes a motores a jato presas no chão, são usadas pelos geradores de eletricidade para fornecer energia nos picos de demanda. A Alphabet acreditava que seria simples e barato adaptar seus semicondutores a essas turbinas.

A empresa começou a testar essa hipótese em lotes pequenos, desenvolvendo soluções em pequena escala para seus clientes, como um meio de aprendizagem. Como acontece com muitas ideias iniciais, a hipótese logo foi refutada. As empresas de eletricidade têm uma tolerância baixa ao risco, o que torna improvável que se tornem adotantes iniciais. Como não carregava o peso de uma abordagem de lotes grandes, a Alphabet pôde pivotar depois de apenas três meses de investigação.

Além disso, ela eliminou muitos outros mercados potenciais, o que levou a uma série de pivôs de segmento de clientes. Os esforços posteriores da empresa estavam concentrados em indústrias, que têm a capacidade de experimentar novas tecnologias em partes separadas das fábricas; isso permitia que os adotantes iniciais avaliassem os benefícios na prática antes de se comprometerem com uma implantação maior. Essas implantações iniciais testavam outras suposições da Alphabet. Ao contrário do que acontece no ramo de hardware de computadores, seus clientes não estão dispostos a pagar caro em troca do máximo de desempenho, o que exigiu mudanças significativas no produto, configurando-o para alcançar o menor custo possível por watt.

Toda essa experimentação custou à empresa uma fração minúscula do que outras startups de energia consumiram.[9]

...

O Sistema Toyota de Produção é provavelmente o sistema de gestão mais avançado do mundo. Porém, mais impressionante ainda é o fato de a Toyota ter desenvolvido a organização de aprendizagem mais avançada da história, que se demonstrou capaz de fazer deslanchar a criatividade dos funcionários, de permitir um crescimento consistente e de criar produtos inovadores incansavelmente no decorrer de quase um século.[10]

Esse é o tipo de sucesso de longo prazo que os empreendedores devem buscar. Apesar de poderosas, as técnicas de produção enxuta são apenas uma manifestação de uma organização com alto nível de funcionamento comprometida em alcançar o desempenho máximo empregando as medidas corretas de progresso a longo prazo. O processo é apenas o alicerce sobre o qual pode se desenvolver a cultura de uma grande empresa. Mas sem esse alicerce os esforços para encorajar a aprendizagem, a criatividade e a inovação levarão a nada – como podem atestar muitos diretores de RH desiludidos.

A startup enxuta só funciona se conseguirmos construir uma organização tão adaptável e rápida quanto os desafios que ela enfrenta. Para isso, é preciso saber lidar com os desafios humanos inerentes a esse novo modo de trabalho – esse é o assunto de todo o restante da Parte 3.

CAPÍTULO 10

Crescer

Certa vez, duas startups procuraram minha orientação no mesmo dia, e as duas não poderiam ser mais diferentes.

A primeira estava desenvolvendo um marketplace para conectar compradores e vendedores de objetos colecionáveis: ávidos fãs de filmes, animês ou quadrinhos que tentam montar coleções completas de brinquedos e outros produtos promocionais relacionados com os personagens que amam. A ideia é competir com marketplaces on-line como o eBay e também com marketplaces físicos ligados a convenções e outros encontros de fãs.

A segunda vende softwares de bancos de dados para clientes empresariais e possui uma tecnologia revolucionária que pode suplementar ou substituir produtos de empresas grandes como Oracle, IBM e SAP. Seus clientes são diretores, gerentes e engenheiros de TI em algumas das maiores organizações do mundo. São vendas que demoram a ser concluídas e exigem vendedores, engenharia de vendas, suporte de instalação e contratos de manutenção.

Tudo bem se você achar que essas empresas não têm absolutamente nada em comum, mas as duas me procuraram exatamente com o mesmo problema. Ambas tinham clientes iniciais e receita inicial promissora; tinham validado e refutado muitas hipóteses em seu modelo de negócio e estavam executando com sucesso seus roteiros de produtos; os clientes haviam fornecido um mix saudável de feedback positivo e sugestões de melhorias; ambas tinham aproveitado o sucesso inicial para levantar dinheiro com investidores externos.

O problema era que nenhuma das duas estava crescendo.

Os dois CEOs me trouxeram gráficos idênticos mostrando que o crescimento inicial havia parado. Não conseguiam entender por quê. Tinham uma consciência nítida da necessidade de mostrar progresso aos funcionários e investidores e me procuraram porque desejavam conselhos para incrementar o crescimento. Será que deveriam investir mais em publicidade ou programas de marketing? Será que deveriam se concentrar na qualidade ou em novos atributos do produto? Será que deveriam tentar aumentar as taxas de conversão ou a precificação?

Por acaso, as duas empresas têm uma grande semelhança no mecanismo que faz seus negócios crescerem – e, portanto, sofriam com uma confusão semelhante em relação ao que fazer. Ambas estavam usando o mesmo *motor de crescimento*, assunto deste capítulo.

DE ONDE VEM O CRESCIMENTO?

O motor de crescimento é o mecanismo usado pelas startups para alcançar o crescimento sustentável. Uso a palavra *sustentável* para excluir todas as atividades que são realizadas apenas uma vez e que geram um fluxo de clientes mas não causam impacto de longo prazo, como um único anúncio ou uma jogada de marketing que sejam usados para alavancar crescimento momentâneo.

O crescimento sustentável é caracterizado por uma regra simples:

Novos clientes surgem das ações de antigos clientes.

Existem quatro modos principais de isso acontecer:

1. Boca a boca. Quase todo produto carrega um nível natural de crescimento, provocado pelo entusiasmo dos clientes satisfeitos. Quando comprei meu primeiro gravador de vídeo digital da TiVo, por exemplo, não falava sobre outra coisa com meus amigos e familiares. Em pouco tempo minha família inteira estava usando um.

2. Efeito colateral do uso. Os produtos de moda ou status, como os bens de luxo, expõem a si mesmos sempre que são usados. Podemos ser influenciados a comprar a roupa da última tendência que vimos alguém usar ou determinado carro que alguém estava dirigindo. Isso também vale para os chamados produtos virais, como o Facebook e o PayPal. Quando um cliente manda dinheiro para um amigo via PayPal, o amigo é exposto automaticamente ao produto.

3. Publicidade financiada. A maioria das empresas usa publicidade para atrair novos clientes. Para que isso seja uma fonte de crescimento sustentável, a publicidade deve ser paga com dinheiro gerado pela receita, não por fontes ocasionais como o capital de investimento. Enquanto o custo de adquirir um novo cliente (o chamado custo marginal) for menor do que a receita por ele gerada (receita marginal), o excedente (lucro marginal) pode ser usado para captar novos clientes. Quanto maior o lucro marginal, mais rápido o crescimento.

4. Compra ou uso repetido. Alguns produtos são projetados para serem comprados repetidamente, seja por um plano de assinatura (uma empresa de TV a cabo, por exemplo) ou por recompras voluntárias (alimentos, lâmpadas, etc.). Já muitos outros produtos e serviços são projetados intencionalmente como eventos únicos, como a produção de um casamento.

Essas fontes de crescimento sustentável alimentam os ciclos de feedback que chamei de *motores de crescimento*. Cada um deles é como um motor de combustão, girando e girando sem parar. Quanto mais rápido o ciclo gira, mais rápido a empresa cresce. Cada motor tem métricas intrínsecas que determinam com que rapidez a empresa poderá crescer ao usá-lo.

OS TRÊS MOTORES DE CRESCIMENTO

Vimos na Parte 2 como é importante usar o tipo certo de métrica (métricas acionáveis) para avaliar o progresso. A questão é que ainda não sabemos, entre a grande variedade de números, quais devemos medir. Aliás, um dos maiores desperdícios potenciais para uma startup é perder tempo discutindo como priorizar um novo desenvolvimento depois de ter posto um produto no mercado. A qualquer momento a empresa poderia investir energia em encontrar novos clientes, atender melhor aos existentes, melhorar a qualidade geral ou reduzir os custos. Pela minha experiência, as discussões sobre esse tipo de decisão de prioridades podem consumir uma parte substancial do tempo.

Os motores de crescimento são projetados para que as startups possam concentrar suas energias em relativamente poucas métricas. Como disse um dos meus mentores, o investidor de capital de risco Shawn Carolan: "As startups não morrem de fome; elas se afogam." Sempre existe um trilhão de ideias de melhorias, mas a dura verdade é que a maioria delas não faz tanta diferença. São meras otimizações. As startups precisam se concentrar nos grandes experimentos que levam à aprendizagem validada. A estrutura dos motores de crescimento ajuda a manter o foco nas métricas que realmente importam.

O motor de crescimento recorrente

Isso nos leva de volta às duas startups do início deste capítulo. Ambas usam exatamente o mesmo motor de crescimento, mesmo atuando em setores muito diversos um do outro, e ambos os produtos são projetados para atrair e manter clientes a longo prazo. No entanto, o mecanismo subjacente de retenção é diferente em cada uma.

Para a empresa de colecionáveis, a ideia é se tornar o principal destino de compra e venda para os colecionadores, que vivem procurando os itens mais recentes e as melhores ofertas. Se esse produto funcionar como projetado, os colecionadores que começarem a usá-lo vão passar a verificar constantemente se existem novos itens à venda, além de disponibilizar os próprios itens para venda ou troca.

Quanto à startup de software, o uso repetido se dá por um motivo diferente. A tecnologia de banco de dados é usada apenas a serviço dos produtos do cliente; por exemplo, um site ou um sistema de ponto de venda. Assim que você desenvolve um produto a partir de uma tecnologia de banco de dados específica, é extremamente difícil mudar. Em TI, dizemos que esses clientes estão amarrados ao fornecedor que escolheram.

Para crescer, um produto desse tipo precisa oferecer um recurso novo tão atraente que faça os clientes se disporem a ficar atados ao fornecedor por um tempo talvez longo.

As duas empresas, portanto, dependem de uma alta taxa de retenção de clientes. A expectativa é de que, uma vez que você comece a usar o produto, continuará a usá-lo. É a mesma dinâmica de uma operadora de telefonia celular: para um cliente cancelar o serviço, em geral ele tem que estar extremamente insatisfeito ou migrando para um concorrente. É o contrário de, digamos, alimentos nas prateleiras de um supermercado. No varejo de comestíveis, o gosto dos clientes flutua, e não é necessariamente um grande problema se numa semana o cliente compra uma Pepsi em vez de uma Coca.

Assim, as empresas que usam o motor de crescimento recorrente acompanham suas taxas de atrito e de evasão com muita atenção. A taxa de evasão é definida como a fração de clientes que não permanecem ligados ao produto da empresa num determinado período.

As regras que governam o motor de crescimento recorrente são bastante simples: se a taxa de aquisição de clientes exceder a taxa de evasão, o produto vai crescer. A velocidade do crescimento é determinada pelo que chamo de taxa de acumulação, que é simplesmente a taxa de crescimento natural menos a taxa de evasão. Tal como os juros compostos de um investimento financeiro, uma alta taxa de acumulação leva a um crescimento extremamente rápido – e sem publicidade, sem crescimento viral nem jogadas de marketing.

O problema era que essas duas startups mediam o progresso a partir de indicadores genéricos, como o número total de clientes. Nem as métricas acionáveis que estavam usando – como a taxa de ativação e a receita por cliente – ajudavam muito, porque no motor de crescimento recorrente essas variáveis têm pouco impacto sobre o crescimento (nesse caso, elas são mais adequadas para testar a hipótese de valor, discutida no Capítulo 5).

Depois da nossa reunião, uma das duas startups aceitou meu conselho de avaliar o comportamento dos seus clientes usando como modelo o motor de crescimento recorrente. Os resultados foram impressionantes: uma taxa de retenção de 61% e uma taxa de crescimento no número de clientes novos de 39%. Isto é, a evasão e a aquisição de clientes se contrapunham quase com perfeição, levando a uma taxa de crescimento composta de apenas 0,02% – quase zero.

Isso é típico de empresas cujo negócio depende de engajamento do cliente e que estão lutando para crescer. Uma pessoa que trabalhou na PointCast, da era das pontocom, me mostrou uma vez como essa empresa sofreu uma disfunção semelhante. Mesmo enquanto estava com dificuldade para crescer, a PointCast era incrivelmente bem-sucedida na aquisição de clientes – exatamente como essa startup de motor de crescimento recorrente (39% em todos os períodos). Só que esse crescimento estava sendo anulado pela evasão. Uma vez que foi modelada desse modo, a boa notícia deveria ser evidente: existem muitos novos clientes batendo à porta. O caminho para o crescimento é, portanto, se concentrar ainda mais nos clientes existentes, buscando potencializar o engajamento do produto. A empresa poderia, por exemplo, procurar obter mais e melhores listas temáticas de itens disponíveis, como um incentivo para os clientes acessarem o site com mais frequência. Uma alternativa mais direta seria enviar mensagens anunciando promoções por tempo limitado ou ofertas especiais. De qualquer modo, o foco precisa estar na retenção dos clientes. Isso vai contra a intuição padrão de que, se uma empresa não está crescendo, deve investir mais em vendas e marketing. E é difícil chegar a essa conclusão contraintuitiva a partir das métricas de vaidade padrão.

O motor de crescimento viral

As redes sociais e a Tupperware são exemplos de produtos cujos clientes fazem a maior parte do marketing. O conhecimento sobre o produto se espalha rápido de pessoa para pessoa, quase como um vírus provocando uma epidemia. Isso é diferente do crescimento boca a boca corriqueiro porque, nesse caso, a transmissão é consequência necessária do uso normal. No caso do crescimento viral, os clientes não agem como "evangelistas", não estão necessariamente tentando espalhar a notícia sobre o produto. O crescimento acontece automaticamente, como efeito colateral do uso. Vírus não são opcionais.

Por exemplo, uma das histórias de sucesso viral mais famosas é de uma empresa chamada Hotmail. Em 1996, Sabeer Bhatia e Jack Smith lançaram um novo serviço de e-mail que oferecia contas gratuitas. No início, o crescimento foi lento. Com apenas um pequeno aporte da empresa de capital de risco Draper Fisher Jurvetson, a Hotmail não podia fazer uma grande campanha de marketing. Tudo mudou com uma pequena alteração no produto. No final de cada e-mail foi incluída a mensagem "P.S.: Obtenha seu e-mail grátis no Hotmail", junto com um link.

Em questão de semanas, os resultados foram impressionantes. Em seis meses, Bhatia e Smith atraíram mais de 1 milhão de clientes novos. Cinco semanas depois disso, chegaram à marca de 2 milhões. Dezoito meses depois de lançado o serviço, com 12 milhões de usuários, venderam a empresa para a Microsoft por 400 milhões de dólares.[1]

O mesmo fenômeno acontece nas famosas "reuniões de demonstração" da Tupperware, em que os clientes ganham comissões por vendas a conhecidos. Cada apresentação é uma oportunidade não somente de vender produtos Tupperware, mas também de convencer outros clientes a se tornarem representantes da empresa. As reuniões da Tupperware continuam numerosas depois de décadas. Muitas outras empresas contemporâneas, como a Pampered Chef (de propriedade da Berkshire Hathaway, de Warren Buffett), a Southern Living e a Tastefully Simple, adotaram (com sucesso) um modelo semelhante.

Assim como os outros motores de crescimento, o viral é alimentado por um ciclo de feedback que pode ser quantificado, o chamado *ciclo viral*. Sua velocidade é determinada por um único termo matemático, chamado de *coeficiente viral* – quanto maior, mais rápido o produto vai se disseminar. Esse coeficiente mede quantos clientes novos usarão o produto como consequência de cada novo cliente que se inscreve. Dito de outro modo: quantos amigos cada novo cliente vai trazer? Como cada amigo trazido também é um novo cliente, ele tem a oportunidade de recrutar mais amigos ainda.

Um coeficiente viral de 0,1 significa que 1 em cada 10 clientes vai recrutar um amigo – o que não é um ciclo sustentável. Imagine que 100 clientes se inscrevam. Eles trarão 10 novos clientes, e esses 10 trarão mais um. E o ciclo termina.

Já um ciclo viral com coeficiente maior que 1,0 vai crescer exponencialmente, porque cada cliente novo vai trazer, em média, mais de uma pessoa.

Para enxergar esse efeito visualmente, observe o gráfico:

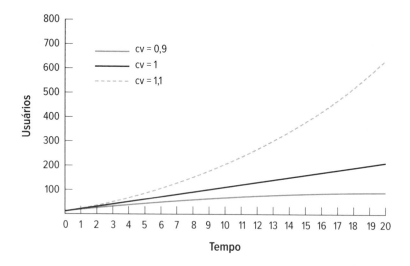

As empresas que usam o motor de crescimento viral devem se concentrar, acima de qualquer outra coisa, em aumentar esse coeficiente, porque as menores mudanças nesse número provocarão grandes alterações na quantidade de clientes futuros.

Uma consequência disso é que muitos produtos virais, em vez de cobrar diretamente do consumidor, contam com fontes indiretas de receita, como a publicidade. Afinal, nenhum atrito pode atrapalhar o processo de captar clientes e recrutar os amigos deles. E é por isso que testar a hipótese de valor dos produtos virais pode ser especialmente desafiador.

O verdadeiro teste da hipótese de valor é sempre a troca voluntária de valor. Muita confusão resulta do fato de que essa troca pode ser monetária (como no caso da Tupperware) ou não (como no caso do Facebook). No motor de crescimento viral, a troca monetária não impulsiona um novo crescimento, é útil apenas como indicativo de que os clientes valorizam o produto. Seria equivocado se o Facebook ou o Hotmail tivessem começado cobrando dos clientes nos primeiros dias, pois isso prejudicaria sua capacidade de crescer. Mas não é verdade que os clientes não dão algo de valor para essas empresas: ao investir tempo e atenção no produto, eles o tornam valioso para os anunciantes. As empresas que vendem anúncios servem a dois grupos de clientes –

consumidores e anunciantes – e trocam uma moeda de valor diferente com cada um deles.²

Isso é muito diferente de empresas que usam dinheiro ativamente para alimentar sua expansão. Por exemplo, uma cadeia de varejo que pode crescer na velocidade com que puder abrir novas lojas em localizações adequadas está usando um motor de crescimento totalmente diferente.

O motor de crescimento pago

Imagine outras duas empresas. A primeira ganha 1 dólar a cada novo cliente que se inscreve; a segunda, 100 mil dólares. Para prever qual empresa crescerá mais depressa, basta saber só mais uma coisa: quanto custa a inscrição de um novo cliente.

Imagine que a primeira empresa use o Google AdWords para encontrar novos clientes on-line e pague uma média de 80 centavos a cada vez que um deles se inscreve. A segunda vende equipamentos pesados para grandes empresas; cada venda exige um significativo investimento em tempo por parte de um vendedor e engenharia de vendas no local para ajudar na instalação do produto, totalizando um custo de 80 mil por cada novo cliente. Ambas crescerão exatamente na mesma taxa. Cada uma tem a mesma proporção de receita (20%) disponível para reinvestir na aquisição de novos clientes. Se qualquer das duas quiser aumentar a taxa de crescimento, pode fazer isso de dois modos: aumentando a receita vinda de cada cliente ou diminuindo o custo de aquisição de clientes.

É assim que funciona o motor de crescimento pago.

Ao relatar a história da IMVU no Capítulo 3, contei como cometemos um grande erro inicial ao estabelecer a estratégia da empresa. Acabamos tendo que fazer um pivô de motor de crescimento. Originalmente, achávamos que nossa estratégia de plugin de MI permitiria um crescimento viral do produto, mas os clientes se recusaram a seguir nossa estratégia brilhante.

Nosso equívoco básico foi supor que os clientes estariam dispostos a usar o IMVU como plugin para as redes de mensagens instantâneas existentes. Acreditávamos que o produto se espalharia viralmente nessas redes, sendo passado de um cliente para outro. O problema é que alguns tipos de produto não são compatíveis com o crescimento viral.

Os clientes da IMVU queriam usá-lo para fazer novos amigos. E isso significava que não tinham um incentivo forte para trazer novos clientes para o produto: consideravam que essa função era nossa. Felizmente, a IMVU pôde crescer usando publicidade paga porque nossos clientes estavam dispostos a pagar mais pelo produto do que nos custava alcançá-los com propaganda.

Assim como os outros motores, o de crescimento pago é alimentado por um ciclo de feedback. Cada cliente paga certa quantia pelo produto durante seu "tempo de vida" como cliente. Depois da dedução dos custos variáveis, isso geralmente é chamado de *valor de tempo de vida* (VTV) do cliente. Essa receita pode ser reinvestida em crescimento por publicidade.

Suponha que uma propaganda custe 100 dólares e conquiste 50 novos clientes. Esse anúncio tem um *custo por aquisição* (CPA) de 2 dólares. Nesse exemplo, se o produto tiver um VTV maior que 2 dólares, o produto crescerá. A margem entre o VTV e o CPA determina a velocidade do motor de crescimento pago (isso é chamado de lucro marginal). Por outro lado, se o CPA permanecer em 2 dólares mas o VTV cair para menos de 2, o crescimento será mais lento. A empresa pode compensar a diferença com táticas ocasionais como usar capital investido ou golpes de publicidade, mas essas táticas não são sustentáveis. Muitas empresas fracassaram por esse motivo, inclusive famosas pontocom que acreditaram, erroneamente, que podiam perder dinheiro com cada cliente mas compensar no volume.

Embora eu tenha explicado o motor de crescimento pago em termos de publicidade, ele é muito mais que isso. Startups que empregam uma força de vendas externa também estão usando esse motor, assim como as empresas de varejo que dependem do fluxo de clientes nas lojas. Todos esses custos devem ser levados em conta no custo por aquisição.

Por exemplo, uma startup com a qual trabalhei desenvolvia ferramentas de colaboração para equipes e grupos. Ela realizou um pivô radical, mudando de uma ferramenta usada majoritariamente para hobby e em pequenos clubes para outra vendida principalmente a empresas, ONGs e outras organizações muito grandes. Mas fez o pivô de segmento de clientes sem mudar o motor de crescimento. Antes, ela adquiria clientes on-line, usando técnicas de marketing direto. Lembro que, no início, a empresa recebeu uma ligação de uma grande ONG que queria comprar seu produto e implementá-lo em muitas de suas divisões. A startup tinha um plano de preços "ilimitado" (o mais caro) que custava apenas algumas centenas de dólares por mês. A ONG não pôde fazer a compra porque não tinha nenhum processo para adquirir algo tão barato. Além disso, a ONG precisava de ajuda substancial para administrar a implementação, treinando os funcionários para usar a nova ferramenta e acompanhando o impacto da mudança; tudo isso eram serviços que a empresa não tinha condições de fornecer. A alteração no segmento de clientes exigiu que a empresa contratasse uma considerável equipe de vendas externa que frequentava convenções, orientava executivos e redigia informes. Esses custos muito mais altos foram acompanhados por uma recompensa correspondente: a empresa deixou de receber apenas alguns dólares por cliente e passou a ganhar dezenas, depois milhares de dólares de cada cliente, e agora tinha crescido bastante. Seu novo motor de crescimento levou ao sucesso sustentado.

As maiores fontes de aquisição de clientes estão sujeitas a concorrência. Por exemplo, as grandes lojas de varejo têm mais fluxo de clientes e, portanto, são mais valiosas; a publicidade direcionada para clientes mais abastados geralmente custa mais que os anúncios para o público geral. O que determina esses preços é o valor médio agregado obtido pelas empresas que competem pela atenção do cliente. Custa mais caro alcançar os consumidores ricos porque eles costumam se tornar clientes mais lucrativos.

Com o tempo, qualquer fonte de aquisição de clientes tenderá a ter seu CPA aumentado devido a essa concorrência. Se todo mundo num determinado setor ganhar a mesma quantia em cada venda, todos terminarão pagando mais à fonte de aquisição em troca de seu lucro marginal. Assim, a capacidade de crescer a longo prazo usando o motor de crescimento pago exige uma capacidade diferenciada de monetizar um determinado conjunto de clientes.

A IMVU é um bom exemplo disso. Nossos clientes não eram considerados muito lucrativos por outros serviços on-line: havia muitos adolescentes, adultos com renda baixa e clientes internacionais. Outros serviços presumiam que essas pessoas não pagariam por nada on-line. Desenvolvemos técnicas para receber pagamentos de clientes que não tinham cartão de crédito, permitindo, por exemplo, que o fizessem pela conta do celular ou que mandassem dinheiro pelo correio. Assim podíamos pagar mais do que nossos concorrentes para adquiri-los.

Uma ressalva técnica

Tecnicamente, uma empresa pode ter mais de um motor de crescimento em funcionamento ao mesmo tempo. Existem produtos, por exemplo, que têm um crescimento viral extremamente rápido junto com evasão de clientes extremamente baixa. Além disso, não há motivo para um produto não ter altas margens e alta retenção simultaneamente. No entanto, segundo minha experiência, as startups de sucesso costumam se concentrar em apenas um motor, especializando-se em tudo que seja necessário para fazê-lo funcionar bem. Aquelas que tentam desenvolver um painel de controle que inclua todos os três motores tendem a causar muita confusão, porque é algo muito complicado em termos operacionais. Portanto, recomendo enfaticamente que se concentrem em um de cada vez. A maioria dos empreendedores já tem uma forte hipótese salto de fé sobre qual deles tem mais chances de funcionar. Se não tiver, é só passar um tempo "fora do prédio". Só depois de perseverar exaustivamente com um motor é que se deve pensar em pivotar para algum outro.

OS MOTORES DE CRESCIMENTO DETERMINAM A ADEQUAÇÃO DO PRODUTO AO MERCADO

Marc Andreessen, o lendário empreendedor, investidor e um dos pais da World Wide Web, cunhou a expressão *product/market fit*, ou *adequação do produto ao mercado*, para descrever o momento em que uma startup finalmente encontra um grupo grande de clientes que se identificam com seu produto:

> Num mercado excelente – com muitos clientes potenciais –, o próprio mercado puxa o produto da startup. Essa é a história da publicidade

a partir de palavras-chave digitadas em mecanismos de buscas, dos leilões pela internet e dos roteadores de TCP/IP. Por outro lado, num mercado péssimo você pode ter o melhor produto do mundo e uma equipe fantástica e isso não valer de nada: você vai fracassar.[3]

É empolgante quando vemos uma startup que encontrou um *market fit* ótimo. Não há espaço para dúvidas. É o Ford T saindo da fábrica após um tempo de montagem mínimo, o Facebook varrendo campi universitários praticamente da noite para o dia, a Lotus colocando o mundo empresarial aos seus pés ao vender 54 milhões de dólares em seu software só no primeiro ano de operação.

Volta e meia uma startup me pede ajuda para avaliar se alcançou um *market fit*. É fácil responder: se você está perguntando, é porque a resposta é não. Infelizmente, isso não ajuda a descobrir *como* alcançá-lo. Como vou saber se estou quase chegando ou se estou mais longe que nunca?

Muitos empreendedores pensam que a definição de Andreessen sugere (embora eu não creia que fosse sua intenção) que um pivô é sinal de fracasso – "Nossa startup não conseguiu alcançar um *market fit*" –, mas ela também sugere o inverso: que assim que o alcançarmos não precisaremos mais pivotar. As duas suposições estão erradas.

Acredito que o conceito de motor de crescimento pode colocar a ideia de adequação do produto ao mercado numa perspectiva mais rigorosa. Como cada motor pode ser definido em termos quantitativos, cada um deles tem determinadas métricas para avaliar se a startup está próxima de alcançar o *market fit*. Uma startup com coeficiente viral de 0,9 ou mais está à beira do sucesso. Melhor ainda é que as métricas para cada motor funcionam em conjunto com o modelo de contabilidade para inovação discutido no Capítulo 7, direcionando o desenvolvimento do produto. Por exemplo, se uma startup está tentando usar o motor viral, pode se concentrar no que puder afetar o comportamento do cliente – no ciclo viral – e ignorar o restante tranquilamente. Não precisa se especializar em funções de marketing, publicidade ou vendas. Já uma empresa que use o motor pago precisa desenvolver essas funções com urgência.

Você pode avaliar se está chegando mais perto do *market fit* ao mesmo tempo que calibra seu motor avaliando cada ciclo de feedback usando a contabilidade para inovação. O que realmente importa não são os números brutos ou as métricas de vaidade, mas a direção e o grau do progresso.

Por exemplo, imagine duas startups que estejam trabalhando diligentemente para calibrar o motor de crescimento recorrente. A primeira tem uma taxa de crescimento acumulado de 5% e a segunda, de 10%. Qual das duas é a melhor aposta? Superficialmente, pode parecer que a taxa de crescimento maior é melhor, mas e se o painel da contabilidade para inovação de cada empresa for como a tabela seguinte?

TAXA DE CRESCIMENTO ACUMULADO DESDE	EMPRESA A	EMPRESA B
Seis meses atrás	0,1%	9,8%
Cinco meses atrás	0,5%	9,6%
Quatro meses atrás	2,0%	9,9%
Três meses atrás	3,2%	9,8%
Dois meses atrás	4,5%	9,7%
Um mês atrás	5,0%	10,0%

Mesmo sem conhecer os números brutos, podemos dizer que A está progredindo, enquanto B está empacada, mesmo que no momento B esteja crescendo mais rápido que A.

QUANDO OS MOTORES PARAM

Fazer o motor de crescimento funcionar já é bastante difícil, mas a verdade é que mais cedo ou mais tarde o combustível acaba. Todo motor depende de determinado grupo de clientes e seus hábitos, preferências, canais de publicidade e interconexões. Em determinado ponto, esse grupo vai se esgotar. Se vai demorar muito ou pouco, vai depender do setor e do *timing* da empresa.

No Capítulo 6, enfatizei a importância de desenvolver um MVP que não tenha nada além das funcionalidades exigidas pelos adotantes iniciais. O sucesso dessa estratégia vai acionar um motor de crescimento capaz de alcançar esse público-alvo. Mas a transição para os clientes convencionais exige um trabalho tremendo.[4] Assim que nosso produto esteja crescendo entre os adotantes iniciais, em tese podemos parar o desenvolvimento. Teoricamente, o produto vai crescer até esgotar esse mercado inicial, e aí vai estabilizar ou até parar. O risco surge quando essa desaceleração leva meses ou até anos para começar. E, como contei, a IMVU falhou nesse teste – a princípio – exatamente por isso.

Algumas empresas desafortunadas acabam seguindo essa estratégia inadvertidamente. Como estão usando métricas de vaidade e contabilidade tradicional, acham que estão indo bem quando veem os números crescendo, na ilusão de que estão melhorando o produto. Só que todo o crescimento vem de um motor que está funcionando bem para a aquisição de clientes, e não de melhorias no produto. Até que de repente o crescimento diminui e vem a crise.

É o mesmo problema que empresas estabelecidas enfrentam. Seus sucessos do passado se deveram a um motor de crescimento muito bem ajustado. Se o combustível desse motor se esgota e o crescimento fica lento ou para, pode haver uma crise, caso a empresa não esteja incubando novas startups que tragam novas fontes de crescimento.

Esse mal perpétuo pode suceder a empresas de todos os tamanhos. É preciso administrar um portfólio de atividades, ajustando o motor de crescimento e ao mesmo tempo desenvolvendo novas fontes de crescimento para quando esse motor parar de funcionar. O Capítulo 12 vai mostrar como fazer isso. Mas, antes de podermos administrar esse portfólio, precisamos de uma estrutura, uma cultura e uma disciplina organizacionais capazes de enfrentar essas mudanças rápidas e muitas vezes inesperadas. Chamo isso de *organização adaptativa*, e é o assunto do Capítulo 11.

CAPÍTULO 11

Adaptar-se

Quando eu era CEO da IMVU, em geral achava que estava fazendo um bom trabalho. Tinha desenvolvido uma organização de engenharia ágil e estávamos experimentando com sucesso as técnicas que seriam conhecidas como startup enxuta, mas em algumas ocasiões eu percebia subitamente que não estava cumprindo meu papel. Para uma pessoa orientada pela realização, isso é terrivelmente frustrante. E o pior é que não lhe informam isso. Imagine se você recebesse algo assim:

Caro Eric,

Parabéns! O trabalho que você fazia nesta empresa não está mais disponível. Mas você foi transferido para um novo cargo. Na verdade, a empresa não é mais a mesma, apesar de ter o mesmo nome e muitas das mesmas pessoas. E, ainda que o cargo tenha o mesmo nome e que você fosse bom nele, você já está tendo um desempenho ruim no novo. Essa transferência está valendo a partir de seis meses atrás, portanto este é um alerta de que você está indo mal faz um bom tempo.

Boa sorte!

Todas as vezes que isso aconteceu, tive dificuldade para descobrir o que fazer. Sabia que, à medida que a empresa crescesse, precisaríamos de processos e sistemas adicionais projetados para coordenar as operações a cada expansão, mas também tinha visto muitas startups ficarem enrijecidas e burocráticas por quererem se tornar "profissionais".

Não ter nenhum sistema não era uma opção para a IMVU e não é uma opção para você. Existem muitos modos de fracassar. Eu sobrevivi ao fracasso do excesso de arquitetura, em que a tentativa de impedir todos os tipos de problema que podem ocorrer acaba adiando o lançamento dos produtos. Vi empresas fracassarem pelo motivo oposto, devido ao chamado efeito Friendster: uma falha técnica de alto nível justo quando a adoção dos clientes está disparando. Como executivo de um departamento, esse resultado é o pior de todos, porque a falha é ao mesmo tempo de alto nível e atribuível a uma única função ou um único departamento: o seu. Não só a empresa vai afundar como a culpa será sua.

A maioria dos conselhos que ouvi sobre esse assunto sugeria uma espécie de "meio-termo" (por exemplo, "planeje um pouco, mas não demais"). O problema dessa postura indecisa é que é difícil dar qualquer explicação para o motivo de devermos prever um problema específico e ignorar outro. Pode parecer que o chefe está sendo volúvel ou arbitrário, o que alimenta o sentimento comum de que as decisões da administração escondem segundas intenções.

Para quem está sendo administrado desse modo, os incentivos são claros. Se o chefe tende a optar pela média, o melhor modo de influenciá-lo a fazer sua vontade é assumir a posição mais extremada possível. Por exemplo, se um grupo está defendendo um ciclo de lançamentos bastante longo – digamos, a apresentação de um produto novo por ano –, você pode optar por reivindicar um ciclo de lançamentos bastante curto (talvez semanal ou mesmo diário), sabendo que acabará sendo escolhida uma média entre as duas opiniões. Então, quando a média é feita, provavelmente você terá um resultado mais próximo do que desejava de início. Infelizmente, esse tipo de corrida armamentista dispara. Rivais provavelmente farão o mesmo. Com o tempo, todo mundo assumirá as posições mais polarizadas possíveis, o que torna a busca pela posição intermediária ainda mais difícil e menos bem-sucedida. Os administradores precisam assumir a responsabilidade por criar esse tipo de incentivo. Pode até não ter sido a intenção recompensar a polarização extrema, mas é exatamente isso que estão fazendo. Para escapar dessa armadilha, só com uma mudança de pensamento.

DESENVOLVENDO UMA ORGANIZAÇÃO ADAPTATIVA

Uma startup deveria investir num programa de treinamento para novos funcionários? Se você me perguntasse isso há alguns anos, eu teria rido, respondendo: "De jeito nenhum. Programas de treinamento são para grandes empresas, que podem pagar por isso." Mas na IMVU acabamos desenvolvendo um programa de treinamento tão bom que os novos contratados eram produtivos já no primeiro dia de trabalho e em apenas algumas semanas estavam colaborando em alto nível. Foi necessário um esforço enorme para padronizar nossos processos e preparar um material com os conceitos que os novos funcionários deveriam aprender. Para cada novo engenheiro era designado um orientador para conduzi-lo por sistemas, conceitos ou técnicas em que ele precisaria se tornar produtivo. O desempenho dos dois era atrelado, para que os orientadores levassem a função a sério.

O interessante, pensando nesse exemplo, foi que em nenhum momento interrompemos o trabalho e decidimos montar o programa de treinamento. Tudo evoluiu organicamente, a partir de uma abordagem metódica para desenvolver nosso processo. Esse processo de orientação estava sujeito a experimentações e revisões constantes, para se tornar mais eficaz – e menos dificultoso – com o passar do tempo.

Chamo isso de desenvolver uma *organização adaptativa*, isto é, que ajusta automaticamente seus processos e seu desempenho às condições do momento.

É possível ir depressa demais?

Até agora, eu vinha enfatizando a importância da velocidade. De fato, as startups travam uma batalha fatal para descobrir como desenvolver um negócio sustentável antes que fiquem sem recursos e morram, mas seria destrutivo se concentrar apenas na velocidade. É preciso haver reguladores de velocidade embutidos, que ajudem as equipes a encontrar o melhor ritmo de trabalho.

Vimos um exemplo de regulagem de velocidade no Capítulo 9, com o uso do *andon* em sistemas como o de implantação contínua. Ele é resumido no provérbio paradoxal da Toyota: "Parar a produção para que a produção nunca precise parar." O ponto central do *andon* é interromper o trabalho assim que surge um problema de qualidade incorrigível – o que exige que seja investigado. Essa é uma das descobertas mais importantes do movimento manufatura enxuta: não se pode trocar qualidade por tempo. Se você está causando (ou deixando de ver) problemas de qualidade agora, os defeitos resultantes vão reduzir sua velocidade mais tarde. Defeitos levam a muito retrabalho, moral baixo e reclamações dos clientes, e tudo isso diminui o progresso e consome recursos valiosos.

Até agora, usei a linguagem dos produtos físicos para descrever esses problemas, mas foi simplesmente por conveniência. As empresas de serviços enfrentam os mesmos desafios. Basta pedir a qualquer gerente de uma empresa de treinamento, recrutamento de pessoal ou serviços hospitalares que lhe mostre o manual de regras para a prestação do serviço em condições variadas. Com o tempo, o que pode ter começado como um guia simples cresce implacavelmente, com orientações tão complexas que os funcionários investem tempo e energia enormes para aprender os procedimentos. Agora pense num gerente empreendedor nesse tipo de empresa tentando experimentar novas regras ou novos procedimentos. Quanto maior for a qualidade do manual, mais fácil será evoluir com o tempo, enquanto um manual de baixa qualidade estará cheio de regras contraditórias ou ambíguas que geram confusão a qualquer alteração feita.

Quando ensino o modelo startup enxuta para empreendedores com formação em engenharia, esse é um dos conceitos mais difíceis de absorver. Por um lado, a lógica da aprendizagem validada e do MVP nos fazendo oferecer o produto aos clientes quanto antes e fugir do desperdício de qualquer trabalho além do necessário; por outro, o ciclo de feedback como um processo contínuo. Não paramos depois de um MVP; usamos o que aprendemos para começar a trabalhar imediatamente na próxima iteração.

Dessa forma, os atalhos tomados na qualidade do produto, no design ou na infraestrutura podem acabar diminuindo a velocidade da empresa amanhã. Você viu esse paradoxo acontecer na IMVU: no Capítulo 3, contei como acabamos entregando um produto cheio de bugs, sem algumas funcionalidades básicas e com design ruim. Como os clientes nem quiseram experimentá-lo, a maior parte do trabalho precisou ser descartada. Foi bom não termos perdido muito tempo consertando esses bugs e limpando aquela versão inicial.

No entanto, à medida que a aprendizagem permitiu desenvolvermos produtos que os clientes *queriam*, enfrentamos lentidões. A baixa qualidade pode inibir a aprendizagem quando os defeitos impedem os clientes de experimentar os benefícios do produto e então dar feedback. No caso da IMVU, quanto mais acessávamos os consumidores convencionais, menos indulgentes eles eram em comparação com os adotantes iniciais. Além disso, quanto mais funcionalidades incluíamos, maior o risco de uma nova funcionalidade interferir nas já existentes. A mesma dinâmica acontece numa empresa de serviços, já que qualquer regra nova pode gerar conflitos com as existentes, e quanto mais regras, mais possibilidades de conflito.

A IMVU usou as técnicas deste capítulo para alcançar ganhos de escala e qualidade ao modo *just-in-time*.

A SABEDORIA DOS 5 PORQUÊS

Para acelerar, startups enxutas precisam de um processo que proporcione um ciclo de feedback natural. Se você vai depressa demais, gera mais problemas. Os processos adaptativos o obrigam a reduzir o passo e investir na prevenção dos problemas que estejam desperdiçando tempo. À medida que esses esforços preventivos dão resultado, você naturalmente acelera de novo.

Voltemos à questão de ter um programa de treinamento para os novos funcionários. Sem um programa, os novos funcionários cometerão erros enquanto estiverem na curva de aprendizagem, erros que exigirão assistência e intervenção, tornando todo mundo mais lento. Como decidir se investir em treinamento compensa em velocidade, ao reduzir as interrupções? Avaliar isso por uma perspectiva de cima para baixo é desafiador, porque exige avaliar duas variáveis completamente desconhecidas: quanto custará desenvolver um programa desconhecido e de quanto será o benefício desconhecido que você pode obter. O pior é que o modo tradicional de tomar esse tipo de decisão é um pensamento de lote grande: ou existe ou não existe um programa elaborado de treinamento. Até conseguir justificar o retorno do investimento em um programa completo, a maioria das empresas geralmente não faz nada.

A alternativa é usar um sistema chamado de 5 Porquês para fazer investimentos progressivos e desenvolver os processos aos poucos. A ideia central dos 5 Porquês é associar os investimentos diretamente à prevenção dos sintomas mais problemáticos. O nome desse sistema vem do método investigativo de fazer a pergunta "Por quê?" cinco vezes em sequência para chegar à raiz do problema. Se uma criança precoce já lhe questionou por que o céu é azul e insistiu na justificativa de cada resposta sua, você entende o que estou dizendo. Essa técnica foi desenvolvida por Taiichi Ohno, pai do Sistema Toyota de Produção, como uma ferramenta sistemática para a solução de problemas. Eu a adaptei ao modelo startup enxuta com algumas mudanças pensadas especificamente para startups.

Na raiz de cada problema aparentemente técnico há um problema humano. Os 5 Porquês ajudam a descobrir qual pode ser o problema humano. Taiichi Ohno dá o seguinte exemplo:

Quando confrontado com um problema, você já parou e perguntou "Por quê?" cinco vezes? É difícil, mesmo que pareça fácil. Por exemplo, suponha que uma máquina tenha parado de funcionar:

1. Por que a máquina parou? (Houve uma sobrecarga e o fusível queimou.)
2. Por que houve uma sobrecarga? (O rolamento não estava suficientemente lubrificado.)
3. Por que não estava suficientemente lubrificado? (A bomba de lubrificação não estava bombeando direito.)
4. Por que a bomba não estava bombeando direito? (O eixo da bomba estava gasto e vibrando.)
5. Por que o eixo estava gasto? (Não havia filtro e entraram aparas de metal.)

Repetir "Por quê?" cinco vezes, como nesse exemplo, pode ajudar a descobrir a raiz do problema e corrigi-la. Se isso não fosse feito, poderíamos simplesmente substituir o fusível ou o eixo da bomba, e o problema voltaria em poucos meses. O sistema de produção da Toyota foi desenvolvido com a prática e a evolução dessa abordagem científica. Ao perguntar "Por quê" cinco vezes e responder, podemos chegar à verdadeira causa do problema, que muitas vezes está escondida sob sintomas mais evidentes.[1]

Observe que mesmo nesse exemplo relativamente simples a causa raiz se afasta de uma falha técnica (um fusível queimado) e vai na direção de um erro humano (alguém esqueceu de colocar um filtro). Isso é típico da maioria dos problemas das startups, seja de qual ramo forem. Voltando ao nosso exemplo da empresa de serviços, grande parte dos problemas que a princípio parecem erros individuais pode levar a problemas de treinamento ou ao manual para a prestação do serviço.

Veja como o uso dos 5 Porquês na IMVU permitiu desenvolvermos o sistema de treinamento de funcionários que mencionei. Imagine que começássemos a receber reclamações dos clientes sobre uma nova versão do produto que tivéssemos acabado de lançar.

1. Uma nova versão desativou um recurso para os clientes. Por quê? Porque um servidor específico falhou.
2. Por que o servidor falhou? Porque um subsistema obscuro foi usado de modo errado.
3. Por que foi usado de modo errado? O engenheiro que o utilizou não sabia usá-lo direito.
4. Por que ele não sabia? Porque não foi treinado.
5. Por que não foi treinado? Porque seu gerente não acredita em treinar novos engenheiros, já que ele e sua equipe estão "ocupados demais" para isso.

O que começou como uma falha puramente técnica se revelou rapidamente um problema administrativo muito humano.

Faça um investimento proporcional

Eis como usar a análise dos 5 Porquês para desenvolver uma organização adaptativa: faça consistentemente um investimento proporcional a cada um dos cinco níveis da hierarquia. Em outras palavras, o investimento deve ser menor quando o sintoma for pequeno e maior quando o sintoma for mais doloroso. Só fazemos grandes investimentos em prevenção quando enfrentamos grandes problemas.

No exemplo citado, a resposta é consertar o servidor, mudar o subsistema para torná-lo menos propenso a erros, treinar o engenheiro e, sim, ter uma conversa com o chefe dele.

Essa última parte, a conversa com o gerente, é sempre difícil, especialmente numa startup. Quando eu era gerente de uma startup, acreditava que treinamento de pessoal era perda de tempo. Sempre havia muitas outras coisas para fazer. Se alguém me sugerisse isso, provavelmente eu responderia algo sarcástico como: "Claro, eu adoraria. É só você me liberar por oito semanas que eu consigo organizar tudo." Esse é o modo de o gerente dizer "Nem pensar!".

Por isso é que pensar em investimento proporcional é tão importante. Se a interrupção for um problema pequeno, é essencial fazermos um investimento pequeno para consertá-lo. Vamos usar primeiro uma hora do plano de oito semanas. Pode não parecer muita coisa, mas é um começo. Se o problema se repetir, perguntar os 5 Porquês vai exigir que continuemos com o plano. Se não se repetir, uma hora não terá sido uma grande perda.

Usei o exemplo do treinamento dos engenheiros porque foi uma coisa em que relutei em investir na IMVU. No início do nosso empreendimento, eu achava que precisávamos concentrar todas as energias no desenvolvimento e no marketing do produto, mas, assim que entramos num período de contratações rápidas, sessões repetidas dos 5 Porquês revelaram quais problemas provocados pela falta de treinamento atrapalhavam o desenvolvimento do produto. Em nenhum momento largamos tudo para nos concentrarmos exclusivamente em treinamento. Em vez disso, fomos melhorando o processo pouco a pouco, colhendo benefícios cada vez maiores. Com o tempo, essas mudanças foram se somando, o que liberava tempo e energia antes gastos apagando incêndios e administrando crises.

Regulador automático de velocidade

A técnica dos 5 Porquês funciona como um regulador automático de velocidade. Quanto mais problemas você tem, mais investe em soluções. À medida que os investimentos em infraestruturas ou processos dão resultado, a severidade e o número das crises se reduzem e a equipe volta a acelerar. Particularmente com as startups há um perigo de as equipes trabalharem rápido demais, trocando qualidade por tempo de um modo que provoca erros por desleixo. Os 5 Porquês impedem isso, permitindo que encontrem seu ritmo ideal.

Os 5 Porquês vinculam a taxa de progresso à aprendizagem, e não somente à execução. O sistema deve ser usado sempre que for encontrado algum tipo de falha, inclusive defeitos técnicos, incapacidade de alcançar resultados comerciais ou mudanças inesperadas no comportamento dos clientes.

Os 5 Porquês são uma técnica poderosa. Alguns engenheiros que treinei para utilizá-la acreditam que é possível derivar todas as outras técnicas da startup enxuta a partir dessa. Junto com o trabalho em lotes pequenos, ela forma a base para a empresa reagir rápido à medida que os problemas surgem, sem investir demais ou usar engenharia demais.

A MALDIÇÃO DAS 5 CULPAS

Quando os 5 Porquês são adotados, as equipes se deparam com algumas armadilhas comuns. Precisamos de sistemas como esse para superar as limitações psicológicas porque tendemos a apresentar uma reação exagerada ao que está acontecendo no momento. Além disso, tendemos a ficar frustrados se acontecem imprevistos.

Quando os 5 Porquês são desvirtuados, digo que se tornam as 5 Culpas. Em vez de perguntar repetidamente por quê, numa tentativa de entender o que deu errado, funcionários frustrados começam a apontar o dedo uns para os outros, tentando decidir quem foi que errou. Em vez de usar os 5 Porquês para encontrar e consertar os problemas, gestores e funcionários podem cair na armadilha de usar as 5 Culpas como um meio de desafogar as frustrações e denunciar colegas por falhas sistêmicas. Ainda que seja da natureza humana presumir que um erro se deve a defeitos no departamento, no conhecimento ou no caráter de outra pessoa, o objetivo dos 5 Porquês é ajudar a perceber a verdade objetiva de que os problemas crônicos são causados por processos ruins, não por pessoas más, e a solucioná-los da maneira adequada.

Recomendo várias táticas para escapar das 5 Culpas. A primeira é garantir que todas as pessoas afetadas pelo problema estejam na sala durante a análise da causa raiz. A reunião deve incluir todos que tenham descoberto ou diagnosticado o problema. Inclusive, se possível, aqueles que tiverem atendido aos telefonemas dos clientes. Deve incluir todos que tenham tentado resolver o sintoma e todos que tenham trabalhado nos subsistemas ou recursos envolvidos. Os tomadores de decisões envolvidos em fazer o problema chegar até a alta administração – caso isso tenha acontecido – também devem estar presentes.

A sala pode ficar apinhada, mas isso é essencial. Segundo minha experiência, quem fica fora da discussão acaba sendo o alvo da culpa. Isso é danoso se o bode expiatório for tanto um funcionário de baixo escalão quanto o CEO. Quando é um funcionário júnior, fica fácil demais acreditar que essa pessoa é substituível; se o CEO não estiver presente, é fácil demais acreditar que o comportamento dele é imutável. Em geral, nenhuma das duas suposições é correta.

Quando a culpa surge, os gerentes mais altos presentes na sala devem repetir o seguinte mantra: se acontece um erro, é uma vergonha nossa termos permitido ser tão fácil. Numa análise dos 5 Porquês, queremos ter o máximo possível uma visão sistêmica.

Eis uma situação em que esse mantra foi conveniente. Devido ao processo de treinamento que tínhamos desenvolvido na IMVU com os 5 Porquês, pedíamos rotineiramente aos novos engenheiros, no primeiro dia de trabalho, que fizessem uma mudança no ambiente de produção. Para os engenheiros formados nos métodos de desenvolvimento tradicional, isso costumava ser amedrontador. Eles perguntavam: "O que vai acontecer comigo se por acaso eu atrapalhar ou interromper o processo de produção?" Em seus empregos anteriores, esse erro justificaria uma demissão. Na IMVU, dizíamos aos recém-contratados: "Se nosso processo de produção é tão frágil que você pode atrapalhá-lo no primeiro dia de trabalho, é uma vergonha nossa termos tornado isso tão fácil de acontecer." Se eles conseguissem interrompê-lo, pedíamos que liderassem o esforço para resolver o problema e também para impedir que a pessoa seguinte repetisse o erro.

Para os recém-contratados vindos de empresas com uma cultura muito diferente, essa iniciação era estressante, mas todo mundo passava por ela com uma compreensão visceral dos nossos valores. Pouco a pouco, sistema por sistema, esses pequenos investimentos se somaram até criar um processo de desenvolvimento robusto que permitia a todos os nossos funcionários trabalhar de modo mais criativo, com enorme redução do medo.

Começando

Vejamos algumas dicas de como começar com os 5 Porquês, baseadas na minha experiência ao apresentá-los em muitas empresas.

Para que os 5 Porquês funcionem bem, existem regras que devem ser seguidas. Por exemplo, a construção de um ambiente de confiança e de empoderamento mútuo. Quando isso não existe, a complexidade dos 5 Porquês pode ser esmagadora. Nesses casos, usei muitas vezes uma versão simplificada, que mesmo assim permite às equipes analisar as causas raiz ao mesmo tempo que desenvolvem os músculos de que precisarão mais tarde para o método completo.

Peço que as equipes adotem as seguintes regras simples:

1. Ser tolerante com todos os erros na primeira vez que acontecem.
2. Jamais permitir que o mesmo erro aconteça duas vezes.

A primeira regra encoraja as pessoas a se acostumarem a ser compreensivas com erros, especialmente se cometidos por outros. Lembre: a maioria deles é causada por sistemas falhos, não por funcionários ruins. A segunda regra induz a equipe a começar a fazer investimentos proporcionais em prevenção.

Esse sistema simplificado funciona bem. Na verdade, nós o usamos na

IMVU antes de descobrirmos os 5 Porquês e o Sistema Toyota de Produção. Mas um sistema simplificado assim não funciona a longo prazo, como descobri na prática. Isso foi uma das coisas que me levaram a começar a estudar a produção enxuta.

A força e a fraqueza do sistema simplificado é que ele induz a perguntas do tipo: Que outros problemas podem ser iguais? Em que tipos de erro deveríamos nos concentrar? Será que deveríamos consertar esse problema individual ou tentar prevenir toda uma categoria de problemas relacionados? Para uma equipe que esteja começando, essas perguntas fazem pensar e podem estabelecer a base para métodos mais elaborados no futuro, mas, em última instância, são dispensáveis. É necessário um processo adaptativo completo, como os 5 Porquês.

Encarando verdades desagradáveis

Os 5 Porquês revelarão fatos desagradáveis sobre sua organização, especialmente no início. Você precisa estar preparado para isso. Eles exigirão investimentos em prevenção que consomem tempo e dinheiro que poderiam ser direcionados para novos produtos ou novas funcionalidades. Sob pressão, as equipes podem sentir que não têm tempo para desperdiçar analisando causas raiz, ainda que isso lhes renda mais tempo a longo prazo. Às vezes o processo vai descambar nas 5 Culpas. Em todas essas conjunturas, é essencial a presença de alguém com autoridade para insistir que o processo seja seguido e que as recomendações sejam implementadas e para agir como árbitro quando surgirem discordâncias. Em outras palavras, desenvolver uma organização adaptativa exige liderança executiva para patrocinar e apoiar o processo.

Nos meus seminários, frequentemente surgem colaboradores de startups ansiosos para começar com os 5 Porquês. Eu alerto para não tentarem fazer isso se não tiverem o aval do gerente ou do chefe da equipe. Proceda com cautela se você estiver nessa situação. Talvez não seja possível reunir toda a equipe para uma investigação completa dos 5 Porquês, mas você pode sempre usar a versão simplificada, das duas regras, no seu trabalho. Sempre que alguma coisa der errado, pergunte: Como posso impedir que eu me veja de novo nessa situação?

Comece pequeno, seja específico

Recomendo começar com uma classe de sintomas limitada. Por exemplo, a primeira vez que usei os 5 Porquês com sucesso foi para diagnosticar problemas com uma das nossas ferramentas de teste internas que não afetavam os clientes diretamente. Pode ser tentador começar com algo grande e importante, porque é aí que a maior parte do tempo é perdida em resultado de um processo defeituoso, mas também é aí que a pressão é maior. Quando os riscos são elevados, os 5 Porquês podem se desvirtuar rapidamente para as 5 Culpas. É melhor dar à equipe a chance de aprender a realizar o processo e só mais tarde aplicá-lo em áreas de risco mais elevado.

Quanto mais específicos os sintomas, mais fácil será para todos reconhecer quando é hora de marcar uma reunião dos 5 Porquês. Digamos que você queira tratar das reclamações dos clientes com relação a cobranças. Nesse caso, aguarde até que todas as reclamações sobre cobrança peçam automaticamente uma primeira reunião. Observe que, para definir que dali para a frente toda nova reclamação do tipo vai levar a uma reunião, o volume de reclamações deve ser pequeno. Se já houver reclamações demais, escolha um subconjunto. Garanta que a regra determinando quais tipos de reclamação provocam uma reunião dos 5 Porquês seja simples e rígida. Por exemplo, você pode decidir que toda reclamação envolvendo uma transação por cartão de crédito seja investigada. Essa é uma regra fácil de ser seguida. Não defina uma regra ambígua.

A princípio pode haver a tentação de realizar mudanças radicais e profundas em cada sistema e processo de cobrança. Não faça isso. Mantenha as reuniões curtas e escolha mudanças relativamente simples em cada um dos cinco níveis de indagação. Com o tempo, à medida que a equipe ficar mais confortável com o processo, você pode expandi-lo para incluir mais tipos de reclamação sobre cobranças e, depois, outros tipos de problema.

Nomeie um mediador

Para facilitar a aprendizagem, descobri que é útil nomear um mediador dos 5 Porquês para cada área em que o método estiver sendo utilizado. Essa pessoa será responsável por moderar toda reunião dos 5 Porquês, decidir quais passos preventivos devem ser dados e designar o trabalho a ser feito a partir da reunião. O cargo desse mediador deve ser alto apenas o suficiente para que ele tenha autoridade para garantir que essas tarefas sejam cumpridas, mas não tão alto a ponto de impedi-lo de comparecer às reuniões. As prestações de contas serão dirigidas a essa pessoa; ela é o agente primário de mudança. As pessoas nessa posição podem avaliar se as reuniões estão correndo bem e se os investimentos em prevenção estão compensando.

OS 5 PORQUÊS EM AÇÃO

A IGN Entertainment, divisão da News Corporation, é a empresa de jogos on-line com o maior público do mundo. A IGN foi fundada no final da década de 1990 e adquirida pela News Corporation em 2005. A divisão cresceu até empregar centenas de pessoas, dentre elas quase 100 engenheiros.

Há algum tempo, tive a oportunidade de conversar com a equipe de desenvolvimento de produtos da IGN. Ela vinha tendo sucesso, mas, como todas as empresas estabelecidas que vimos neste livro, estava querendo acelerar o desenvolvimento de novos produtos e encontrar meios de ser mais inovadora. A empresa reuniu suas equipes de engenharia, produtos e design para conversarmos sobre como poderiam aplicar o modelo startup enxuta.

Essa iniciativa de mudança tinha o apoio da alta administração da IGN, inclusive do CEO, do chefe de desenvolvimento de produtos, do VP de engenharia, do editor e do chefe de produtos. Suas tentativas anteriores com os 5 Porquês não haviam corrido bem. Eles tinham tentado abordar uma listagem de áreas problemáticas indicadas pela equipe de produtos, com temas que iam desde discrepâncias em análises de web até feeds de dados de parceiros que não funcionavam. A primeira reunião dos 5 Porquês demorou uma hora e, apesar de terem chegado a algumas sugestões interessantes, foi um fracasso em termos de execução da técnica em si. Nenhum dos envolvidos nos problemas estava presente, e, como era a primeira vez que faziam juntos os 5 Porquês, eles não se ativeram ao formato e se desviaram em muitas tangentes. Não foi um desperdício de tempo completo, mas não houve nenhum dos benefícios do estilo adaptativo de gestão discutido neste capítulo.

Não enfie toda a sua bagagem no processo dos 5 Porquês

A IGN teve a experiência de tentar resolver todos os seus problemas de "bagagem" que vinham causando desperdício de tempo havia muitos anos. É dificílimo encontrar soluções rapidamente para um conjunto de problemas tão grande.

No afã de começar a usar o método, a IGN negligenciou três coisas importantes:

1. Para introduzir os 5 Porquês numa organização, é necessário ter sessões assim que surgem novos problemas. Como são endêmicos, os problemas de bagagem surgem naturalmente como parte da análise dos 5 Porquês – é uma oportunidade para consertá-los de modo incremental. Se não surgirem organicamente, talvez não sejam tão graves quanto parecem.
2. Todas as pessoas ligadas a um problema precisam estar presentes à sessão. É comum cair na tentação de economizar tempo dispensando as pessoas muito ocupadas, mas essa é uma economia falsa, como a IGN descobriu do modo mais difícil.
3. No início de cada sessão, reserve alguns minutos para explicar para que serve o processo e como ele funciona a favor daqueles que não o conhecem. Se possível, use um exemplo de uma sessão dos 5 Porquês bem-sucedida. Se você for novato, pode usar meu exemplo anterior sobre o gerente que não acreditava em treinamento. A IGN aprendeu que, sempre que possível, é útil usar algo que tenha significado pessoal para a equipe.

Depois da nossa reunião, a liderança da IGN decidiu tentar de novo os 5 Porquês. Seguindo o conselho dado neste capítulo, nomeou um mediador dos 5 Porquês chamado Tony Ford, diretor de engenharia. Tony era um empreendedor que tinha chegado à IGN através de uma aquisição. Havia começado a carreira com tecnologia de internet, desenvolvendo sites sobre videogames no final da década de 1990. Isso levou a uma oportunidade em uma startup, a TeamXbox, onde ele atuou como principal desenvolvedor de software. A TeamXbox foi adquirida pela IGN Entertainment em 2003, e desde então Tony trabalha como tecnólogo, líder de inovação e proponente de práticas ágeis e enxutas.

Infelizmente, Tony começou sem escolher uma área estreita de problemas na qual se concentrar, o que lhe rendeu reveses e frustrações logo no início. Ele relata: "Como novo mediador, não fui muito bom em percorrer os 5 Porquês, e na verdade os problemas em pauta não eram bons candidatos. Como você pode imaginar, as primeiras sessões foram desajeitadas e no final das contas não tiveram muita utilidade. Eu estava ficando muito desencorajado e frustrado." Esse é um problema comum quando tentamos atacar muitos problemas ao mesmo tempo, mas também acontece porque leva tempo para dominarmos essas habilidades. Por sorte, Tony perseverou: "Na minha opinião, é fundamental ter um mediador dos 5 Porquês. Na teoria, é um método fácil, mas na prática é difícil, por isso é necessário alguém que o conheça bem, capaz de formatar as sessões para quem não conhece."

A reviravolta aconteceu quando Tony liderou uma sessão dos 5 Porquês envolvendo um projeto cujos prazos não estavam sendo cumpridos. Foi uma reunião fascinante, cheia de ideias, e produziu investimentos proporcionais significativos. Tony explica: "O sucesso se deveu a um mediador mais experiente e participantes mais experientes. Todos sabíamos o que era o método dos 5 Porquês e eu me saí muito bem em manter todo mundo nos trilhos, longe das tangentes. Foi a hora da virada. Naquele momento eu soube que a ferramenta dos 5 Porquês teria um impacto real no nosso sucesso como equipe e empresa."

O método dos 5 Porquês parece ter a ver com problemas técnicos e prevenção de erros, mas, à medida que se afastam esses desperdícios superficiais, desenvolve-se um novo entendimento do trabalho em equipe. Tony explicou assim: "Devo dizer que descobri que os 5 Porquês transcendem a análise da causa raiz, revelando informações que unem a equipe através de uma compreensão e uma perspectiva comuns. Problemas muitas vezes separam as pessoas. Os 5 Porquês fazem o oposto."

Pedi a Tony que desse um exemplo de uma análise dos 5 Porquês que tivesse sido bem-sucedida na IGN. Seu relato está no quadro a seguir:

Por que não era possível acrescentar ou editar posts nos blogs?
Resposta: Qualquer pedido de post (escrita) para a API de conteúdo do artigo estava retornando o status de erro 500.
Investimento proporcional: Jim – Vamos trabalhar na API, mas vamos tornar nosso CMS mais indulgente com os usuários. Permitir que acrescentem e editem rascunhos sem dar erros, para uma experiência de usuário melhor.

Por que a API de conteúdo estava retornando erros 500?
Resposta: A GEM bson_ext era incompatível com outras das quais ela depende.
Investimento proporcional: King – Remover a GEM (já feito para solucionar a interrupção).

Por que a GEM era incompatível?
Resposta: Acrescentamos uma nova versão da GEM, além da existente, e o aplicativo começou a usá-la inesperadamente.
Investimento proporcional: Bennet – Converter nosso aplicativo rails para usar bundler para gerenciamento de GEMs.

Por que acrescentamos uma nova versão de uma GEM na produção sem testar?
Resposta: Achávamos que não precisávamos de teste nesses casos.
Investimento proporcional: Bennett e Jim – Escrever uma unidade ou um teste funcional na API e no CMS que detecte isso no futuro.

Por que acrescentamos GEMs que não pretendemos usar imediatamente?
Resposta: Nos preparativos para um *code push* queríamos estar com todas as GEMs prontas no ambiente de produção. Ainda que nossa implantação de códigos seja totalmente automatizada, as GEMs não são.
Investimento proporcional: Bennett – Automatizar a administração e a instalação das GEMs no processo de Integração e Implantação Contínuas.

Bônus: por que estamos fazendo coisas de produção nas noites de sexta-feira?
Resposta: Porque ninguém disse que não podemos e era um momento conveniente para o desenvolvedor se preparar para uma implantação que faríamos na segunda-feira.
Investimento proporcional: Tony – Fazer um anúncio à equipe. Não haverá mudanças de produção na sexta-feira, no sábado ou no domingo a não ser que se abra uma exceção e que seja aprovada por David (VP de engenharia). Vamos reavaliar essa política quando tivermos um processo de implantação contínuo e totalmente automatizado.

Graças a essa sessão e aos investimentos proporcionais que fizemos, hoje nossas implantações são mais fáceis e mais rápidas e nosso processo nunca mais permitirá que um desenvolvedor coloque GEMs nos sistemas de produção com consequências não intencionais. De fato, não tivemos outro problema como esse. Reforçamos nosso "sistema imunológico de grupo", por assim dizer.

Sem os 5 Porquês, jamais teríamos todas as informações que descobrimos aqui. Acho que teríamos dito àquele desenvolvedor para não fazer coisas idiotas nas noites de sexta e iríamos em frente. Foi isso que enfatizei antes, ao dizer que uma boa sessão dos 5 Porquês tem dois resultados: aprender e fazer. Os investimentos proporcionais que nasceram dessa sessão são obviamente valiosos, enquanto o aprendizado é muito mais sutil, mas incrível para crescermos como desenvolvedores e como equipe.

ADAPTANDO-SE A LOTES MENORES

Antes de encerrar o assunto do desenvolvimento de uma organização adaptativa, quero relatar mais uma história. Esta tem a ver com um produto que você provavelmente usou se já teve negócio próprio. Chama-se QuickBooks e é um dos carros-chefe da Intuit.

O QuickBooks tem uma base de clientes grande e dedicada, e a Intuit espera dele uma colaboração significativa para seu resultado financeiro. Como a maioria dos programas para computadores pessoais (PCs) das últimas duas décadas, o QuickBooks vem sendo lançado num ciclo anual, em um lote gigantesco. Era assim que ele funcionava em 2008, quando Greg Wright, diretor de marketing de produto do QuickBooks, entrou para a equipe. Como você pode imaginar, existiam muitos processos para garantir um produto consistente e o lançamento no prazo. A abordagem típica era gastar um tempo significativo no início, para identificar as necessidades do cliente:

> Em geral, os primeiros três ou quatro meses de cada ciclo anual eram gastos com estratégia e planejamento, sem desenvolvimento de novas funcionalidades. A partir do momento em que tínhamos um plano e os marcos definidos, passávamos seis a nove meses desenvolvendo. Isso culminava num grande lançamento. Então a equipe recebia o primeiro feedback, para saber se tinha conseguido atender às necessidades do cliente no fim do processo.
>
> A cronologia era: início do processo em setembro, lançamento da primeira versão beta em junho e da segunda versão beta em julho. A versão beta é, em essência, um teste para termos certeza de que o programa não vai travar os computadores das pessoas nem apagar dados. Nesse ponto do processo, só os grandes bugs podem ser consertados. O projeto do produto em si está fechado.

Essa é a metodologia padrão "em cascata", empregada no desenvolvimento de produtos durante anos. É um sistema linear, de lote grande, que depende de prognóstico e planejamento adequados. Ou seja, é pessimamente adaptado para o ambiente empresarial em constante transformação que temos hoje em dia.

Primeiro ano: alcançando o fracasso

Greg testemunhou esse colapso em 2009, seu primeiro ano na equipe do QuickBooks. Naquele ano, a empresa distribuiu um sistema totalmente novo, dentro do QuickBooks, para serviços bancários on-line, um dos seus recursos mais importantes. A equipe fez rodadas de testes de usabilidade a partir de modelos e protótipos não funcionais, seguidas por significativos testes beta usando amostras de dados de clientes. No momento do lançamento, tudo parecia bom.

O lançamento da primeira versão beta aconteceu em junho. Eles começaram a receber feedback negativo, mas não havia motivos suficientes para interromper o lançamento porque a versão era tecnicamente impecável: não travava os computadores. Nesse ponto, Greg estava numa situação difícil. Não tinha como saber de que modo o feedback se traduziria no comportamento real dos clientes no mercado. Será que eram apenas reclamações isoladas ou parte de um problema amplo? De uma coisa ele tinha certeza: não podiam estourar o prazo.

Quando o produto finalmente foi distribuído, os resultados foram terríveis. As transações bancárias levavam um tempo de quatro a cinco vezes maior que na versão antiga. No fim das contas, a equipe não havia conseguido satisfazer a necessidade dos clientes que tinha em mente (mesmo tendo desenvolvido o produto de acordo com as especificações), e, como a versão seguinte precisaria passar pelo mesmo processo em cascata, o ajuste demorou nove meses. Esse é um caso clássico de "alcançar o fracasso": executar com sucesso um plano defeituoso.

A Intuit usa uma ferramenta de pesquisa de opinião chamada Net Promoter Score[2] (NPS) para avaliar a satisfação dos clientes com seus muitos produtos. Eu também a usei na IMVU. Uma coisa boa da NPS é que ela é muito estável ao longo do tempo. Como mede a satisfação essencial do cliente, não está sujeita a pequenas flutuações, registra apenas grandes mudanças. Naquele ano, a nota do QuickBooks caiu 20 pontos, a primeira vez que a empresa movia o ponteiro na NPS. Essa queda resultou em perdas significativas para a Intuit e foi embaraçosa para a empresa – tudo porque o feedback do consumidor chegou tarde demais, não dando tempo para iterar.

A alta administração da Intuit, inclusive o gerente geral da divisão de pequenas empresas e o chefe da contabilidade de pequenas empresas, reconheceu a necessidade de mudança. Para seu crédito, eles deram a Greg a tarefa de fazer essa mudança. Sua missão: alcançar uma velocidade de startup para o desenvolvimento e a implantação do QuickBooks.

Segundo ano: memória muscular

O próximo capítulo dessa história ilustra como é difícil desenvolver uma organização adaptativa. Greg decidiu mudar o processo de desenvolvimento do QuickBooks usando quatro princípios:

1. Mudar de equipes grandes com papéis funcionais uniformes para equipes menores, totalmente engajadas, cujos membros assumem diferentes papéis.
2. Alcançar tempos de ciclo menores.
3. Feedback mais rápido dos clientes, testando se o programa trava seus computadores, o desempenho dos novos recursos e a experiência do cliente.
4. Habilitar e autorizar as equipes a tomar decisões rápidas e corajosas.

Na superfície, esses objetivos parecem alinhados com os métodos e princípios descritos em capítulos anteriores, mas o segundo ano de Greg com o QuickBooks não foi um sucesso notável. Por exemplo, ele decretou que a equipe passaria a ter um marco de lançamento no meio do ano, o que na prática era cortar pela metade o tempo de ciclo e o tamanho do lote. Mas isso não levou a lugar algum. A equipe tentou, bravamente, lançar uma versão alfa em janeiro, mas os problemas do desenvolvimento em lotes grandes ainda estavam presentes, e eles lutaram para terminar a versão alfa em abril. Isso representou uma melhora em relação ao sistema anterior porque os problemas puderam ser trazidos à superfície dois meses antes do que no processo antigo, mas os resultados não foram tão melhores quanto Greg queria.

No correr do ano, o processo da equipe começou a ficar cada vez mais parecido com o dos anos anteriores. Como disse Greg, "As organizações têm memória muscular" e é difícil desaprender hábitos arraigados. Na luta contra um sistema, alterações individuais – como a mudança arbitrária da data de lançamento – não têm muita força.

Terceiro ano: explosão

Frustrado com o progresso ínfimo do ano anterior, Greg se uniu com Himanshu Baxi, chefe do desenvolvimento de produtos. Juntos, eles abandonaram todos os processos antigos. Fizeram uma declaração pública de que as equipes combinadas criariam novos processos e que não voltariam ao modelo antigo.

Em vez de se concentrar em novos prazos, Greg e Himanshu investiram em mudanças de processo, produto e tecnologia que permitiam trabalhar em lotes menores. Essas inovações técnicas os ajudaram a entregar o produto mais rápido, para obter feedback antes. Em vez de criar um roteiro amplo logo no início do ano, Greg começou com o que eles chamaram de encontros de ideia/código/solução, reunindo engenheiros, gerentes de produto e clientes para criar um canal de ideias. Para Greg, como gerente de produto, era assustador começar o ano sem uma lista definida do que estaria na versão de lançamento do produto, mas ele tinha confiança em sua equipe e no novo processo.

Houve três diferenças naquele terceiro ano:

- As equipes estavam envolvidas em criar tecnologias, processos e sistemas novos.
- As equipes multifuncionais eram formadas ao redor de grandes ideias novas.
- Os clientes eram envolvidos desde o início da concepção de cada funcionalidade.

É importante entender que na antiga abordagem não faltava feedback ou envolvimento dos clientes no processo de planejamento. No verdadeiro espírito do *genchi genbutsu*, os gerentes de produto (GP) da Intuit faziam visitas aos clientes para identificar problemas a serem solucionados na versão seguinte. O problema era que toda a pesquisa com os clientes ficava nas mãos dos GPs, que depois a levavam para a equipe, dizendo: "Este é o problema que queremos solucionar e estas são as ideias de como podemos fazer isso."

A mudança para o trabalho multifuncional não foi tranquila. Algumas pessoas estavam céticas. Por exemplo, alguns gerentes de produto achavam perda de tempo os engenheiros terem contato direto com os clientes. Os GPs achavam que seu trabalho era descobrir o problema do cliente e definir o que seria desenvolvido, por isso a reação de alguns deles à mudança foi: "Qual é o meu trabalho? O que devo fazer?" Algo semelhante ocorria com os engenheiros: alguns deles só queriam que lhes dissessem o que fazer; não queriam falar com clientes. Como costuma acontecer no desenvolvimento em lotes grandes, os dois grupos estavam dispostos a sacrificar a capacidade de aprendizagem da equipe em troca de mais "eficiência" no trabalho.

A comunicação foi fundamental nessa alteração de processo. Todos os chefes de equipe se mostraram abertos à mudança e ao motivo de a estarem realizando. Boa parte do ceticismo que enfrentavam se devia à falta de exemplos concretos de casos de sucesso; era um processo totalmente novo para a Intuit. Eles precisavam deixar claro por que o antigo processo não funcionava e por que o "trem" do lançamento anual não os estava conduzindo ao sucesso. Durante toda a mudança, eles comunicavam os resultados do processo que buscavam: um feedback precoce dos clientes e um ciclo de desenvolvimento mais rápido que fosse desatrelado do cronograma de lançamento anual. Enfatizavam repetidamente que era com essa nova abordagem que as startups concorrentes estavam trabalhando e iterando. Eles precisavam fazer o mesmo para não correrem o risco de cair na irrelevância.

...

Historicamente, o QuickBooks havia sido desenvolvido com equipes grandes e ciclos longos. Por exemplo, nos anos anteriores a malfadada equipe de serviços bancários on-line era composta por 15 engenheiros, 7 especialistas em qualidade, 1 gerente de produto e só às vezes mais de 1 designer. Agora, nenhuma equipe tem mais de cinco pessoas. O foco de cada equipe é iterar com os clientes o mais rápido possível, fazendo experimentos e depois usando a aprendizagem validada para tomar decisões de investimento em tempo real sobre em que trabalhar. Como resultado, enquanto antes tinham cinco grandes "ramos" do QuickBooks que fundiam atributos na época do lançamento, agora existem de 20 a 25. Isso permite um conjunto de experimentos muito maior. Cada equipe trabalha numa funcionalidade nova, do início ao fim, durante aproximadamente seis semanas, testando-a com clientes reais durante todo o processo.

Ainda que as principais mudanças necessárias em uma organização adaptativa sejam na mentalidade dos funcionários, não basta mudar a cultura. Como vimos no Capítulo 9, a gestão enxuta orienta tratar o trabalho como um sistema e depois lidar com o tamanho dos lotes e o tempo de ciclo de todo o processo. Assim, para alcançar uma mudança duradoura, a equipe do QuickBooks precisou investir na mudança de ferramentas e plataformas que permitisse o estilo de trabalho novo e mais rápido.

Por exemplo, um dos principais pontos de tensão na tentativa de lançar uma versão alfa mais cedo no ano anterior era que o QuickBooks é um produto de missão crítica. Muitas pequenas empresas o usam como principal repositório de dados financeiros críticos. A equipe estava extremamente cautelosa com relação a lançar um produto mínimo viável que tivesse o risco de corromper os dados dos clientes. Assim, mesmo trabalhando com equipes pequenas com um escopo menor, o peso de todo esse risco tornaria difícil trabalhar em lotes menores.

Para reduzir o tamanho dos lotes, a QuickBooks precisou investir numa tecnologia nova. Desenvolveu um sistema de virtualização que permitia rodar múltiplas versões do QuickBooks no computador. A segunda versão podia acessar todos os dados dos clientes, mas não podia fazer mudanças permanentes neles. Assim não havia o risco de a versão nova corromper os dados por acidente. Isso permitia isolar as novas versões para permitir que clientes reais selecionados as testassem e fornecessem feedback.

Os resultados em três anos foram promissores. A versão do QuickBooks distribuída naquele ano obteve notas de satisfação mais altas e vendeu mais unidades. Se você usa o QuickBooks hoje, é provável que seja uma versão desenvolvida em lotes pequenos. A equipe do QuickBooks continuou explorando maneiras de reduzir o tamanho dos lotes e o tempo de ciclo. Como é usual, existem possibilidades que vão além das soluções técnicas. Por exemplo, o ciclo anual de vendas de softwares embalados em caixa, para desktops, é uma barreira significativa para a aprendizagem realmente rápida, por isso a equipe começou a experimentar produtos por assinatura para os clientes mais ativos. Com os clientes fazendo download das atualizações, a Intuit pode lançar os softwares com mais frequência.[3]

...

À medida que crescem, as startups enxutas podem usar técnicas adaptativas para desenvolver processos mais complexos sem abrir mão de sua vantagem essencial: a velocidade para percorrer o ciclo de feedback construir-medir-aprender. De fato, um dos benefícios primários de usar técnicas derivadas da manufatura enxuta é que, quando crescem, as startups estão bem posicionadas para desenvolver a excelência operacional baseadas nos princípios *lean*. Elas já sabem operar com disciplina, desenvolver processos feitos sob medida para sua situação e usar técnicas como os 5 Porquês e os lotes pequenos. À medida que fizer a transição para se tornar uma empresa estabelecida, a startup bem-sucedida estará bem posicionada para desenvolver o tipo de cultura de execução disciplinada que caracteriza as melhores empresas do mundo, como a Toyota.

Mas se tornar uma empresa estabelecida não é o fim da história. O trabalho da startup jamais termina, porque, como discutido no Capítulo 2, até as empresas estabelecidas precisam se esforçar para descobrir novas fontes de crescimento através da inovação revolucionária. Esse imperativo está chegando mais cedo na vida das empresas. Uma startup bem-sucedida não pode mais esperar que terá anos aproveitando o sucesso como líder de mercado depois de sua primeira IPO. Hoje em dia, as empresas bem-sucedidas enfrentam pressão imediata por parte de novos concorrentes, seguidoras e startups agressivas. Assim, não faz mais sentido pensar que passam por fases bem demarcadas, como a proverbial metamorfose de uma lagarta em uma borboleta. Tanto as startups de sucesso quanto as empresas estabelecidas precisam aprender a fazer malabarismo com vários tipos de trabalho ao mesmo tempo, buscando a excelência operacional e *também* a inovação revolucionária. Isso exige um novo tipo de pensamento de portfólio – que é o assunto do Capítulo 12.

CAPÍTULO 12

Inovar

A sabedoria convencional diz que, quando as empresas ficam maiores, inevitavelmente perdem a capacidade de inovação, a criatividade e a capacidade de crescimento. Creio que isso está errado. À medida que as startups crescem, os empreendedores podem desenvolver organizações que aprendam a equilibrar as necessidades dos clientes existentes com os desafios de encontrar outros a quem atender, administrando linhas existentes e explorando novos modelos de negócios – tudo ao mesmo tempo. E, se estiverem dispostas a mudar sua filosofia administrativa, acredito que até empresas grandes e estabelecidas podem fazer essa mudança para o que eu chamo de *pensamento de portfólio*.

COMO ESTIMULAR A INOVAÇÃO REVOLUCIONÁRIA

Equipes de inovação bem-sucedidas devem ser estruturadas corretamente para prosperar. As startups apoiadas por capital de risco e as que contam apenas com recursos próprios possuem naturalmente alguns desses atributos estruturais como consequência de serem pequenas e independentes. Já as equipes de startups internas precisam de apoio da alta administração para criar essas estruturas. Sejam internas ou externas, minha experiência me ensinou que as equipes de startups precisam de três atributos estruturais: recursos limitados mas garantidos, autoridade para desenvolvimento independente e interesse pessoal no resultado. Todas essas exigências são diferentes daquelas que existem nas divisões das empresas estabelecidas. Tenha em mente que estrutura é apenas um pré-requisito – não garante o sucesso. Mas errar na estrutura é quase garantia de fracasso.

Recursos limitados mas garantidos

Os líderes de divisões nas organizações grandes e estabelecidas costumam se valer da política para aumentar seus orçamentos, mas sabem que esses valores são um tanto variáveis. Muitas vezes eles conseguem o maior possível e se preparam para defendê-lo contra incursões de outras divisões. Devido ao uso da política, algumas vezes eles perdem: caso surja uma crise em outra parte da organização, seu orçamento pode ser reduzido subitamente em 10%. Isso não é uma catástrofe; as equipes precisarão trabalhar mais e fazer mais com menos. Provavelmente o orçamento terá alguma folga como prevenção para esse tipo de eventualidade.

As startups são diferentes: ter orçamento demais é tão prejudicial quanto de menos – como podem atestar incontáveis empresas da era das pontocom –, e as startups são extremamente sensíveis a mudanças orçamentárias no meio do percurso. É extremamente raro que uma startup isolada perca subitamente 10% de seu orçamento disponível. Num grande número de casos isso seria um golpe fatal, já que as startups independentes são administradas com uma margem de erro pequena. Assim, a gestão das startups é ao mesmo tempo mais fácil e mais exigente que a das divisões tradicionais: exige muito menos capital total, mas esse capital deve estar totalmente protegido de interferências.

Autoridade para desenvolvimento independente

As equipes das startups precisam de autonomia absoluta para desenvolver e comercializar produtos novos dentro de seu escopo limitado; precisam poder conceber e executar experimentos sem precisar de um número excessivo de aprovações.

Recomendo enfaticamente que as equipes de startups sejam totalmente multifuncionais, isto é, que tenham representantes em tempo integral de todos os departamentos funcionais da empresa que estejam envolvidos na criação e no lançamento de seus primeiros produtos. As equipes precisam ser capazes de desenvolver e lançar serviços funcionais, não somente protótipos. Os *handoffs* e as aprovações desaceleram o ciclo construir-medir-aprender e inibem a aprendizagem e a responsabilização, portanto devem ser mantidos num nível absolutamente mínimo.

Claro, esse nível de autonomia de desenvolvimento pode provocar temores numa organização-mãe. Aliviar esses temores é um dos principais objetivos do método recomendado adiante.

Interesse pessoal no resultado

Terceiro, é preciso ter interesse pessoal no resultado das suas criações. Em empreendimentos novos e independentes, isso costuma ser alcançado por opções de compra de ações ou outras formas de participação nos lucros. Se, em vez disso, for necessário um sistema de bônus, os melhores incentivos são aqueles ligados ao desempenho de longo prazo da inovação.

No entanto, acredito que esse interesse pessoal não precisa ser financeiro. Isso é especialmente importante em organizações sem fins lucrativos e governamentais, em que a inovação não está ligada a objetivos financeiros. Nesses casos, ainda é possível que as equipes tenham um interesse pessoal. A organização-mãe precisa deixar claro quem é o inovador e garantir que ele receba crédito por ter criado o produto – se for bem-sucedido. Como me disse uma empreendedora que comandava uma divisão numa grande empresa de mídia: "Deixando de lado os incentivos financeiros, sempre senti que, como meu nome estava escrito na porta, eu tinha mais a perder e mais a provar do que as outras pessoas. Esse sentimento de propriedade não é insignificante."

Essa fórmula também é eficaz para empresas com fins lucrativos. Na Toyota, o gerente encarregado de desenvolver um novo veículo do início ao fim é chamado de *shusa*, ou engenheiro-chefe:

> Na literatura americana, os *shusa* costumam ser chamados de gerentes de projeto peso pesado, mas esse nome não revela seu verdadeiro papel como líderes de projeto. Os funcionários da Toyota traduzem o termo como engenheiro-chefe e se referem ao veículo que está sendo desenvolvido como o carro do *shusa*. Eles nos garantiram que o *shusa*

tem autoridade final e absoluta sobre cada aspecto do desenvolvimento do veículo.[1]

Por outro lado, conheço uma empresa de tecnologia de ponta com a reputação de ter uma cultura inovadora, mas cujo histórico de produtos novos é decepcionante. A empresa alardeia um sistema de recompensa interna baseado em grandes prêmios financeiros e de status para as equipes que façam algo extraordinário, mas esses prêmios são concedidos pela administração com base em… ninguém sabe o quê. Não existe um critério objetivo para as pessoas avaliarem se têm chance de ganhar essa cobiçada loteria; elas não acreditam muito que receberão algum prêmio de longo prazo sobre suas inovações. Assim, raramente se sentem motivadas a correr riscos verdadeiros, optando por concentrar suas energias em projetos com mais chances de serem aprovados pela alta administração.

CRIANDO UMA PLATAFORMA DE EXPERIMENTAÇÃO

Em seguida, é importante estabelecer regras básicas para a operação das equipes de startups autônomas: como proteger a organização-mãe, como criar responsabilização entre os gerentes empreendedores e como integrar uma inovação na organização-mãe caso seja bem-sucedida. Lembre-se da "ilha de liberdade" que permitiu à equipe do SnapTax (no Capítulo 2) criar uma startup dentro da Intuit. É isso que uma plataforma de experimentação pode fazer.

Protegendo a organização-mãe

Normalmente, os conselhos relativos aos inovadores internos se concentram em proteger a startup da organização-mãe. Acredito que é necessário virar esse modelo de cabeça para baixo.

Vou começar descrevendo uma reunião bastante típica em uma grande empresa à qual prestei consultoria. A alta administração havia se reunido para tomar decisões sobre o que incluir na versão seguinte do seu produto. Como parte do compromisso de ser orientada pelos dados, a organização havia tentado fazer um experimento em precificação. A primeira parte da reunião foi usada para interpretar os dados gerados pelo experimento.

Um problema era que não havia consenso quanto ao significado dos dados. Muitos relatórios sobre os clientes tinham sido criados para a reunião; a equipe de processamento de dados também estava presente. Quanto mais se pedia que essa equipe explicasse os detalhes de cada coluna na planilha, mais evidente se tornava que ninguém entendia como aqueles números tinham sido obtidos. O que nos restava olhar era o número de vendas do produto numa variedade de diferentes níveis de preços separados por trimestres e segmentos de clientes. Eram dados demais para compreender.

E o pior: ninguém sabia direito quais clientes tinham sido expostos ao experimento. Equipes diferentes haviam sido responsabilizadas pela implementação, por isso diferentes partes do produto tinham sido atualizadas em momentos diferentes. Todo o processo havia demorado vários meses, e, a essa altura, as pessoas que haviam concebido o experimento já não estavam mais na mesma divisão daquelas que o executaram.

Você deve imaginar os muitos problemas dessa situação: o uso de métricas de vaidade em vez de métricas acionáveis, um tempo de ciclo extremamente longo, o uso de lotes grandes, uma hipótese de crescimento pouco clara, um projeto experimental fraco, falta de sentimento de propriedade por parte da equipe. E, portanto, pouquíssima aprendizagem.

Enquanto eu ouvia, presumi que esse seria o fim da reunião. Não havendo fatos consensuais para ajudar na decisão, achei que ninguém teria base para defender uma ação específica. Mas me enganei. Cada departamento simplesmente pegou qualquer interpretação dos dados que melhor apoiasse sua posição e começou a defendê-la com interesse próprio. Outros departamentos intervinham com interpretações alternativas que apoiassem as próprias posições e assim por diante. No final, as decisões não foram tomadas a partir dos dados. O executivo que coordenava a reunião foi obrigado a se basear nos argumentos que pareceram mais plausíveis.

O tempo gasto debatendo os dados me pareceu um desperdício, porque, no fim das contas, os argumentos que venceram poderiam ter sido defendidos sem nada daquilo. Era como se cada defensor se sentisse prestes a sofrer uma emboscada; se outra equipe conseguisse trazer clareza à situação, aquela pessoa poderia sair enfraquecida, de modo que a reação era confundir o máximo possível. Que desperdício.

Ironicamente, reuniões como essa tinham dado má fama às decisões baseadas em dados e experimentações dentro da empresa, e não à toa. A equipe de processamento de dados estava produzindo relatórios que ninguém lia nem entendia. As equipes de projeto sentiam que os experimentos eram uma perda de tempo, já que os recursos eram desenvolvidos pela metade, ou seja, nunca eram muito bons. "Fazer um experimento" parecia um código para adiar uma decisão difícil. E o pior de tudo: para a equipe executiva, as reuniões significavam dores de cabeça crônicas. Suas antigas reuniões de priorização podiam não passar de uma batalha de opiniões, mas pelo menos eles entendiam o que estava acontecendo. Agora, precisavam passar por um ritual que envolvia matemática complexa e não chegava a um resultado definido, e ainda por cima não tinham se livrado da batalha de opiniões.

Temores racionais

Só que no fundo dessa guerra de departamentos havia um medo muito racional. Essa empresa servia a dois segmentos de clientes: um B2B e um B2C. No B2B, uma equipe vendia grandes volumes do produto a outras empresas, ao passo que o B2C era impelido majoritariamente por compras únicas de indivíduos. O grosso da receita vinha das vendas B2B, mas o crescimento nesse segmento vinha diminuindo. Todo mundo concordava que havia um potencial de crescimento tremendo no segmento voltado para o consumidor, mas até então pouca coisa havia se materializado.

Um dos motivos para essa falta de crescimento era a estrutura de preços corrente. Como muitas empresas que vendem para grandes empresas, essa em questão publicava uma tabela de preços altos e depois oferecia grandes descontos para clientes corporativos "favorecidos" que compravam no atacado. Naturalmente, os vendedores eram encorajados a fazer com que todos os seus clientes se sentissem favorecidos. Infelizmente, os preços na tabela publicada eram altos demais para o segmento voltado para os consumidores.

A equipe encarregada de fazer crescer o segmento B2C queria experimentar uma estrutura de preços menores. A equipe encarregada do segmento B2B tinha medo de que isso canibalizasse ou prejudicasse de outro modo seu relacionamento com os clientes. E se eles descobrissem que estavam oferecendo um preço mais baixo aos clientes individuais?

Qualquer pessoa que atue em um negócio com vários segmentos reconhecerá que existem muitas soluções possíveis para esse problema, como, por exemplo, criar conjuntos de funcionalidades em camadas, de modo que clientes diferentes possam comprar diferentes "níveis" do produto (como as classes de assentos nos voos) ou mesmo apresentar produtos diferentes sob marcas diferentes. Mas a empresa estava com dificuldade para implementar qualquer uma dessas soluções. Por quê? Por medo de prejudicar os negócios existentes, cada experimento proposto era adiado, sabotado e tornado ainda mais complicado.

É importante enfatizar que esse medo tem fundamento. A sabotagem é uma reação racional por parte de administradores cujo território esteja sendo ameaçado. Essa empresa não é uma startup aleatória, minúscula, que não tem nada a perder. Uma empresa estabelecida tem muito a perder. Se a receita gerada pelo negócio principal cair, cabeças rolarão. Isso não é uma coisa a ser desconsiderada.

Os perigos de esconder a inovação na caixa-preta

O imperativo para inovar é implacável. Sem a capacidade de experimentar de modo mais ágil, essa empresa acabaria sofrendo o destino descrito em *O dilema da inovação*: lucros e margens mais altos ano após ano, até um súbito desmoronamento.

Muitas vezes enquadramos os desafios de inovação interna perguntando: como proteger a startup interna da organização-mãe? Eu gostaria de reenquadrar e reverter a pergunta: como proteger a organização-mãe da startup? Aprendi com a experiência que as pessoas se defendem quando se sentem ameaçadas, e nenhuma inovação pode prosperar se a postura defensiva tiver rédeas soltas. É por isso que a sugestão comum de esconder a equipe de inovação é equivocada. Existem exemplos de sucessos ocasionais usando um laboratório secreto ou uma equipe de inovação fora da empresa, como aconteceu com o desenvolvimento do primeiro IBM PC em Boca Raton, na Flórida, completamente separado do complexo principal da IBM. Mas esses exemplos deveriam servir principalmente como narrativas de advertência, porque raros deles levaram a uma inovação sustentável.[2] Esconder a startup da organização-mãe pode ter consequências negativas a longo prazo.

Considere pelo ponto de vista dos administradores que veem a inovação surgir de repente. É provável que se sintam traídos e um tanto paranoicos. Afinal de contas, se uma coisa dessa magnitude pôde ser escondida, o que mais está de tocaia nas sombras? Com o tempo, isso leva a mais política, à medida que os gerentes são incentivados a desenterrar ameaças ao seu poder, à sua influência ou à sua carreira. O fato de a inovação ser um sucesso não justifica esse comportamento desonesto. Pelo ponto de vista dos gerentes estabelecidos, a mensagem é clara: se você não estiver por dentro, pode ser apanhado de surpresa por esse tipo de segredo.

É injusto criticar a reação desses gerentes; a crítica deve ser direcionada aos altos executivos que não criaram um sistema de proteção no qual atuar e inovar. Acredito que esse é um dos motivos para empresas como a IBM terem perdido a posição de liderança nos novos mercados que desenvolveram, usando uma caixa-preta como no negócio do PC. Elas não conseguem recriar e manter a cultura que levou à inovação.

Criando uma *sandbox*

O desafio aqui é criar mecanismos para empoderar abertamente as equipes de inovação. Esse é o caminho para manter uma cultura sustentável de inovação ao longo do tempo, mesmo enquanto a empresa enfrenta repetidas ameaças existenciais. A solução que eu sugiro é criar uma *sandbox* (caixa de areia), um ambiente experimental protegido, que contenha o impacto da inovação mas não restrinja os métodos da equipe startup. Funciona assim:

1. Qualquer equipe pode criar um verdadeiro teste A/B que afete apenas as partes do produto ou serviço que estejam dentro da *sandbox*

(para um produto com múltiplas partes) ou apenas determinados segmentos ou territórios de vendas (para um produto novo). Porém:
2. Uma mesma equipe deve supervisionar o experimento do início ao fim.
3. Nenhum experimento pode demorar mais que o tempo especificado (em geral, umas poucas semanas para um experimento com um atributo simples e um tempo maior para inovações mais revolucionárias).
4. Nenhum experimento pode afetar mais do que um número especificado de clientes (em geral, expresso como uma porcentagem da base total de clientes comuns da empresa).
5. Todo experimento precisa ser avaliado tendo por base um único relatório padrão de 5 a 10 métricas acionáveis (não mais que isso).
6. Toda equipe que trabalhe na *sandbox* e todo produto que seja desenvolvido nela deve usar as mesmas métricas para avaliar o sucesso.
7. Qualquer equipe que crie um experimento deve monitorar as métricas e as reações dos clientes (telefonemas para o suporte, reações nas mídias sociais, discussões em fóruns, etc.) enquanto o experimento está acontecendo, e abortá-lo se algo catastrófico acontecer.

No início, essa zona protegida deve ser bem pequena. Na empresa que citei há pouco, ela continha inicialmente apenas a página da tabela de preços. Dependendo do tipo de produto que a empresa faz, o tamanho da *sandbox* pode ser definido de diversos modos. Um serviço on-line, por exemplo, pode restringi-la a determinadas páginas ou alguns fluxos de usuários. Uma operação de varejo pode restringi-la a determinadas lojas ou áreas geográficas. Empresas que tentam colocar no mercado um produto completamente novo podem erguer a restrição ao redor de clientes de determinados segmentos.

Ao contrário de um teste de conceito ou de mercado, os clientes que estão na *sandbox* são considerados reais e a equipe de inovação tem permissão para tentar estabelecer um relacionamento de longo prazo com eles. Afinal de contas, ela pode experimentar com esses adotantes iniciais durante um longo tempo antes de alcançar seus marcos de aprendizagem.

Sempre que possível, a equipe de inovação deve ser multifuncional e ter um líder claro, como o *shusa* na Toyota, com autorização para desenvolver, comercializar e implantar produtos ou atributos na *sandbox* sem precisar de aprovação prévia. O sucesso ou o fracasso desses esforços deve ser informado usando métricas acionáveis padrão e contabilidade para inovação.

Essa abordagem pode funcionar até mesmo para equipes que nunca trabalharam com estrutura multifuncional. As primeiras mudanças, como uma alteração de preço, podem não exigir grande esforço de engenharia, mas exigem coordenação entre departamentos: engenharia, marketing, atendimento. As equipes que trabalham assim são mais produtivas, desde que a produtividade seja medida através de sua capacidade de criar valor para o cliente e não somente de se manterem ocupadas.

Os verdadeiros experimentos são fáceis de ser classificados como sucessos ou fracassos porque as métricas de alto nível se movem ou não. De qualquer modo, a equipe descobre imediatamente se suas suposições sobre o comportamento dos clientes estão corretas. Ao usar as mesmas métricas todas as vezes, a equipe gera o conhecimento sobre essas métricas em toda a empresa. Como a equipe de inovação informa seu progresso usando o sistema de contabilidade para inovação descrito na Parte 2, qualquer um que leia os relatórios está recebendo uma lição implícita sobre o poder das métricas acionáveis. Esse efeito é extremamente poderoso. Ainda que alguém queira sabotar a equipe de inovação, para fazer isso terá que aprender tudo sobre métricas acionáveis e marcos de aprendizagem.

Além disso, a *sandbox* promove uma iteração rápida. Quando as pessoas têm a chance de acompanhar um projeto do início ao fim, quando o trabalho é feito em lotes pequenos e produz rapidamente um veredicto claro, elas se beneficiam do poder do feedback. A cada vez que não conseguem alterar os números, têm uma oportunidade real de agir imediatamente a partir das descobertas. Assim, essas equipes costumam convergir rápido para soluções ótimas, mesmo que comecem com ideias muito ruins.

Como vimos, isso é resultado do princípio dos lotes pequenos. Os especialistas funcionais, especialmente os que estão acostumados com o desenvolvimento em cascata ou o *stage-gate*, foram treinados para trabalhar em lotes extremamente grandes. Isso faz com que até mesmo as boas ideias fiquem empacadas devido ao desperdício. Ao diminuir o tamanho dos lotes, o método da *sandbox* permite que as equipes cometam erros baratos rapidamente e comecem a aprender. Como veremos a seguir, esses pequenos experimentos iniciais podem demonstrar se uma equipe tem um novo negócio viável que pode ser integrado à empresa-mãe.

A prestação de contas das equipes internas

No Capítulo 7, discutimos em detalhes os marcos de aprendizagem. Com uma equipe startup interna, a sequência de prestação de contas é a mesma: desenvolver um modelo ideal da inovação desejada baseado em arquétipos de consumidor, lançar um MVP para estabelecer um patamar e depois tentar ajustar o motor para aproximá-lo do ideal.

Quando atuam nessa estrutura, as equipes internas agem essencialmente como startups. À medida que demonstram sucesso, precisam ser integradas ao portfólio geral de produtos e serviços da empresa.

CULTIVANDO O PORTFÓLIO ADMINISTRATIVO

Existem quatro tipos principais de trabalho que as empresas devem administrar.[3] À medida que uma startup interna cresce, os empreendedores que criaram o conceito original devem enfrentar o desafio da expansão. Enquanto novos clientes convencionais são adquiridos e novos mercados são conquistados, o produto se torna parte da imagem pública da empresa, com importantes implicações para RP, marketing, vendas e desenvolvimento de negócios. Na maioria dos casos, o produto atrairá concorrentes: *copycats*, seguidoras e imitadores de todos os tipos.

Assim que o mercado do novo produto é estabelecido, os procedimentos se tornam mais rotineiros. Para combater a comoditização do produto em seu mercado, é essencial investir em ampliações de linha, melhorias incrementais e novas formas de marketing. Nessa fase, a excelência operacional assume um papel maior, já que um modo importante de aumentar a margem de lucro é reduzir custos. Isso pode exigir outro tipo de gestor: excelente em otimização, delegação, controle e execução. O preço das ações da empresa depende desse tipo de crescimento previsível.

Também existe uma quarta fase, em que predominam os custos operacionais e produtos legados. Esse é o âmbito da terceirização, da automação e da redução de custos. Mesmo assim, a infraestrutura ainda é de missão crítica. Problemas nas instalações ou em infraestruturas importantes ou o abandono de clientes leais podem abalar toda a empresa. Mas, diferentemente da fase de crescimento e otimização, os investimentos nessa área não ajudarão a aumentar a receita bruta. Os gestores desse tipo de organização sofrem o destino dos árbitros de futebol: são criticados quando algo dá errado e não são elogiados quando as coisas vão bem.

Costumamos falar dessas quatro fases a partir da perspectiva das grandes empresas, em que elas podem representar divisões inteiras e centenas ou até milhares de pessoas. Faz sentido, já que a evolução dos negócios nesses casos extremos é mais fácil de ser observada. Mas todas as empresas se envolvem em todas as quatro fases de trabalho o tempo todo. Assim que um produto chega ao mercado, equipes trabalham duro para levá-lo à fase seguinte. Todo produto, recurso ou serviço bem-sucedido começou a vida no setor de pesquisa e desenvolvimento (P&D), com o tempo se tornou parte da estratégia da empresa, passou por otimizações e, por fim, deixou de ser novidade.

O problema das startups, tanto quanto das empresas grandes, é que muitas vezes os funcionários acompanham os produtos que eles desenvolveram à medida que passam de uma fase a outra. Uma prática comum é que o inventor administre os recursos, a equipe ou a divisão que o comercializa em última instância. Como consequência, gestores fortes e criativos acabam presos no trabalho de crescimento e otimização de produtos existentes em vez de criar novos.

Esse é um dos motivos para empresas estabelecidas terem dificuldade de encontrar gestores criativos que estimulem a inovação. Toda inovação compete por recursos com projetos estabelecidos, e um dos recursos mais escassos é o talento.

"Empreendedor" é um cargo

A saída para esse dilema é administrar de modo diferente os quatro tipos de trabalho, permitindo o desenvolvimento de equipes multifuncionais fortes ao redor de cada área. Quando os produtos passam de uma fase a outra, são entregues de uma equipe a outra. Os funcionários podem optar por se mover junto com o produto, como parte da entrega, ou ficar e começar a trabalhar em algo novo. Nenhuma das duas opções é necessariamente certa ou errada; depende do temperamento e das habilidades da pessoa.

Algumas pessoas são inventores naturais, que preferem trabalhar sem a pressão e as expectativas das fases comerciais posteriores. Outras são ambiciosas e veem a inovação como caminho para cargos mais altos. Outras ainda são especialmente hábeis na gestão de um negócio estabelecido, em terceirização ou em incrementar eficiências e reduzir custos. As pessoas deveriam ter a permissão de encontrar os tipos de trabalho que mais combinem com elas.

De fato, o empreendedorismo deveria ser considerado uma carreira viável para inovadores dentro de organizações grandes. Os gerentes capazes de comandar equipes usando a metodologia startup enxuta não deveriam ter que sair da empresa para colher as recompensas geradas por sua capacidade nem ter que fingir que se encaixam nas hierarquias rígidas dos departamentos funcionais estabelecidos. Em vez disso, deveriam ter um cartão de visita em que estivesse escrito simplesmente "Empreendedor" embaixo do nome. Deveriam prestar contas usando o sistema de contabilidade para inovação e ser promovidos e recompensados de acordo.

Depois de o empreendedor ter incubado um produto na *sandbox* da inovação, esse produto precisará ser integrado na organização-mãe. Em determinado momento, será necessária uma equipe maior para fazê-lo crescer, comercializá-lo e expandi-lo. A princípio essa equipe exigirá a liderança continuada dos inovadores que trabalharam na *sandbox*. Essa é uma parte positiva do processo, já que dá aos inovadores a chance de treinar novos membros da equipe no novo estilo de trabalho que dominaram dentro da *sandbox* original.

Em termos ideais, a zona protegida crescerá com o tempo; isto é, em vez de tirar a equipe da caixa e colocá-la nas rotinas padronizadas da empresa, pode haver oportunidades para ampliar o escopo da *sandbox*. Por exemplo: se apenas alguns aspectos do produto estiverem sujeitos à experimentação, novos atributos podem ser acrescentados. No serviço on-line que mencionei, isso poderia ser alcançado começando-se com uma zona protegida que abarcasse a página da tabela de preços da empresa. Quando esses experimentos dessem certo, a empresa poderia acrescentar a home page do site. Mais tarde, poderia acrescentar a funcionalidade de busca ou o webdesign geral. Se o alvo inicial fossem apenas alguns clientes ou determinado número de clientes, o alcance do produto poderia ser aumentado. Quando mudanças assim são contempladas, é importante que a alta administração avalie se as equipes que trabalham na *sandbox* podem se defender sozinhas politicamente na organização-mãe. A *sandbox* tem como fim protegê-las e proteger a organização-mãe, e qualquer expansão precisa levar isso em conta.

Trabalhar na zona protegida da inovação é como desenvolver os músculos da startup. A princípio, a equipe só poderá realizar experimentos modestos, que talvez não gerem muita aprendizagem e não levem a um sucesso possível de ser expandido, mas com o tempo é quase certo que essas equipes evoluam, desde que recebam o feedback constante do desenvolvimento em lotes pequenos e das métricas acionáveis e se encarreguem das métricas de aprendizagem.

Claro, qualquer sistema de inovação acabará se tornando vítima do próprio sucesso. À medida que a *sandbox* se expandir e a receita da empresa crescer em resultado das inovações ali desenvolvidas, o ciclo terá que recomeçar. Os antigos inovadores se tornarão guardiões do *status quo*. Quando o produto abarcar toda a *sandbox*, as regras e os controles adicionais necessários para operações de missão crítica vão sobrecarregá-la. Novas equipes de inovação precisarão de uma nova *sandbox* onde atuar.

Tornando-se o *status quo*

Essa última transição é a mais difícil de ser aceita pelos inovadores: sua transformação de *outsiders* radicais para a personificação do *status quo*. Para mim, foi perturbador. Como você pode deduzir pelas técnicas que defendo como parte da startup enxuta, sempre fui meio encrenqueiro nas empresas em que trabalhei, defendendo a iteração rápida, tomadas de decisão baseadas em dados e o envolvimento precoce dos clientes. Quando essas ideias não faziam parte da cultura dominante, era simples (apesar de frustrante) ser defensor delas. Eu só precisava pressionar a favor das minhas ideias com o máximo de intensidade humanamente possível. Como eram consideradas heréticas, a cultura dominante estabelecia um meio-termo "razoável" comigo. Graças ao fenômeno psicológico da ancoragem, isso levava a um incentivo perverso: quanto mais radical fosse minha sugestão, mais provável era que o meio-termo razoável estivesse mais próximo do meu verdadeiro objetivo.

Avancemos vários anos até quando eu comandava o desenvolvimento de produtos. As pessoas novas que contratássemos precisavam ser doutrinadas na cultura startup enxuta. Testes A/B, implantação contínua e testes com clientes eram procedimentos padrão. Eu precisava continuar a ser um enfático defensor das minhas ideias, fazendo com que cada funcionário novo estivesse disposto a experimentá-las. Mas, para as pessoas que já estavam na empresa havia algum tempo, essas ideias tinham se tornado parte do *status quo*.

Como muitos empreendedores, me vi entre a necessidade de fazer pregação constante das minhas ideias e avaliar constantemente as sugestões de como melhorá-las. Meus funcionários enfrentavam o mesmo incentivo que eu havia explorado anos antes: quanto mais radical fosse a sugestão, mais provável que o meio-termo se aproximasse da direção que eles de fato desejavam. Ouvi de tudo um pouco: sugestões para voltarmos ao desenvolvimento em cascata, usar mais ou menos garantia de qualidade, ter menos ou mais envolvimento dos clientes, usar mais visão e menos dados ou interpretar os dados com maior rigor estatístico.

Era necessário um esforço constante para levar a sério essas sugestões. Mas reagir de forma dogmática não ajuda. Harmonizar fazendo uma média automática também não funciona.

Descobri que todas as sugestões deveriam estar sujeitas à mesma investigação científica rigorosa que tinha levado à criação da startup enxuta. Podemos usar a teoria para prever os resultados da mudança proposta? Podemos incubar a mudança numa equipe pequena e ver o que acontece? Podemos avaliar seu impacto? Sempre que puderam ser implementadas, essas abordagens permitiram que eu aumentasse meu aprendizado e, mais importante, a produtividade das empresas com as quais trabalhei. Muitas técnicas da startup enxuta que criamos na IMVU não são contribuições individuais minhas. Pelo contrário, foram concebidas, incubadas e executadas por funcionários que usaram sua criatividade e seu talento.

Acima de tudo, ouvi estas perguntas: Como vamos saber que o "seu modo" de desenvolver uma empresa funciona? Quais outras empresas o estão usando? Quem ficou rico e famoso graças a ele? São perguntas sensatas. Todos os titãs do nosso setor estão trabalhando de modo mais lento, mais linear. Por que estamos fazendo algo diferente?

São essas perguntas que exigem o uso da teoria para serem respondidas. Quem quiser adotar a startup enxuta como um conjunto de passos ou táticas definido não vai se sair bem. Precisei aprender isso do modo mais difícil. Numa situação de startup, as coisas dão errado constantemente. Quando isso acontece, enfrentamos o velhíssimo dilema resumido por Deming: como saber que o problema se deve a uma causa específica e não a uma causa sistêmica? Se estamos no meio do caminho da adoção de um novo modo de trabalhar, sempre nos sentiremos tentados a culpar o novo sistema pelos problemas que surgem. Às vezes essa tendência é correta, às vezes não. Aprender a perceber a diferença exige teoria. Você precisa ser capaz de prever o resultado das mudanças que faz para saber se os problemas resultantes são de fato problemas.

Por exemplo, mudar a definição de produtividade de uma equipe, passando-a da excelência funcional – excelência em marketing, vendas ou desenvolvimento de produto – para a aprendizagem validada causará problemas. Como já indiquei, os especialistas funcionais estão acostumados a avaliar sua eficiência checando a quantidade de tempo que passam executando determinado trabalho. Por exemplo, um programador espera escrever códigos o dia inteiro. Por isso muitos ambientes de trabalho tradicionais frustram esses especialistas: a interrupção constante provocada por reuniões, entregas de serviços entre funções e explicações de números intermináveis atuam como amarras para a eficiência. Mas o objetivo da startup enxuta não é a eficiência individual desses especialistas. O que queremos é forçar as equipes a trabalhar de modo multifuncional para alcançar a aprendizagem validada. Muitas técnicas para isso – métricas acionáveis, implantação contínua e o ciclo geral de feedback construir-medir-aprender – fazem com que as equipes não otimizem ao máximo suas funções individuais. Não importa a rapidez com que podemos construir. Não importa a rapidez com que podemos medir. O que importa é a rapidez com que percorremos todo o ciclo.

Ao longo dos anos em que venho ensinando esse sistema, notei o seguinte padrão todas as vezes: mudar para a aprendizagem validada parece pior antes de parecer melhor. Isso acontece porque os problemas provocados pelo sistema antigo costumam ser intangíveis, ao passo que os problemas do novo sistema são tangíveis demais. O antídoto para esses desafios é poder contar com a teoria. Se soubermos de antemão que essa perda de produtividade é uma parte inevitável da transição, conseguiremos administrá-la. As expectativas podem ser estabelecidas antecipadamente. Na minha prática de consultoria, por exemplo, aprendi a abordar essas questões desde o primeiro dia; caso contrário, elas podem descarrilar todo o esforço assim que estiver sendo feito. À medida que a mudança progride, podemos usar a análise de causa raiz e as técnicas de resposta rápida para descobrir quais problemas precisam de prevenção. Em última instância, a startup enxuta é uma estrutura, e não um roteiro fechado. Ela é projetada para se adaptar às condições de cada empresa específica. Em vez de copiar o que outras fizeram, técnicas como os 5 Porquês permitem que você desenvolva algo perfeitamente adequado à sua empresa.

O melhor modo de dominar e explorar essas ideias é entrar para uma comunidade de prática. Em inúmeros países existe uma próspera comunidade de reuniões presenciais e on-line tratando da startup enxuta. E sugestões de como aproveitar esses recursos estão listadas no anexo deste livro, "Junte-se ao movimento".

EPÍLOGO
Não desperdice

O livro *Princípios de administração científica*, de Frederick Winslow Taylor, já tem mais de 100 anos. O movimento da administração científica mudou o rumo do século XX ao tornar possível a tremenda prosperidade que hoje achamos natural. Taylor efetivamente inventou o que hoje consideramos simplesmente administração: melhorar a eficiência dos trabalhadores individuais, administrar por exceção (concentrar-se apenas em resultados inesperadamente bons ou ruins), padronizar o trabalho em tarefas, o sistema de compensação segundo tarefa mais bônus e – acima de tudo – a ideia de que o trabalho pode ser estudado e melhorado pelo esforço consciente. Taylor inventou o moderno trabalho de colarinho branco, que vê as empresas como sistemas que devem ser administrados não somente no nível do indivíduo. Existe um motivo para todas as revoluções administrativas terem sido comandadas por engenheiros: a administração é uma engenharia de sistemas humanos.

Em 1911, Taylor escreveu: "No passado, o homem estava em primeiro lugar; no futuro, os sistemas devem estar em primeiro lugar." A previsão se realizou. Estamos vivendo no mundo imaginado por Taylor. No entanto, a revolução que ele deslanchou foi – em muitos sentidos – bem-sucedida demais. Apesar de Taylor ter pregado a ciência como um modo de pensar, muitas pessoas confundiram sua mensagem com as técnicas rígidas que ele defendia: estudos de tempos e movimentos, o sistema diferencial de remuneração por peça e, o mais perturbador de tudo, a ideia de que os trabalhadores devem ser tratados como pouco mais do que autômatos. Muitas dessas ideias se mostraram tremendamente danosas e exigiram o esforço de teóricos posteriores para serem desfeitas. De modo crítico, a manufatura enxuta redescobriu a sabedoria e a iniciativa escondidas em cada trabalhador de fábrica e redirecionou a noção de eficiência de Taylor, afastando-a da tarefa individual e conduzindo-a na direção do organismo corporativo como um todo. Mas cada uma dessas revoluções subsequentes abraçou a ideia central de Taylor, de que o trabalho pode ser estudado cientificamente e melhorado com uma rigorosa abordagem experimental.

No século XXI, enfrentamos um novo conjunto de problemas que Taylor não poderia ter imaginado. Nossa capacidade produtiva excede em muito nossa capacidade de saber o que produzir. Ainda que tenha havido uma quantidade enorme de invenções e inovações no início do século XX, a maior parte delas foi dedicada a aumentar a produtividade de trabalhadores e máquinas com o objetivo de prover alimentação, vestimentas e abrigo à população mundial. Esse projeto permanece inacabado, como podem atestar os milhões de pessoas que vivem na pobreza, só que agora a solução é estritamente política. Temos a capacidade de construir praticamente qualquer coisa que imaginarmos. A grande questão do nosso tempo não é "Isso pode ser construído?", e sim "Isso *deve* ser construído?". O que nos coloca num momento histórico incomum: nossa prosperidade futura depende da qualidade de nossa imaginação coletiva.

Em 1911, Taylor escreveu:

Vemos nossas florestas desaparecendo, nossa energia hidráulica sendo desperdiçada, nosso solo sendo carregado por enchentes até o mar. E o fim do nosso carvão e do nosso ferro está à vista. Mas os maiores desperdícios de esforço humano, que acontecem todos os dias através de atos disparatados, mal direcionados ou ineficientes (…) são menos visíveis, menos tangíveis e avaliados apenas vagamente.

Vemos e sentimos o desperdício das coisas materiais, mas os movimentos desajeitados, ineficientes ou mal direcionados dos homens não deixam para trás nada visível ou tangível. A avaliação deles exige um ato de memória, um esforço da imaginação. E por esse motivo, ainda que nossa perda diária por essa fonte seja maior que o desperdício de coisas materiais, este último nos abalou profundamente, ao passo que a primeira nos comoveu muito pouco.[1]

Um século depois, o que podemos dizer sobre essas palavras? Por um lado, parecem arcaicas. Nós, do século XXI, temos uma consciência exacerbada da importância da eficiência e do valor econômico dos ganhos de produção. Nossos locais de trabalho são – pelo menos no tocante à produção de objetos materiais – incrivelmente bem organizados em comparação com os da época de Taylor.

Por outro lado, essas palavras me soam completamente contemporâneas. Apesar de toda a nossa alardeada eficiência, nossa economia ainda desperdiça incrivelmente. Esse desperdício resulta não da organização ineficiente do trabalho, e sim de trabalhar em coisas erradas – e numa escala industrial. Como disse Peter Drucker: "Certamente não existe nada tão inútil quanto fazer com grande eficiência o que não deveria ser feito."[2]

E mesmo assim fazemos coisas erradas com eficiência o tempo todo. É difícil ter uma estimativa sólida do fator de desperdício do mundo moderno, mas não faltam histórias. Nas minhas consultorias e viagens para falar sobre a startup enxuta ouço as mesmas coisas, vindas de funcionários de empresas grandes e pequenas. Em todos os setores vemos intermináveis casos de lançamentos fracassados, projetos mal concebidos e espirais da morte dos lotes grandes. Considero esse mau uso do tempo um desperdício criminosamente negligente da criatividade e do potencial humanos.

Que porcentagem de todo esse desperdício pode ser prevenida? Acho que é uma proporção muito maior do que percebemos atualmente. A maioria das pessoas que encontro acredita que, pelo menos em seu setor, os projetos fracassam por bons motivos: são inerentemente arriscados, as condições do mercado são imprevisíveis, o "pessoal das grandes empresas" é intrinsecamente sem criatividade. Alguns acreditam que, se apenas diminuíssemos a velocidade de tudo e fôssemos mais cuidadosos, reduziríamos a taxa de fracasso ao fazer menos projetos, com mais qualidade. Outros acreditam que determinadas pessoas têm um dom inato para saber qual é a coisa certa a ser desenvolvida. Se conseguirmos encontrar um número suficiente desses visionários e virtuoses, nossos problemas serão solucionados. Essas "soluções" já foram consideradas de ponta no século XIX, antes que as pessoas conhecessem a administração moderna.

As exigências de um mundo cada vez mais veloz fazem com que essas abordagens antigas não funcionem, e assim a culpa dos projetos e empreendimentos fracassados costuma ser jogada sobre a alta administração, a quem se pede para fazer o impossível. Ou então o dedo acusador é apontado para investidores financeiros ou os mercados públicos, por enfatizarem exageradamente as soluções rápidas e os resultados de curto prazo. Temos culpa suficiente para distribuir, mas pouquíssima teoria para guiar as ações de líderes e investidores.

O movimento startup enxuta contrasta com essas preocupações. Acreditamos que a maioria das formas de desperdício na inovação é evitável desde que suas causas sejam compreendidas. Basta mudarmos nossa visão coletiva sobre como esse trabalho deve ser feito.

Não basta exortar os trabalhadores a se esforçarem mais. Nossos problemas atuais são provocados por excesso de esforço – aplicado nas coisas erradas. Ao nos concentrarmos na eficiência funcional, perdemos de vista o verdadeiro objetivo da inovação: aprender o que é desconhecido neste momento. Como Deming ensinou, o que importa não é estabelecer objetivos quantitativos, e sim consertar o método pelo qual esses objetivos são alcançados. O movimento startup enxuta defende o princípio de que o método científico pode ser usado para responder à pergunta mais premente sobre inovação: como desenvolver uma organização sustentável em torno de um novo conjunto de produtos ou serviços?

SUPERPODERES ORGANIZACIONAIS

Um participante de um dos meus seminários me procurou alguns meses depois do evento para contar a seguinte história, que narro com minhas palavras: "Conhecer os princípios da startup enxuta me faz sentir que tenho superpoderes. Apesar de ser apenas um funcionário subalterno, quando me reúno com diretores e gerentes na empresa em que trabalho, faço perguntas simples a eles e os ajudo muito rápido a ver como seus projetos se baseiam em hipóteses fundamentais que podem ser testadas. Em minutos consigo estabelecer um roteiro que eles podem seguir com o objetivo de validar cientificamente seus planos antes que seja tarde demais. Eles sempre reagem dizendo: 'Uau, você é brilhante. Nunca havíamos pensado em aplicar esse nível de rigor às ideias sobre novos produtos.'"

Graças a essas atuações, ele ganhou a reputação de funcionário brilhante em sua empresa. Isso foi bom para sua carreira, mas tem sido muito frustrante em termos pessoais. Por quê? Porque, apesar de ele ser realmente brilhante, suas ideias sobre planos imperfeitos para produtos não se devem à sua inteligência, e sim à existência de uma teoria que lhe permite fazer previsões e propor alternativas. É frustrante que os gestores a quem ele apresenta suas ideias não enxerguem o sistema. Concluem, erroneamente, que o segredo do sucesso é encontrar pessoas brilhantes como ele. Estão deixando de enxergar a oportunidade que ele realmente lhes apresenta: obter resultados melhores sistematicamente ao mudar as crenças sobre como a inovação acontece.

Colocando o sistema em primeiro plano: alguns perigos

Tal como o desafio de Taylor, o nosso é convencer os gestores das corporações modernas a colocar o sistema em primeiro plano. Mas o taylorismo deve servir como um alerta, e é importante aprender as lições da história enquanto levamos essas ideias novas a um público mais convencional.

Taylor é lembrado por seu foco na prática sistemática, e não na inteligência individual. Aqui está a íntegra do trecho de *Princípios de administração científica* que inclui a famosa frase sobre colocar o sistema em primeiro plano:

> No futuro, será valorizada a ideia de que nossos líderes devem ser bem treinados, além de bem nascidos, e que nenhum grande homem pode (com o antigo sistema da administração pessoal) ter esperanças de competir com vários homens comuns que tenham sido adequadamente organizados para cooperar com eficiência.
>
> No passado, o homem esteve em primeiro plano; no futuro, o sistema deve vir na frente. Mas isso não quer dizer, de modo algum, que não sejam necessários grandes homens. Pelo contrário, o primeiro objetivo de qualquer bom sistema deve ser desenvolver homens de primeira classe; e, sob a administração sistemática, o melhor homem ascende ao topo com mais certeza e mais rápido que em qualquer época anterior.[3]

Infelizmente, a insistência de Taylor em que a administração científica não se opõe a encontrar e promover os melhores indivíduos foi logo esquecida. Os ganhos de produção obtidos com as primeiras táticas de administração científica, como os estudos de tempos e movimentos, a bonificação por tarefa e especialmente a supervisão funcional (precursora dos atuais departamentos funcionais), foram tão significativos que as gerações de administradores seguintes perderam de vista a importância das pessoas que as estavam implementando.

Isso levou a dois problemas: (1) os sistemas empresariais se tornaram exageradamente rígidos e, portanto, não conseguiram aproveitar a adaptabilidade, a criatividade e a sabedoria de trabalhadores individuais; e (2) houve uma ênfase excessiva em planejamento, prevenção e procedimentos, o que permitiu às organizações obter resultados consistentes num mundo predominantemente estático. No chão de fábrica, esses problemas foram enfrentados pelo movimento manufatura enxuta, e essas lições se espalharam por muitas corporações modernas, mas no desenvolvimento de novos produtos, no empreendedorismo e no trabalho de inovação em geral ainda usamos uma estrutura ultrapassada.

Tenho esperança de que o movimento startup enxuta não caia na mesma armadilha reducionista. Estamos apenas começando a descobrir as regras que governam o empreendedorismo, a conceber um método capaz de aumentar as chances de sucesso das startups e uma abordagem sistemática para desenvolver produtos inovadores. Isso não diminui em nada as virtudes tradicionais do empreendedorismo: a primazia da visão, a disposição a correr grandes riscos e a coragem diante de dificuldades avassaladoras. Nossa sociedade precisa mais do que nunca da criatividade e da visão dos empreendedores. E é justamente por serem recursos tão preciosos que não podemos nos dar ao luxo de desperdiçá-los.

A pseudociência do desenvolvimento de produtos

Acredito que, se estivesse vivo, Taylor riria do que constitui a administração de empreendedores e inovadores. Apesar de contarmos com o trabalho de cientistas e engenheiros que ofuscariam qualquer pessoa do início do século XX com seus feitos de magia tecnológica, as práticas gerenciais que usamos para organizá-los costumam ser desprovidas de rigor científico. Ouso chamá-las de pseudociência.

Rotineiramente aprovamos projetos novos baseados mais na intuição do que nos fatos. Como vimos neste livro, não é essa a causa raiz do problema. Toda inovação começa com uma visão. O fundamental é o que acontece em seguida. Como também vimos, um número muito grande de equipes de inovação se ocupa com o teatro do sucesso, encontrando seletivamente dados que apoiem sua visão em vez de expor os elementos da visão a experimentos verdadeiros ou, pior ainda, mantendo-se em modo sigiloso para criar uma área livre de dados para "experimentações" ilimitadas, desprovida de feedback dos clientes ou de qualquer prestação de contas externa. Sempre que uma equipe tenta demonstrar causa e efeito colocando a ênfase num gráfico de métricas brutas, também está engajada em pseudociência.

Se a aprendizagem aconteceu num ciclo de iteração, vamos demonstrar isso transformando-a em aprendizagem validada no próximo ciclo. Apenas desenvolvendo um modelo de comportamento do cliente e depois mostrando a capacidade de usar nosso produto ou serviço para mudá-lo com o passar do tempo é que podemos estabelecer fatos reais sobre a validade da nossa visão.

Enquanto comemoramos o sucesso do movimento startup enxuta, é essencial uma nota de advertência. Não podemos permitir que nosso sucesso gere uma nova pseudociência baseada em pivôs, MVPs e coisas do tipo. Esse foi o destino da administração científica, e acredito que no fim das contas isso atrasou sua causa durante décadas. A ciência passou a significar a vitória do trabalho rotineiro sobre o criativo, da mecanização sobre a humanidade e dos planos sobre a agilidade. Foi necessário o surgimento de movimentos posteriores para corrigir essas deficiências.

Taylor acreditava em muitas coisas que considerava científicas mas que nossos olhos modernos percebem como mero preconceito. Ele acreditava na superioridade inerente, em termos de inteligência e caráter, dos homens aristocráticos sobre a classe trabalhadora e na superioridade dos homens sobre as mulheres; também achava que as pessoas de baixo status deveriam ser supervisionadas rigidamente. Essas crenças são características da época de Taylor, e é tentador perdoar sua cegueira.

Mas, quando nosso tempo for enxergado através das lentes de práticas futuras, quais preconceitos serão revelados? Em que forças colocamos uma fé indevida? O que podemos estar nos arriscando a perder de vista com esse sucesso inicial do nosso movimento?

É com essas perguntas que desejo encerrar. Por mais gratificante que seja, para mim, ver o movimento startup enxuta ganhar fama e reconhecimento, é muito mais importante estarmos certos nas nossas prescrições. O que sabemos até agora é apenas a ponta do iceberg. É necessário um projeto gigantesco para descobrir como acessar as enormes reservas de potencial que estão escondidas, diante dos nossos olhos, na força de trabalho moderna. Se pararmos de desperdiçar o tempo das pessoas, o que elas farão com ele? Não temos um verdadeiro conceito do que é possível.

No final dos anos 1880, Taylor começou um programa de experimentação para descobrir o melhor modo de cortar aço. No decorrer dessa pesquisa, que durou mais de 25 anos, ele e seus colegas realizaram mais de 20 mil experimentos. O notável nesse projeto é que ele não tinha apoio acadêmico nem orçamento do governo para pesquisa e desenvolvimento. Tudo foi custeado pela indústria com os lucros imediatos gerados pela produtividade mais alta permitida pelos experimentos. Esse foi apenas um programa experimental para descobrir a produtividade oculta em apenas um tipo de trabalho. Outros discípulos da administração científica passaram anos investigando o assentamento de tijolos, o trabalho agrícola e até o uso de pás. Eles eram obcecados por encontrar a verdade e não se satisfaziam com a sabedoria popular dos artesãos nem com as parábolas dos especialistas.

Será que algum de nós consegue imaginar, hoje, um administrador de trabalhadores do conhecimento com o mesmo nível de interesse nos métodos usados por seus funcionários? Quanto do nosso trabalho de inovação atual é guiado por preceitos desprovidos de embasamento científico?

Um novo programa de pesquisa

Quais programas de pesquisa comparáveis poderíamos estar fazendo para descobrir como trabalhar com mais eficiência?

Para começar, temos um entendimento pífio do que estimula a produtividade sob condições de incerteza extrema. Nossa sorte é que, com os tempos de ciclo se reduzindo em toda parte, temos muitas oportunidades de testar novas abordagens. Assim, proponho criarmos laboratórios de testes de startups que possam avaliar todos os tipos de metodologia de desenvolvimento de produtos.

Como esses testes podem ser realizados? Poderíamos trazer pequenas equipes multifuncionais, talvez começando com produto e engenharia, e fazer com que trabalhem para solucionar problemas usando diferentes metodologias de desenvolvimento. Poderíamos começar com problemas que têm respostas certas claras, talvez retiradas das muitas competições internacionais de programação que criaram bancos de dados de problemas bem definidos com soluções claras. Essas competições também proporcionam uma estimativa clara do tempo necessário para que os vários problemas sejam resolvidos, de modo a estabelecermos a capacidade de solucionar problemas por parte de cada indivíduo que participe dos testes.

Usando esse tipo de configuração para calibrar, poderíamos começar variando as condições dos experimentos. O desafio será aumentar o nível de incerteza sobre a resposta certa ao mesmo tempo que ainda conseguimos medir objetivamente a qualidade do resultado. Talvez pudéssemos usar problemas de clientes no mundo real e depois pedir a esses clientes que testassem o resultado do trabalho das equipes. Ou talvez pudéssemos chegar a desenvolver MVPs para solucionar repetidamente o mesmo conjunto de problemas, com o objetivo de quantificar qual produz as melhores taxas de conversão.

Também poderíamos variar o importantíssimo tempo de ciclo escolhendo plataformas de desenvolvimento e canais de distribuição menos ou mais complexos para testar o impacto desses fatores sobre a verdadeira produtividade das equipes.

Acima de tudo, precisamos desenvolver métodos claros para que as equipes se comprometam com a aprendizagem validada. Neste livro propus um método: a contabilidade para inovação usando um modelo financeiro e um motor de crescimento bem definidos. Mas é ingenuidade presumir que esse seja o melhor método possível. À medida que ele for adotado em mais e mais empresas, sem dúvida serão sugeridas novas técnicas, e precisamos ser capazes de avaliar as novas ideias do modo mais rigoroso possível.

Todas essas questões levantam a possibilidade de parcerias público-privadas entre centros de pesquisa em universidades e as comunidades empreendedoras que elas busquem estimular. Também sugerem que as universidades podem ser capazes de acrescentar valor em outros sentidos, além de serem simplesmente investidoras financeiras ou criadoras de incubadoras de startups, como é a tendência atual. Prevejo que os lugares em que esse tipo de pesquisa for realizado se tornarão epicentros de novas práticas empreendedoras e que, portanto, as universidades que realizarem essas experiências poderão alcançar um nível muito mais alto de comercialização de suas atividades de pesquisa básica.[4]

A BOLSA DE VALORES DE LONGO PRAZO

Acredito que nosso objetivo não deve ser apenas a pesquisa, e sim mudar todo o ecossistema do empreendedorismo. Boa parte do nosso setor de startups se transformou num sistema de alimentação para gigantescas empresas de mídia e bancos de investimento. Parte do motivo para as empresas estabelecidas terem dificuldade de investir consistentemente em inovação é a pressão intensa exercida pelos mercados públicos para alcançar a lucratividade e os alvos de crescimento a curto prazo. Isso é, acima de tudo, consequência dos métodos de contabilidade que desenvolvemos para avaliar os administradores, que se concentram no tipo de métricas brutas "de vaidade" discutidas no Capítulo 7. O necessário é um novo tipo de bolsa de valores, projetada para negociar as ações de empresas organizadas de modo a sustentar o pensamento de longo prazo. Proponho criarmos uma Bolsa de Valores de Longo Prazo (BVLP).

Além de relatórios trimestrais sobre lucros e margens, as empresas que fizessem parte da BVLP apresentariam informes sobre seus esforços de empreendedorismo interno usando a contabilidade para inovação. Assim como a Intuit, informariam a receita que estariam gerando a partir de produtos que não existiam alguns anos antes. A remuneração dos executivos nas empresas da BVLP estaria atrelada ao desempenho de longo prazo da empresa. As negociações teriam custos de transações e honorários muito mais altos, para minimizar as negociações diárias e as oscilações exageradas dos preços. Em troca, as empresas da BVLP teriam permissão para estruturar sua governança corporativa com o objetivo de facilitar uma maior liberdade para a administração buscar investimentos de longo prazo. Além de apoiar o pensamento de longo prazo, a transparência da BVLP proporcionaria dados valiosos sobre como estimular a inovação no mundo real. Uma instituição como a BVLP aceleraria a criação da próxima geração de grandes empresas, construídas a partir do zero com o objetivo de produzir inovação contínua.

CONCLUINDO

Como movimento, a startup enxuta deve evitar doutrinas e ideologias rígidas. Precisamos evitar a caricatura da ciência reduzida a fórmulas ou falta de humanidade no trabalho. Na verdade, a ciência é uma das atividades humanas mais criativas. Acredito que aplicá-la ao empreendedorismo nos dará acesso a um gigantesco depósito de potencial humano.

Como seria uma organização em que todos os funcionários estivessem armados com os superpoderes organizacionais da startup enxuta?

Para começar, todo mundo insistiria que as suposições fossem declaradas explicitamente e testadas com rigor; não como uma tática de protelação ou um trabalho meramente formal, e sim como um desejo genuíno de descobrir a verdade subjacente à visão de cada projeto.

Não perderíamos tempo em discussões intermináveis entre os defensores da qualidade e os paladinos do avanço implacável; em vez disso, reconheceríamos que a velocidade e a qualidade são aliadas na busca pelo benefício de longo prazo para o cliente. Disputaríamos uma corrida para testar nossa visão, mas não para abandoná-la. Buscaríamos eliminar o desperdício, e não construir castelos de areia da qualidade, mas a serviço da agilidade e de resultados revolucionários nos negócios.

Reagiríamos aos fracassos e aos reveses com honestidade e aprendizagem, e não com recriminações e atribuições de culpa. Mais do que isso, conteríamos o impulso de diminuir a velocidade, aumentar o tamanho dos lotes e ceder à maldição da prevenção. Em vez disso, alcançaríamos a velocidade passando ao largo do trabalho excessivo que não leva à aprendizagem. Nos dedicaríamos à criação de novas instituições com a missão de longo prazo de desenvolver valor sustentável e tornar o mundo melhor.

Acima de tudo, pararíamos de desperdiçar o tempo das pessoas.

ANEXO

Junte-se ao movimento

O movimento startup enxuta se tornou global, e o volume de recursos disponíveis para aspirantes a empreendedores é incrível. Vou fazer um esforço para citar aqui apenas alguns dos melhores eventos, livros e blogs para mais leituras e mais prática. O resto fica por sua conta. Ler é bom, agir é melhor.

Os recursos mais importantes são locais. Já se foram os dias em que era preciso estar no Vale do Silício para encontrar outros empreendedores com os quais trocar ideias e experiências. Mas fazer parte de um ecossistema de startups ainda é uma parte importante do empreendedorismo. O que mudou é que esses ecossistemas estão brotando em mais e mais centros de startups em todo o mundo.

No meu site oficial – theleanstartup.com – você pode encontrar recursos adicionais, inclusive estudos de caso e links para outras leituras. Lá você também encontrará links para o meu blog, Startup Lessons Learned, além de vídeos, slides e áudios das minhas apresentações (em inglês).

Encontros sobre a startup enxuta

É possível que exista um grupo de discussão sobre a startup enxuta perto de você. No momento em que escrevo este livro, existem mais de 100, sendo os maiores em São Francisco, Boston, Nova York, Chicago e Los Angeles. No site meetup.com e em aplicativos e plataformas semelhantes você pode encontrar eventos e grupos de discussão sobre o assunto no Brasil, além de uma lista de cidades onde há pessoas interessadas em iniciar um grupo novo e ferramentas para você mesmo criar um.

Lean Startup Wiki

Nem todos os grupos da startup enxuta usam o meetup.com para se organizar, e uma grande lista de eventos e outros recursos é mantida por voluntários na Lean Startup Wiki: leanstartup.pbworks.com.

Lean Startup Circle

A maior comunidade de práticas da startup enxuta está acontecendo on-line, neste momento, no fórum Lean Startup Circle. Fundado por Rich Collins, o fórum reúne milhares de empreendedores compartilhando dicas, recursos e histórias todos os dias. Se você tiver uma pergunta sobre como a startup enxuta pode se aplicar ao seu negócio ou ao seu setor, este é um ótimo local para começar: leanstartupcircle.com.

LEITURAS OBRIGATÓRIAS

Do sonho à realização em quatro passos, de Steve Blank, é o livro original sobre desenvolvimento de clientes. Quando eu estava começando a IMVU, levava comigo a toda parte um exemplar muito manuseado desse livro. É um guia indispensável. Além disso, Steve tem um blog ativo excelente: steveblank.com.

Brant Cooper e Patrick Vlaskovits escreveram um livro curto mas excelente chamado *The Entrepreneur's Guide to Customer Development* (O guia do empreendedor para o desenvolvimento de clientes), que faz uma introdução leve ao tema.

Na época em que comecei a escrever sobre empreendedorismo, o assunto não era uma ocupação tão comum quanto é hoje. Poucos blogueiros trabalhavam ativamente em novas ideias sobre empreendimento e, juntos, nós debatemos e refinamos, on-line, essas ideias.

Dave McClure, fundador da aceleradora 500 Startups, estabeleceu, com sua apresentação "Startup Metrics for Pirates", uma estrutura para pensar e avaliar serviços on-line que influenciou tremendamente o conceito de motores de crescimento. Você pode ver o conteúdo aqui: 500hats.typepad.com/500blogs/2008/09/startup-metri-2.html.

Sean Ellis influenciou muito meu pensamento sobre como integrar o marketing nas startups: blog.growthhackers.com/@SeanEllis.

Andrew Chen oferece uma newsletter semanal que é uma das melhores fontes para ideias sobre marketing viral, métricas para startups e projetos: andrewchen.co.

Babak Nivi escreve o excelente blog Venture Hacks e foi um dos primeiros divulgadores da startup enxuta: venturehacks.com. Também criou a Angel List, que conecta startups e investidores em todo o mundo: angel.co.

Alguns outros blogs fantásticos sobre a startup enxuta:
- Ash Maurya emergiu como líder em ajudar empresas on-line sem capital externo a aplicar as ideias da startup enxuta. Ele escreve em blog.leanstack.com e também lançou o livro *Comece sua startup enxuta* (Saraiva, 2018).
- O de Sean Murphy sobre startups de software em estágio inicial: skmurphy.com/blog.
- Market by Numbers, de Brant Cooper: marketbynumbers.com.
- O de Patrick Vlaskovits sobre tecnologia, desenvolvimento de clientes e precificação: vlaskovits.com/bbg.
- O KISSmetrics (kissmetricshq.com) e a newsletter de Hiten Shah (hitenism.com).

OUTRAS LEITURAS

O dilema da inovação e *The Innovator's Solution* (A solução para a inovação), de Clayton M. Christensen, são clássicos. Além desses, as obras mais recentes de Christensen também são extremamente úteis para ver em prática a teoria da inovação revolucionária, entre elas *The Innovator's Prescription* (A prescrição do inovador), sobre serviços de saúde revolucionários, e *Disrupting Class* (Aulas disruptivas), sobre educação.

Os primeiros trabalhos de Geoffrey A. Moore são famosos entre os empreendedores, especialmente *Crossing the Chasm* (Cruzando o abismo) e *Dentro do furacão*. Mas ele continuou a refinar seu pensamento, e considero especialmente útil sua obra mais recente, *Dealing with Darwin: How Great Companies Innovate at Every Phase of Their Evolution* (Lidando com Darwin: Como grandes empresas inovam em cada estágio de sua evolução).

The Principles of Product Development Flow: Second Generation Lean Product Development (Os princípios do fluxo do desenvolvimento de produtos: A segunda geração do desenvolvimento de produtos enxuto), de Donald G. Reinertsen.

O modelo Toyota, de Jeffrey Liker.

A mentalidade enxuta nas empresas: Elimine o desperdício e crie riqueza, de James P. Womack e Daniel T. Jones.

The People's Tycoon: Henry Ford and the American Century (O magnata do povo: Henry Ford e o século americano), de Steven Watts.

The One Best Way: Frederick Winslow Taylor and the Enigma of Efficiency (O melhor caminho: Frederick Winslow Taylor e o enigma da eficiência), de Robert Kanigel.

Princípios de administração científica, de Frederick Winslow Taylor.

Programação extrema (XP) explicada: Acolha as mudanças, de Kent Beck e Cynthia Andres.

O Sistema Toyota de Produção. Além da produção em larga escala, de Taiichi Ohno.

A ideia do ciclo de feedback construir-medir-aprender deve muito a pensamentos sobre manobras de guerra, especialmente o Ciclo OODA (Observar-Orientar-Decidir-Agir), de John Boyd. A introdução mais acessível às ideias de Boyd é *Certain to Win: The Strategy of John Boyd, Applied to Business* (Certeza de vencer: A estratégia de John Boyd, aplicada aos negócios), de Chet Richards.

Out of the Crisis (Fora da crise), de W. Edwards Deming.

Meus anos com a General Motors, de Alfred Sloan.

Billy, Alfred, and General Motors: The Story of Two Unique Men, a Legendary Company, and a Remarkable Time in American History (Billy, Alfred e a General Motors: A história de dois homens únicos, uma empresa lendária e uma era extraordinária na história americana), de William Pelfrey.

Prática da administração de empresas, de Peter F. Drucker.

Getting to Plan B: Breaking Through to a Better Business Model, de John Mullins e Randy Komisar.

Agradecimentos

Tenho uma enorme dívida de gratidão com as muitas pessoas que me ajudaram a tornar *A startup enxuta* uma realidade. Em primeiro lugar, com os milhares de empreendedores de todo o mundo que testaram essas ideias, que as questionaram, refinaram e melhoraram. Sem seu trabalho incansável – e quase sempre não alardeado – todos os dias, nada disso seria possível. Obrigado.

As verdadeiras startups implicam fracassos, erros embaraçosos e caos constante. Na pesquisa para este livro, descobri que a maioria dos empreendedores e administradores preferiria que a verdadeira história de seu trabalho cotidiano não fosse contada em público. Portanto, estou em dívida com os corajosos empreendedores que consentiram que sua história fosse contada, muitos dos quais passaram horas tediosas em entrevistas e conversas para verificação de fatos. Obrigado.

Durante toda a minha carreira, agradeci por ter mentores e colaboradores que me pressionaram para realizar mais do que eu poderia ter feito sozinho. Will Harvey é responsável por me recrutar para o Vale do Silício e me confiar a oportunidade de testar muitas dessas ideias pela primeira vez na IMVU. Agradeço aos meus outros cofundadores – Marcus Gosling, Matt Danzig e Mel Guymon –, além dos muitos funcionários da IMVU que fizeram uma parte enorme do trabalho que abordei no livro. Claro, nada disso seria possível sem o apoio de milhões de clientes da IMVU nesses anos. Gostaria de agradecer também a David Millstone, Ray Ocampo e Jason Altieri, pela ajuda ao longo do caminho.

Todos temos uma dívida com Steve Blank por elaborar a teoria do desenvolvimento de clientes numa época em que isso era considerado herético nos círculos das startups e do investimento de risco. Steve foi um dos primeiros investidores e consultores na IMVU e o considero meu conselheiro, mentor e colaborador. Quero agradecer pelo encorajamento, o apoio e a amizade.

O movimento startup enxuta é composto por muitos outros pensadores, praticantes e escritores, não somente por mim. Quero agradecer a Dave McClure, Ash Maurya, Brant Cooper, Patrick Vlaskovits, Sean Ellis, Andrew Chen, Sean Murphy, Trevor Owens, Hiten Shah e Kent Beck, por suas ideias, seu apoio e seu trabalho de pregação. Vários investidores comuns e de risco foram apoiadores e adotantes iniciais. Gostaria de agradecer a Mike Maples e Ann Miura-Ko (Floodgate), Steve Anderson (Baseline), Josh Kopelman (First Round Capital), Ron Conway (SV Angel) e Jeff Clavier (SoftTech VC).

Como você pode imaginar, este livro envolveu uma quantidade enorme de feedback, iteração e testes. Recebi feedback valiosíssimo e profundo de Laura Crescimano, Lee Hoffman, Tom Eisenmann e Sacha Judd. Obrigado também a Mitch Kapor, Scott Cook, Shawn Fanning, Mark Graban, Jennifer Carolan, Manuel Rosso, Tim O'Reilly e Reid Hoffman, pelas sugestões, o feedback e o apoio. Devo agradecer especialmente a Ruth Kaplan e Ira Fay, por sua sabedoria e sua amizade.

Durante todo o processo de escrita, me beneficiei de uma plataforma feita sob medida para realizar testes A/B com relação a tudo, desde o projeto de capa até os subtítulos e partes do livro. A Pivotal Labs desenvolveu esse software para mim; a empresa é a primeira praticante do desenvolvimento ágil. Agradecimentos especiais a Rob Mee, Ian McFarland e – mais importante – Parker Thompson, que trabalhou incansavelmente para construir, experimentar e aprender comigo.

Obrigado também a Marcus Gosling, cofundador da IMVU e um dos designers mais talentosos que conheço. Foi ele quem concebeu a arte de capa deste livro, depois de incontáveis iterações.

Uma das primeiras empresas de webdesign e experiência do usuário, a Digital Telepathy projetou e desenvolveu o site theleanstartup.com usando seu processo especial Iterative Performance Design. É incrível. Conheça mais em dtelepathy.com.

Tive a enorme sorte de contar com o apoio de três instituições lendárias em vários pontos da minha jornada. Boa parte das pesquisas que entraram neste livro foi generosamente patrocinada pela Kauffman Foundation. Na Kauffman, quero agradecer especialmente o apoio de Bo Fishback e Nick Seguin. Já atuei como empreendedor residente na Harvard Business School e aproveitei a oportunidade para testar minhas ideias com algumas das mentes mais brilhantes na área da administração. Agradeço especialmente aos professores Tom Eisenmann e Mike Roberts, por seu patrocínio e apoio, e também aos alunos da HBS Startup Tribe. Além disso, tive a oportunidade de passar algum tempo trabalhando com um escritório da empresa de capital de risco Kleiner Perkins Caulfield & Byers no Vale do Silício, onde aprendi muito sobre como o empreendedorismo é estimulado nos níveis mais altos. Obrigado a Chi-Hua Chien, Randy Komisar, Matt Murphy, Bing Gordon, Aileen Lee e Ellen Pao; e ao meu colega de escritório e empreendedor residente Cyriac Roeding.

Minha equipe de pesquisa me ajudou a documentar estudos de caso, entrevistar centenas de startups e filtrar milhares de histórias. Quero agradecer a Marisa Porzig, que passou horas incontáveis documentando, cruzando referências e investigando. Estudos de caso adicionais foram desenvolvidos por Sara Gaviser Leslie e Sarah Milstein.

O setor editorial tradicional é complicado e insular, e me beneficiei dos conselhos e conexões de muitas pessoas. Tim Ferriss e Ramit Sethi me orientaram desde o início. Também agradeço a Peter Sims, Paul Michelman, Mary Treseler, Joshua-Michéle Ross, Clara Shih, Sarah Milstein, Adam Penenberg, Gretchen Rubin, Kate Lee, Hollis Heimbouch, Bob Sutton, Frankie Jones, Randy Komisar e Jeff Rosenthal.

Na Crown, a tarefa hercúlea de transformar essa ideia no livro que você tem nas mãos foi realizada por uma equipe enorme. Meu editor, Roger Scholl, entendeu a visão deste livro desde o início e o guiou durante todo o processo. Quero agradecer também a Tina Constable, Tara Gilbride, Meredith McGinnis e a todo mundo que trabalhou para tornar este livro uma realidade.

Os que tiveram o infortúnio de ler um esboço inicial sabem quanto devo a Laureen Rowland, que foi de ajuda essencial num prazo incrivelmente apertado. Se você gostou de alguma parte deste livro, ela merece seus agradecimentos.

Minha conselheira, parceira e *consigliere* durante todo o processo editorial tem sido minha fenomenal agente, Christy Fletcher. Ela tem a capacidade espantosa de prever o futuro, fazer com que as coisas aconteçam e manter todas as partes interessadas felizes – tudo ao mesmo tempo. Christy conhece profundamente a mídia moderna e esteve ao meu lado o tempo todo, me ajudando a navegar por suas águas turbulentas. Na Fletcher and Company, também quero agradecer a Alyssa Wolff, que tem sido uma defensora e vigia incansável, e a Melissa Chinchillo, que está se empenhando para levar este livro a novas regiões e idiomas.

Sei que é clichê dizer que "nada disso seria possível sem o apoio constante de minha família amorosa", mas é simplesmente a verdade. Meus pais, Vivian Reznik e Andrew Ries, sempre apoiaram meu amor pela tecnologia ao mesmo tempo que insistiam na importância de uma formação em artes liberais. Sem seu amor e seu apoio constante, eu jamais teria a coragem de pisar no vazio do empreendedorismo nem de encontrar minha voz como escritor. Sei que meus avós estiveram comigo a cada passo dessa viagem – eles acreditavam profundamente no poder da escrita e sentiam uma alegria suprema em todas as realizações minhas e das minhas irmãs. Às minhas irmãs, Nicole e Amanda, e ao meu cunhado, Dov, só posso dizer: obrigado por me apoiarem durante todo esse tempo.

Minha esposa, Tara Sophia Mohr, tem sido uma fonte constante de alegria e conforto a cada passo. Ela passou por todas as tensões, todos os altos e baixos desse processo muito longo. Tara, você é uma mulher incrivelmente inteligente, forte e compassiva. Não poderia expressar em palavras quanto aprecio seu apoio firme, seu amor absoluto e a aventura cotidiana que é nossa vida juntos. Obrigado.

Notas

Introdução

[1] Para uma lista atualizada de grupos de discussão sobre a startup enxuta ou para encontrar um perto de você, acesse lean-startup.meetup.com ou a Lean Startup Wiki: leanstartup.pbworks.com/Meetups. Veja também o anexo "Junte-se ao movimento".

[2] Ao longo do livro, cito algumas empresas com as quais trabalhei como consultor, orientador ou investidor. São elas: Aardvark, Dropbox, Food on the Table, Grockit, IMVU, Intuit, Votizen e Wealthfront.

Com as seguintes, atuei como investidor, consultor ou sócio comanditário: 500 Startups, Floodgate, Greylock Partners, Kleiner Perkins Caulfield & Byers e Seraph Group.

CAPÍTULO 1
Começar

[1] As estatísticas e análises são retiradas do blog Five Thirty Eight: fivethirtyeight.com/features/us-manufacturing-is-not-dead.

CAPÍTULO 2
Definir

[1] *O dilema da inovação* (M.Books, 2019) é um clássico de Clayton Christensen sobre a dificuldade que as empresas estabelecidas têm com a inovação revolucionária. Junto com a sequência do livro, *The Innovator's Solution* (A solução para a inovação) – HBS Press, 2003 –, ele dá sugestões específicas

para empresas estabelecidas criarem divisões autônomas com o objetivo de buscar inovações semelhantes às das startups. Esses pré-requisitos estruturais específicos são discutidos em detalhes no Capítulo 12.
2. Para saber mais sobre o SnapTax, acesse intuit.me/2lOL500 e bit.ly/2k60GIa.
3. A maioria das informações relacionadas à Intuit e ao SnapTax vem de conversas com administradores e funcionários da Intuit. As informações sobre a fundação da Intuit vêm de *Inside Intuit: How the Makers of Quicken Beat Microsoft and Revolutionized an Entire Industry* (Por dentro da Intuit: Como os criadores do Quicken superaram a Microsoft e revolucionaram uma indústria inteira), de Suzanne Taylor e Kathy Schroeder (HBS Press, 2003).

CAPÍTULO 3
Aprender

1. Os cinco fundadores originais da IMVU foram Will Harvey, Marcus Gosling, Matt Danzig, Mel Guymon e eu.
2. O uso nos Estados Unidos foi mais concentrado ainda; ver www.businessweek.com/technology/tech_stats/im050307.htm.
3. Para saber mais sobre as conversas com clientes que levaram ao nosso pivô de abandonar a estratégia de plugin, veja mixergy.com/ries-lean.
4. Uma advertência: para demonstrar aprendizagem validada, é preciso usar as chamadas *métricas acionáveis*, discutidas no Capítulo 7.
5. Esse estudo foi escrito por Bethany Coates, sob a orientação do professor Andy Rachleff. Você pode adquirir o PDF (em inglês) em hbr.org/product/imvu/E254-PDF-ENG.

CAPÍTULO 4
Experimentar

1. Alguns empreendedores adotaram esse slogan como filosofia de sua startup sob o acrônimo JFDI (*just fucking do it*). Um exemplo pode ser visto em www.cloudave.com/1171/what-makes-an-entrepreneur-four-letters-jfdi.
2. techcrunch.com/2009/11/02/amazon-closes-zappos-deal-ends-up-paying--1-2-billion.
3. Quero agradecer a Caroline Barlerin e à HP por me permitirem incluir neste livro minha análise experimental desse novo projeto.
4. As informações sobre a Kodak Gallery vêm de entrevistas realizadas por Sara Leslie.

5 A história da VSL foi contada por Elnor Rozenrot, que trabalhou anteriormente na Innosight Ventures, com detalhes adicionais dados por Akshay Mehra. Para saber mais sobre a VLS, leia o artigo "New Business Models in Emerging Markets" na *Harvard Business Review*, em hbr.org/2011/01/new-business-models-in-emerging-markets/ar/1, ou a cobertura da imprensa em bit.ly/2kdsvyw.

6 Para saber mais sobre os esforços iniciais da CFPB, leia o artigo "For Complaints, Don't Call Consumer Bureau Yet", publicado em 13 de abril de 2011 pelo *The Wall Street Journal* (on.wsj.com/2lGIhSX). Muitos funcionários dedicados do governo se esforçaram para incorporar essa abordagem experimental no setor público sob a liderança do presidente Obama. Eu gostaria de agradecer a Aneesh Chopra, Chris Vein, Todd Park e David Forrest por me apresentarem a esses esforços inovadores.

CAPÍTULO 5
Saltar

1 Por exemplo, a CU Community, que começou na Universidade de Columbia, teve uma vantagem inicial. Ver www.slate.com/id/2269131. Esse relato da fundação do Facebook foi extraído de *O efeito Facebook*, de David Kirkpatrick (Intrínseca, 2011).

2 É difícil encontrar números de participação em 2004, mas esse padrão tem sido consistente em todas as declarações públicas do Facebook. Por exemplo, em 2005 Chris Hughes informou que "60% acessam diariamente. Cerca de 85% acessam pelo menos uma vez por semana e 93% acessam pelo menos uma vez por mês" (techcrunch.com/2005/09/07/85-of-college-students-use-facebook).

3 A primeira pessoa que ouvi usar a expressão *salto de fé* aplicada a suposições de startups foi Randy Komisar, ex-colega e atual sócio da empresa de capital de risco Kleiner Perkins Caulfield & Byers. Ele expande o conceito em seu livro *Getting to Plan B* (Recorrendo ao plano B), escrito com John Mullins (Harvard Business Review Press, 2009).

4 www.forbes.com/2009/09/17/venture-capital-ipod-intelligent-technology-komisar.html.

5 "Uma tabela pesquisada diligentemente, compilada para a revista *Motor* por Charles E. Duryea (ele próprio um pioneiro fabricante de automóveis), revelou que, de 1900 a 1908, 501 empresas foram criadas nos Estados Unidos com o objetivo de fabricar automóveis. Sessenta por cento delas foram fechadas

em menos de dois anos; outros 6% passaram para outras áreas de produção." Essa citação é da biografia de Ford, *The People's Tycoon: Henry Ford and the American Century* (O magnata do povo), de Steven Watts (Vintage, 2006). Tradução livre.

6 Jeffrey K. Liker, *The Toyota Way* (McGraw-Hill, 2003), p. 223. Tradução livre. [Ed. bras.: *O modelo Toyota*, Bookman, 2005.]
7 www.autofieldguide.com/articles/030302.html.
8 No modelo de desenvolvimento de clientes, isso é chamado de *descoberta de clientes*.
9 Para saber mais sobre a fundação da Intuit, ver *Inside Intuit*, de Suzanne Taylor e Kathy Schroeder.
10 Para saber mais sobre o movimento UX enxuta, ver www.cooper.com/journal/2011/02/lean_ux_product_stewardship_an.html.

CAPÍTULO 6
Testar

1 www.pluggd.in/groupon-story-297.
2 "Groupon's $6 Billion Gambler", *The Wall Street Journal*, disponível em: on.wsj.com/2lDEO7v.
3. A expressão *produto mínimo viável* é usada desde pelo menos 2000 como parte de várias abordagens ao desenvolvimento de produtos.

Ver Frank Robinson, da PMDI, que se refere a uma versão do produto que é a menor necessária para ser vendida a clientes potenciais. Isso é semelhante ao conceito de Steve Blank do "conjunto mínimo de atributos" (*minimum feature set*) no desenvolvimento de clientes. Meu uso da expressão aqui foi generalizado para qualquer versão de um produto que possa dar início ao processo de aprendizagem, usando o ciclo de feedback construir-medir-aprender. Para saber mais, acesse www.startuplessonslearned.com/2009/08/minimum--viable-product-guide.html.
4 Muitas pessoas escreveram sobre esse fenômeno, usando terminologias variadas. Provavelmente o mais lido é *Crossing the Chasm* (Cruzando o abismo), de Geoffrey Moore (HarperCollins, 2006). Para saber mais sobre o assunto, veja a pesquisa de Eric Von Hippel sobre o que ele chamou de "usuários líderes"; seu livro *The Sources of Innovation* (As fontes de inovação) é um ótimo começo (Oxford University Press, 1988). Steve Blank usa a expressão *earlyvangelist* (evangelizador inicial) para enfatizar os poderes evangélicos desses primeiros consumidores.

5   "Para o observador casual, o vídeo demo do Dropbox parecia uma demonstração normal de produto", diz Drew, "mas nós inserimos cerca de uma dúzia de *easter eggs* feitos sob medida para o público do Digg. Referências a Tay Zonday e 'Chocolate Rain' e alusões a *Office Space* e a XKCD. Era um aceno bem-humorado para esse pessoal, e provocou uma reação em cadeia. Em 24 horas o vídeo tinha mais de 10 mil Diggs". Disponível em techcrunch.com/2011/10/19/dropbox-minimal-viable-product. Para saber mais sobre o sucesso do serviço, ver "Dropbox: The Hottest Startup You've Never Heard Of" em fortune.com/2011/03/16/dropbox-the-hottest-startup-youve-never-heard-of.
6   Essa descrição é cortesia do site Lifehacker: bit.ly/2kt9LeA.
7   Lista compilada pelo professor Tom Eisenmann, meu colega na Launching Technology Ventures, da Harvard Business School, para um texto que ele escreveu sobre a Aardvark para seu novo curso. Para saber mais, acesse bit.ly/2kuEh7R.
8   www.robgo.org/post/568227990/product-leadership-series-user-driven-design-at.
9   venturebeat.com/2010/02/11/confirmed-google-buys-social-search-engine-aardvark-for-50-million.
10 Essa é a ideia central de *O dilema da inovação*, de Christensen.
11 Para saber mais, veja bit.ly/DontLaunch.

CAPÍTULO 7
Medir

1   Já o Overture, principal concorrente do Google e posteriormente comprado pelo Yahoo, tinha um valor mínimo de conta de 50 dólares, o que nos impediu de o assinarmos (era caro demais).
2   Para mais detalhes sobre a jornada empreendedora de Farb, ver sua entrevista no Mixergy: mixergy.com/farbood-nivi-grockit-interview.

CAPÍTULO 8
Pivotar (ou perseverar)

1   www.slideshare.net/dbinetti/lean-startup-at-sxsw-votizen-pivot-case-study.
2   Para saber mais sobre a Path, veja techcrunch.com/2011/02/02/google-tried-to-buy-path-for-100-million-path-said-no/ e techcrunch.com/2011/02/01kleiner-perkins-leads-8-5-million-round-for-path.

3 Para saber mais sobre a Wealthfront, ver o estudo de caso escrito por Sarah Milstein em www.startuplessonslearned.com/2010/07/case-study-kaching--anatomy-of-pivot.html. Para saber mais sobre o sucesso da Wealthfront, ver bits.blogs.nytimes.com/2010/10/19/wealthfront-loses-the-sound-effects.

4 Arquitetura de negócios é um conceito explorado em detalhes em *Dealing with Darwin* (Lidando com Darwin), de Geoffrey Moore (Portfolio, 2008). "Estrutura organizacional baseada em priorizar um de dois modelos de negócios (modelo de sistemas complexo e modelo de operações de volume). Os tipos de inovação são entendidos e executados de maneiras completamente diferentes dependendo de qual modelo é adotado pelo empreendimento." Tradução livre.

CAPÍTULO 9
Desagrupar

1 blog.gembaacademy.com/2008/03/240/a-response-to-the-video-skeptics.

2 Se você tiver dificuldade para aceitar esse fato, é bastante útil assisti-lo em vídeo. Um blogueiro extremamente atento aos detalhes pegou um vídeo e o destrinchou, segundo a segundo, a fim de ver para onde o tempo ia. "Você perde entre 2 e 5 segundos a cada vez que move a pilha entre um passo e outro. Além do mais, precisa administrar a pilha várias vezes durante uma tarefa, algo que não é preciso fazer tantas vezes com o fluxo de peça única. Isso também tem um corolário numa fábrica: armazenar, movimentar, recuperar e procurar o trabalho no estoque em progresso." Você pode ver o restante do comentário em: blog.gembaacademy.com/2008/03/24/a-response-to-the-video-skeptics.

3 Timothy Fitz, um engenheiro que trabalhou conosco no início da IMVU, merece o crédito por ter cunhado a expressão *implantação contínua* num post de seu blog: timothyfitz.wordpress.com/2009/02/10/continuous-deployment--at-imvu-doing-the-impossible-fifty-times-a-day. O desenvolvimento do sistema de implantação contínua é trabalho de um número muito grande de engenheiros na IMVU para que eu dê todos os créditos aqui. Para detalhes sobre como implantar o método, ver radar-oreilly.com/2009/03/continuous--deployment-5-eas.html.

4 Para detalhes técnicos sobre a configuração da implantação contínua na Wealthfront, ver eng.wealthfront.com/2010/05/deployment-infrastructure--for.html e eng.wealthfront.com/2011/03/lean-startup-stage-at-sxsw.html.

5 Essa descrição da School of One foi dada por Jennifer Carolan, do NewSchools Venture Fund.

6 Para saber mais sobre a espiral da morte dos lotes grandes, ver *The Principles of Product Development Flow: Second Generation Lean Product Development* (Princípios do fluxo de desenvolvimento de produto: Segunda geração), de Donald G. Reinertsen (Celeritas Publishing, 2009).
7 Esses exemplos sobre serviços de saúde enxutos são cortesia de Mark Graban, autor de *Lean Hospitals* (Productivity Press, 2008).
8 Essa história ilustrativa é extraída do livro *Produção lean simplificada*, de Pascal Dennis (Bookman, 2008).
9 As informações sobre a Alphabet Energy vêm de entrevistas realizadas por Sara Leslie.
10 Para saber mais sobre a organização de aprendizagem da Toyota, ver *O modelo Toyota*, de Jeffrey Liker.

CAPÍTULO 10
Crescer

1 A história do Hotmail, além de muitos outros exemplos, é contada em *Viral Loop* (Ciclo viral), de Adam L. Penenberg (Hyperion, 2009). Para saber mais sobre o Hotmail, ver também www.fastcompany.com/37621/network-effects.
2 Para saber mais sobre as moedas dos clientes (tempo, dinheiro, habilidade e paixão), ver www.startuplessonslearned.com/2009/12/business-ecology-and--four-customer.html.
3 pmarchive.com/guide_to_startups_part4.html.
4 Essa é a lição do best-seller de Geoffrey Moore *Crossing the Chasm*.

CAPÍTULO 11
Adaptar-se

1 *O Sistema Toyota de Produção: Além da produção em larga escala*, de Taiichi Ohno (Bookman, 1997). Tradução livre.
2 Para saber mais sobre o Net Promoter Score, ver www.startuplessonslearned.com/2008/11/net-promoter-score-operational-tool-to.html e *A pergunta definitiva*, de Fred Reichheld (Elsevier, 2011).
3 As informações sobre o QuickBooks foram extraídas de entrevistas realizadas por Marisa Porzig.

CAPÍTULO 12
Inovar

1. Jeffrey Liker, John E. Ettlie e John Creighton Campbell, *Engineered in Japan: Japanese Technology-Management Practices* (Desenvolvido no Japão: Práticas japonesas de gestão de tecnologia), p. 196 (Oxford University Press, 1995). Tradução livre.
2. Para um relato, ver "Looking Back: 15 Years of PC Magazine", texto de Michael Miller para a *PC Magazine*: www.pcmag.com/article2/0,2817,35549,00.asp.
3. A discussão que se segue deve muito a *Dealing with Darwin*, de Geoffrey Moore. Implementei essa estrutura com sucesso em empresas de tamanhos muito diferentes.

EPÍLOGO
Não desperdice

1. Introdução de *Princípios de administração científica*, de Frederick Winslow Taylor (Atlas, 1990), disponível em www.ibiblio.org/eldritch/fwt/ti.html (em inglês). Tradução livre.
2. www.goodreads.com/quotes/29838.
3. www.ibiblio.org/eldritch/fwt/ti.html.
4. De fato, já começaram a ser feitas algumas pesquisas desse tipo. Para saber mais sobre os programas de pesquisa a respeito da startup enxuta, ver o projeto de Nathan Furr na Brigham Young University (nathanfurr.com/2010/09/15/hte-lean-startup-research-project) e o projeto de Tom Eisenmann na Harvard Business School (platformsandnetworks.blogspot.com/2011/01/launching-tech-ventures-part-iv-html).

CONHEÇA ALGUNS DESTAQUES DE NOSSO CATÁLOGO

- Brené Brown: *A coragem de ser imperfeito – Como aceitar a própria vulnerabilidade, vencer a vergonha e ousar ser quem você é* (600 mil livros vendidos) e *Mais forte do que nunca*
- T. Harv Eker: *Os segredos da mente milionária* (2 milhões de livros vendidos)
- Dale Carnegie: *Como fazer amigos e influenciar pessoas* (16 milhões de livros vendidos) e *Como evitar preocupações e começar a viver* (6 milhões de livros vendidos)
- Greg McKeown: *Essencialismo – A disciplinada busca por menos* (400 mil livros vendidos) e *Sem esforço – Torne mais fácil o que é mais importante*
- Haemin Sunim: *As coisas que você só vê quando desacelera* (450 mil livros vendidos) e *Amor pelas coisas imperfeitas*
- Ana Claudia Quintana Arantes: *A morte é um dia que vale a pena viver* (400 mil livros vendidos) e *Pra vida toda valer a pena viver*
- Ichiro Kishimi e Fumitake Koga: *A coragem de não agradar – Como a filosofia pode ajudar você a se libertar da opinião dos outros, superar suas limitações e se tornar a pessoa que deseja* (200 mil livros vendidos)
- Simon Sinek: *Comece pelo porquê* (200 mil livros vendidos) e *O jogo infinito*
- Robert B. Cialdini: *As armas da persuasão* (350 mil livros vendidos) e *Pré-suasão – A influência começa antes mesmo da primeira palavra*
- Eckhart Tolle: *O poder do agora* (1,2 milhão de livros vendidos) e *Um novo mundo* (240 mil livros vendidos)
- Edith Eva Eger: *A bailarina de Auschwitz* (600 mil livros vendidos)
- Cristina Núñez Pereira e Rafael R. Valcárcel: *Emocionário – Um guia prático e lúdico para lidar com as emoções* (de 4 a 11 anos) (800 mil livros vendidos)

CONHEÇA OS LIVROS DE ERIC RIES

A startup enxuta

O estilo startup

Para saber mais sobre os títulos e autores da Editora Sextante,
visite o nosso site e siga as nossas redes sociais.
Além de informações sobre os próximos lançamentos,
você terá acesso a conteúdos exclusivos
e poderá participar de promoções e sorteios.

sextante.com.br